# YANGMINGYI

东吴名家·艺术家系列丛书

## 杨明义访谈录

马中红 著

**《东吴名家》艺术家系列丛书**

主　编　田晓明

副主编　马中红　陈　霖

**丛书编委会**（按姓氏笔画排序）

马中红　田晓明　杜志红　沈海牧　张建初

陈　一　陈　龙　陈　霖　徐维英　曾一果

**学术支持**

苏州大学东吴智库

苏州大学新媒介与青年文化研究中心

# 总序

## 留点念想

田晓明

在以"科学主义"为主要特征且势不可挡的"现代性"推进下,人类灵魂的宁静家园渐渐被时尚、功利和浮躁无情地取代了,其固有的韧性和厚度正日益剥落而变得娇弱浅薄,人们的归属感与幸福感也正逐步消失。在当今中国以"改善社会风气、提高公民素质、实现民族复兴"为主旋律的伟大征程中,"文化研究"、"文化建设"、"提升软实力"等极其自然地成为全社会关注的热门话题。作为一名学者,自然不应囿于自己的书斋而沉湎于个人的学术兴趣,应该为这一伟大的时代做点什么;作为一名现代大学管理者,则更应当拥有这样的使命意识与历史担当。

任何"以问题为导向"的研究总是不乏高度的历史价值、使命意识和时代意义,文化研究也不例外。应该说,我对文化问题的关注和兴趣缘起于自身经历的感悟和对本职工作的思考。近年来,我曾在日本、法国、德国、美国等发达国家进行学术交流或工作访问。尽管这些国家彼此之间存在着很大的文化差异,但其优良的国民总体素质却给我留下了深刻的印象。作为一名中国现代知识分子,我在惊诧之余,也就自然萌生出这样的问题:中华民族优秀传统为何在异国他乡能够得以充分彰显,却在本土当下鲜有表达? 2013年5月,我应邀赴台湾地区参加了"2013高等教育国际高阶论坛",这也是我首次台湾之行。尽管此行只有短短一周,但宝岛却给我留下了深刻印象:在日常交往中,我不仅深切感受到中华民族的优秀传统在台湾地区被近乎完整地"保留"下来,而且从错落有致甚至有些凌乱的古老街景中"看到"了隐含于其背后的一种持守和一份尊重……于是,我又想起了本土:新中国成立之后,我们在剔除封建糟粕的同时,几乎"冷落"甚至放弃了很多优秀的文化传统;在全面汲取苏联"洋经"的同时,也几乎完全失去了我们的文化自主性。"文革"期间,中华民族更是经历了一场"浩劫",对优秀传统文化的破坏自不必多言。改革开放以降,随着国门的"打开",中华大地在演绎经济发展奇迹的同时,中华民族的优秀传统却没有得到同步保留或弘扬,甚至还出现了一些沦丧的现象。这便是海外之行给我留下的文化反思与心灵震撼!

  带着这份反思和震撼,平日里喜欢琢磨的我便开始关注起"文化"及"文化研究"等问题了。从概念看,"文化"似乎是一个人人自明却又难以精准定义的名词。在纷繁的相关阐述中,不乏高屋建瓴的宏观描述,也有细致入微的小处说法。可谓仁者见仁,智者见智。这就决定了文化研究具有内容丰富性、方法多样性和评价复杂性等特征。黑格尔曾作过这样的比喻:文化好似洋葱头,皮就是肉,肉就是皮,如果将皮一层层剥掉,也就没有了肉。作为"人的生活样式"(梁漱溟语),文化总是有很多显形的"体",每一种"体"的形式下都负载着隐形的"魂"。我们观察和理解文化,不仅要见其有形之体,更要识其无形之魂。体载魂、魂附体,"魂体统一"便构成了生机勃勃的文化体系。古往今来,世界上各地区、各民族乃至各行各业都形成了自己的文化体系,每一文化体系都是它自己的"魂体统一"。遗憾的是,尽管人们在思想观念上越来越意识到文化的重要性,但在日常生活和社会实践中,"文化"概念却被泛化或滥用了,正如人们常说的那样:文化是个筐,什么都能装。

  从文化研究现状来看,我认为存在两方面的问题:一是文化研究面临着"科学主义"、"工具理性"的挑战和挤压;二是文化研究多是空洞乏力的理论分析、概念思辨,而缺少务实、可行的实践探索。一方面,在"科学主义"泛滥、"工具理性"盛行的当今时代,被称为"硬科学"的科学技术已独占人类文化之鳌头,越来越受到人们的顶礼膜拜。相比之下,人文社会科学在人类文化中应有的地位正逐步或已经被边缘化了,其固有的功能正日益被消解或弱化。曾经拥有崇高地位的人文社会科学已风光不再,在喧嚣和浮躁之中,不可避免地陷入了"软"科学的无奈与尴尬。即便是充满理性色彩、拥有批判精神的大学已经意识到并开始重视人文社会科学的教育功能与文化功能,但在严酷的现实语境中,也不得不"违心"地按照所谓客观的、理性的科学技术范式来实施人文社会科学教育管理和研究评价。另一方面,由于文化研究成果多以"概念思辨"、"理论分析"等形式表达,缺少与现实的联系和对实践的指导,难免给人以"声嘶力竭"或"无病呻吟"之感受。从一定意义上讲,这种苍白、乏力的研究现状加剧了人们视文化为"软"科学的看法。这无疑造成了文化研究和文化建设的困境与尴尬。

从未"离开"过校门的我,此时自然更加关注身陷这一"困境"和"尴尬"漩涡中的大学。大学,不仅是知识传授、探索新知的重要场所,也是人类文化传承与发展的主要阵地。她不仅运用包括人文艺术、社会科学、自然科学等在内的人类文化知识进行有目的、有计划、有步骤的高级人才培养,而且还直接担当着发展、创造与创新人类文化的历史责任。学界一般认为,大学具有人才培养、科学研究和社会服务三大功能。应该说,这样的概括基本涵盖了大学教育的主要任务。但在学理上看似乎还有值得商榷的地方。一方面,从逻辑上看,这三项功能似乎不是同一层次的、并列的要素。因为无论是培养高素质人才,还是产出高质量科研成果,都是大学服务社会的主要方式或手段。如果将社会服务作为单一的大学功能,那么是否隐含着人才培养和科学研究就没有服务社会的导向呢?另一方面,从内涵上看,这三项功能的概括本身就具有"工具化"、"表面化"的特征,并没有概括大学功能的深层的、本质的内涵。那么,有人会问,大学的本质到底是什么呢?我认为,在归根结底的意义上,大学的本质就在于"文化"——在于文化的传承、文化的启蒙、文化的自觉、文化的自信、文化的创新。因为脱离了文化传承、文化启蒙、文化创新等大学的本质性功能,人才培养、科学研究和社会服务都会成为无源之水、无本之木,而大学的运行就容易被视作为简单传递知识和技能的工具化活动。从这一意义上说,大学文化建设在民族文化乃至人类文化传承、创新中拥有不可替代的重要地位甚至主要地位。换言之,传承、创新人类文化应该是大学的历史使命与责任担当。

如果说,大学的本质在于文化传承、文化启蒙、文化自觉、文化自信和文化创新,那么,大学管理者的主要职责之一便是对文化的"抢救"、"保护"和"挖掘";这是现代大学校长应具有的文化忧患意识和文化责任感。言及大学文化,现实中的人们总是习惯地联想起"校园文化",显然这是对大学本质的误解甚至曲解。"校园文化"与"文化校园",不是简单的文字变换游戏,个中其实蕴含着本质的差异。面对"文化"这一容易接受却又难以理解的概念,人们总是无法清晰明快地表达"文化是什么";那么,我们不妨转换一下视角,或可以相对轻松地回答"什么是文化"、"什么是没有文化"或"什么是文化缺失"等问题了。大学文化,在于她的课上和课下,在于她的历史与现实,她的一楼一宇、一草一木、一砖一瓦、一人一事……她可能是大学制度文化的表达,可能是大学精神文化的彰显,也可能是大学物质文化的呈现。具体而言,校徽、校旗、校训等标识的设计与使用是文化校园建设的体现,而创建大学博物馆、书画院、名人雕塑等,则无疑是大学文化名片的塑造。我曾主持大学博物馆的筹建工作,这一令我"痛并快乐"的工作,让我感慨万千! 面对这一靓丽的大学文化名片,我似乎应该感到一种欣慰、自豪和骄傲! 然而,在经历这一"痛并快乐"的过程之后,我却拥有了另一番感受:在大学博物馆所展示的一份份或一块块残缺不全的"历史碎片"面前,真正拥有高度文化自觉或自信的大学管理者,其内心深处所感到的其实并不是浅薄的欣慰和自豪,而是一种深深的遗憾、苦苦的焦虑和淡淡的无奈! 我无意责怪或埋怨我们的前人,我们似乎也没有太多的时间和精力去责怪、埋怨,因为还有很多很多事情需要我们去落实、来实现,从而给后人多留下一点点念想,少留下同样的遗憾。

这不是故作矫情,也不是无病呻吟,只有亲身经历者,方能拥有如此宝贵的紧迫感! 这种深怀忧虑的紧迫感,实在是源于更深的文化理解! 确实,文化的功能不仅在于"守望",更在于"引领",这种引领既是对传统精华的执着坚守、对现实不足的无情批判,也是对美好未来的理想而又不失理性的憧憬。换言之,文化的引领功能不仅意味着对精神家园的守望,也意味着对现实存在的超越。尽管本人并没有宏阔博大的思想境界、济世经国的理想抱负、腾天潜渊的百炼雄才,但在内心深处,我却始终拥有一种朴实而执着的想法:人生在世,"必须做点什么"、"必须做成点什么";如是,方能"仰俯无愧天地,环顾不负亲友"。然而,正所谓"前途是光明的,道路是曲折的",对于任何富有价值和意义的事情而言,"想法"变成"现实"的过程从来都不可能一帆风顺。在当下社会,"文化校园建设"则更是"自找苦吃"!

人生有趣的是,这一路走来,总有一些"臭味相投"的"自找苦吃"者,与你同行! 一年前,我兼任艺术学院院长。在一次闲聊中,我不经意间流露出这一久埋心底的想法,便随即获得了马中红、陈霖两位教授及其团队成员的积极响应。于是,《东吴名家》(百人系列)的宏远写作计划便诞生了!

也许是闲聊场景的诱发,如此宏远计划的启动便从艺术学院"起步"了! 其实,选定艺术学院作为起始,我内心深处还有两点考量:一是"万事开头难",既然事情缘起于我的主张和倡议,"从我做起"似乎也就成了一种自然选择,事实上,我愿意也必须做一次"难人";二是我强烈地感到时不我待,希望各个学院能够积极、主动地加入"抢救"、"保护"和"挖掘"文化的行列! 尽管从本质上讲这是一种历史责任,但在纷繁的现实面前,这项工作似乎更接近于一种"义务"或"兴趣",因此,我不能有更多的硬性要求。于是,我想,作为艺术学院院长,我可以选择"从我做起",其示范和引领作用可能比苍白的语言或"行政命令"更为有力、更富成效。

当然,最终选择艺术学院作为《东吴名家》开端的根本想法,还是来自我们团队对"艺术"发自内心的热爱!因为,在我们古老的汉字中,"藝"字包含了亲近土地、培育植物、腾云而出的意思。这也昭示了艺术的本性:艺术来源于生活,但必须超越生活。或许也正因为艺术这样的本性,人们对艺术的反应可能有两种偏离的情形:艺术距我们如此之近,以致习焉不察;艺术离我们如此之远,以致望尘莫及。此时,听一听艺术家们的故事,或许会对艺术本身能够拥有更多、更深的理解。

英国艺术史家贡布里希在其《艺术的故事》开篇中有云:"实际上没有艺术这种东西,只有艺术家而已。"在各种艺术作品的背后,站立着她们的创造者,面对或欣赏这些艺术作品,实际上就是倾听创造她的艺术家,并与艺术家展开对话。这样的倾听与对话超越时空,激发想象,造就了艺术的不朽与神奇。也正是这种不朽与神奇,催生了《东吴名家》的艺术家系列。

最先"按近"的五位艺术家大家都不陌生:杨明义先生,浸淫于江南文化传统,将西方透视和景别融进水墨尺幅,开创出水墨江南的新绘画空间;梁君午先生,早年在西班牙皇家马德里艺术学院学习深造,深得西方绘画艺术的精髓,融汇古老中国的艺术真谛,是享誉世界的油画大师;张朋川先生,怀抱画家的梦想,走出跨界之路,在美术考古工作和中国艺术史研究中开辟了新的天地,填补了多项空白;华人德先生,道法自然,守望传统,无论是书法艺术,还是书学研究,都臻于至境;杭鸣时先生,被誉为"当今粉画巨子",以不懈的努力提升了粉画的艺术价值。五位大师的成就举世瞩目,他们的艺术都有着将中国带入世界、将世界融入中国的恢宏气度和博大格局。

五位艺术家因缘际会先后来到已逾百年的东吴学府,各自不同的艺术道路在苏州大学有了交集和交融,这是我们莫大的荣幸。他们带来的是各自艺术创作的历练与理念,艺术人生的传奇与感悟,艺术教育的热情与经验,所有这些无疑是我们应该无比珍惜的宝藏,在这个意义上,"艺术家系列"的写作与制作也可谓一次艺术的"收藏"行动。

"收藏"行动将继续进行,随着"同行者"的不断加盟,《东吴名家》(百人系列)将在不远的将来"梦想成真"!为了这一美好梦想,为了我们的历史担当,也为了给后人多留点念想、少留点遗憾,让我们携起手来……

## 杨明义

江苏苏州人。1962年毕业于苏州工艺美术专科学校,1981年在中央美术学院进修,1987年赴美留学,先后就读于旧金山艺术学院和纽约青年艺术同盟学院。1999年回国,现居北京。国家一级美术师、中国美术家协会会员。现任文化部国韵文华书画院副院长、海华归画院副院长、清华大学吴冠中艺术研究中心研究员、苏州大学客座教授、李可染画院研究员、对外经贸大学奢侈品研究中心高级顾问。杨明义创造性地用水墨风格表现江南水乡,形成鲜明独特的个人画风,得到海内外艺术界和收藏界的高度评价,先后获得"中日书画交流展金奖"、"20世纪亚太艺术大展银奖"、"世界华人艺术大奖"、美国亚太艺术中心颁发的"20世纪艺术贡献奖勋章"、"第五届全球中华文化艺术薪传奖"等,出版有《水墨水乡》《近日楼散记》《水墨之旅》《杨明义画水乡》《江南百桥图》《诗画江南》《绝版的江南》《杨明义画周庄》等40余部著作和画册。1978年因创作《水乡的节日》,在写生中发现周庄,被誉为"发现周庄第一人",并获得周庄"荣誉镇民"称号。作品被中国美术馆、中国国家博物馆、人民大会堂、江苏省美术馆、苏州博物馆、纽约大都会艺术博物馆、伦敦大英帝国博物馆等众多中外美术馆、美术学院和美国前总统布什夫妇等社会名人收藏。

黄永玉先生看了杨明义一眼,即在铺开的四尺对开宣纸上,用大斗笔蘸墨,几笔就将两鬓的头发勾勒出来,接着又画出了眼睛、鼻子和大嘴。在场的人都被这大刀阔斧的用笔逗笑了,杨明义也大笑起来。黄永玉说:"对,画你的笑比较有意思!"于是加强嘴角的笑意,又在下颊的轮廓线条上加了轻轻短短的几笔,这是胡须。黄永玉用赭石的淡墨加水调了许久,又在脸上涂染了一层,留出了白白的牙齿,使得脸上的大嘴立刻凸显出来,又用暗红的纯色,在牙龈上加了几点紫红色,最后在下颊的暗部扫了两笔淡青,越发增强了立体感。好!比杨明义还杨明义,太传神了。——根据杨明义博客《黄永玉老师画像记》改写。

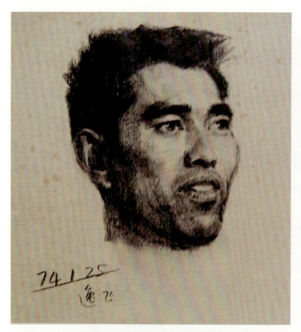

上世纪70年代画家们给杨明义画的像。左上为陈逸飞所作；右上为卢沉所作；左下为周思聪所作；右下为徐明华所作。

上世纪60年代,傅小石铅笔速写杨明义肖像。

上世纪 70 年代中叶,傅小石钢笔速写杨明义肖像。

# 目 录

001　总序
　　　留点念想

## 特稿

003　情系水乡,墨染江南

## 专访

**021　水乡之子,性喜习画**
022　"毛笔是我画画最好的老师"
027　全校绘画比赛一等奖
029　父母不教我画画,教我做人
034　《紫藤花开》:从师学习中国画
051　大串连:走一路,画一路
057　全方位接触工艺美术设计

**065　新晋版画家**
066　版画创作是业余爱好,从来没有成为职业
079　长江大桥桥栏设计与《韶山》
088　"只要你自己不放弃,就没有人能来抢你的笔"

096　苏州版画廊和"姑苏之秋版画展"

## 102　新水墨画探索
103　师百家成一家

115　独特的绘画语言：水墨江南

121　画品即人品

131　因画结缘周庄

144　《近日楼散记》：深切的思念

## 153　美国十年：以东方的身份在西方
154　放下名利，重新开始

159　苦学西方绘画艺术

162　不打工，不画像，决不放弃艺术创作

175　"艺术家无法逃避政治"

182　水墨江南的海外传播

191　旅美十年画展

## 196　江南水乡，最深切的爱恋
197　我从苏州出去，我要回到苏州

200　"最容易放弃的是理想，幸亏我坚持了"

205　屋漏偏逢连夜雨

208 《江南百桥图》：画不尽的江南
222 "杨明义回来了"
233 "我从来没有一天离开过苏州"

## 他人看他

243 褚铭：他是最用功的学生
253 王大明：他的水墨创作赢得了西方人的喜爱
258 殷华杰：当代江南水墨画第一人
263 凌子：他是我人生的导师

## 附录

281 墨梦江南（纪录片脚本）
286 杨明义年表

296 参考文献

297 后记

特稿

# 情系水乡，墨染江南

2014年夏，北京南站四号出口处。杨明义的头像，彩色的，印在杂志上，被他派来接我们的朋友举在眼前。汹涌的人潮，恍若五彩奔腾的河流向前冲去，而杨明义——黄永玉笔下夸张的杨明义——逆流而立，热情地大笑着望向我们。一种奇特的约见方式，令人有点讶异，有点兴奋。就这样，杨明义向我们走来，我们也走向杨明义。

## 江南人

1962年，陆文夫首次见到他和他的画，印象是"你这个人邋里邋遢的，画的画倒清清爽爽"。十年后，陈逸飞、傅小石分别给他画像，一张正面，一张侧面，都是板寸头，瘦削的脸，大而明亮的眼睛，紧闭的嘴，线条坚毅，看不出有特别的个性，是那个年代憨厚本分的好青年形象。及至2007年，黄永玉再为他画像，以特别夸张的笔法，把他最常见的情状表现得相当准确，两撇浓眉，细小的眼睛，露齿的嘴型，一个阅尽沧海桑田依然笑意满面的杨明义，一个柔中有刚、风格鲜明的杨明义。

2014年的这个夏天，我们约在他北京寓所见面访谈。果真如他人所言，杨明义"南人北相"，身材魁梧，外表结实，有运动员般的体格。当他趿拉着拖鞋下楼时，步子快速、跳跃，有鹿般的敏捷，让人难以相信他已年过七十。在之后的联系中，我们短信往来，他思维之敏捷，回复之快速，几度让我感觉是有年轻人在旁"操刀"。除了高大的身材外，他一张宽大黝黑、在明亮处泛着土红色的脸庞，也非江南常见的白面书生样。可是，他祖籍浙江湖州，生于苏州，长于苏州，是个地道的江南人,他也从骨子里以自己是江南人为荣。

他的吴侬软语,首先暴露了他的江南人身份。他的第一位太太是苏州人,第二位太太凌子也是苏州人。凌子曾经是电台主持人,讲得一口标准的普通话,他却乡音未改,讲的是"苏州普通话",他就自嘲说,在她面前他不敢讲普通话,怕她笑话。所以得知我来自苏州,听他说话无障碍,普通话也不见得标准,一定是松了口气,也就很放松,很亲切。他的画室宽敞明亮,挂满了画,堆满了纸和笔,却纹丝不乱;他的地下室摆放着多年来收藏的各种雕塑,美观整齐,有强烈的形式感;他的居所如同一幅黑白相间的水墨画,白色的大理石、白色的沙发、白色的墙壁,黑色的家具、黑色的钢琴,墙上挂着大大小小由师友们赠送的珍贵书画,那份书卷气,那份干净整洁,洋溢着的是我熟悉的江南人家淡泊雅致的气息。

访谈时,他坐在我对面,一件或黑或白的T恤,一条洗白的靛蓝色牛仔裤直抵脚背,儒雅而不失潇洒。乌黑的头发,异乎寻常地浓密,垂及肩头,好似梳子从未在上面光临过,时而蓬松,时而逆立,时而耷拉,有常人所想象的那种艺术家范儿。他额头开阔明亮,双眉浓烈,似卧蚕横亘,柔中有刚。眼中燃烧着一股奇异的力量,但不能分辨它们微妙的区别,平时又细小又深陷,流露出温和亲切之感,兴奋或愤怒时那亮光在眼眶中旋转、燃烧,奇妙地反映出主人真正的思想和真实的喜怒哀乐。嘴巴富有表现力,上唇常有比下唇前突的倾向,一口坚实洁白的牙齿大多数时候闪耀着,这使得他仿佛一直在微笑中,从而传递出非同一般的感染力;只有在他沉思时,眼神和表情才放松地表现出淡淡的忧郁。

他温和细心,敏感多情,甚至慈悲为怀。1983年,他捐资三千元给自己就读的马医科小学,起因只是看到学校的木楼梯年久失修有了裂缝,生怕孩子们玩耍时不慎伤了腿脚。他收藏了在苏州工艺美术专科学校就读时,自己创作的课堂内外的习作、老师上课示范的作品、同学之间互送的作品以及课程表、成绩单,他打算整理出来后,全部送给自己的母校,作为校史资料。他对色彩的那种强烈感受常常令我吃惊,比如,五十多年过去了,他还记得吴教木老师第一次给他们上课时穿着白衬衫,记得小学美术比赛获奖证书的红色纸张,记得初到旧金山接他的是辆蓝色的车……在他的讲述中有关色彩的表达无处不在。在论及那些令自己记忆犹新的往事时,他经常使用的表述语式是"我感动得眼泪都要掉下来了","我感激得不得了","我开心得要死","我绝望得要命"……他晚年得一女,小名亦心,年方三岁,活泼可爱赛天使,她穿着红裙子在他宽大的怀里活蹦乱跳撒娇时,他的笑容犹如能容天下的大佛。他给她喂饭、系鞋带,让她在宽大的画桌上乱涂乱抹,给她拍无数精妙绝伦的照片。在他七十一岁的生日聚会上,他告诉我:"我最怕过生日了,一过生日,我就紧张。女儿那么小,我要陪着她长大。"他还说:"每天画画,时间就在一张一张画中流逝掉了。如果我能看到女儿结婚,我就开心了。"面对无法回避的年岁增长和惹人爱怜的女儿,我仿佛能触摸到他时时涌动、共生共长、此起彼伏的焦虑和幸福。

**画画,是取之不竭的快乐之源**

1943年,他生于苏州邻近观前街的马医科巷一座小楼上。父亲是一位谨小慎微的小业主,开有一家毛笔店,爱好戏剧,复旦大学肄业生。母亲是苏州城里一家杂货店店主的女儿,受过教育,外柔内刚。一开始,人生于他显得衣食无忧、自由自在,没有人强迫他去做什么,没有人指待他日后光宗耀祖,他享受着童年最快乐的时光,学会用毛笔涂鸦去表达自己的喜怒哀乐。他不像其他小孩子那样喜欢往外跑,玩各种游戏,他最喜欢做的事情是画画,对着天井里几块破旧的假山石画,对着花草画,对着斑驳的旧墙画,实在没有可画的了,就画个柜子、凳子。他说:"很多时候,我就像神经病一样的,把我爸爸不知道从哪里弄回来的毛边纸钉在墙上,在上面乱画,画自己想象的乱七八糟的东西,小桥,假山,水的倒影,鱼在上面游等等。"他在家门口的马医科小学念书,爱读闲书,爱画画,全班美术课的作业他心甘情愿地一个人承包下来,而且保证交出来的绘画作品没有一张是相同的,他用替同学画画的方式去换同学帮他做数学作业。四年级一次全校比赛——那是他小学期间参加的唯一一次比赛——这个不讨美术老师喜欢的学生拿了第一名。这意外的嘉奖,令他激动万分,"拿到奖状我高兴得不得了,我画的画总算得到承认了!"得奖,无疑进一步激发了他的绘画兴趣,也让他更有信心,更加"忘乎所以"地沉浸在自己的世界中,不管天热天冷,只要有空,他就出去写生、涂鸦。

擅画,以一种他意识不到的方式帮助他保持了少年时代心理的平衡,建立起了自信,也找到了属于自己的快乐。他说:"我也搞不清楚,为什么我那么喜欢画画,能让我画,我就很开心,不让画就高兴不起来。"他说这话时没有丝毫自我标榜,真诚得如同一个孩童般。他的妻子凌子曾经说:"无论到哪里去,他只要有一张画桌,其余什么都可以不要的。"画画,是他快乐的源泉。

1956年,他初中毕业,父母亲希望他能去拜师学艺,三年师满,便可以挣钱养家。他素来信任有加的舅舅也建议他去读个纺织职业学校,毕业后去工厂当工人。不过这一次,父母对长子的期待,舅舅对外甥的职业规划,他全部没有领情,因为他对学徒工、纺织厂都没有兴趣,宁可留在街道写宣传标语,画宣传画。1958年,家门口开出了一所工艺美术学校,那是他梦中向往的地方,他偷偷去报名考试,并得偿所愿,他欣喜若狂。"文化大革命"中,不同派系激烈对峙,半夜在枪炮声中被惊醒的他,却被月光笼罩下的美景迷住,置安危和害怕于脑后,连夜作画,画成方歇。透过《月夜》质朴的黑白光影,我们感受到的是朗月清风,安宁祥和,谁能闻知窗外的火药味?集体政治学习的时候,他偷偷地写生,会场上老乡的侧影,姑娘交叉叠放的双脚,门前的小桥流水带着活泼泼的生命纷纷涌向他的笔端。他惊讶地发现日常所见的平凡人与物竟如此鲜活。上世纪90年代,他在纽约,尚且需要为生存奋斗,却喜欢带着写生本,画出租车司机、画快餐店服务员、画街头艺人、画地铁乘客……我们看到惟妙惟肖表情丰富的各色人等,谁能感受到一页页速写之外人在异乡拼搏的艰难?画画,是他发自内心的喜好,是他生命存在的底线,是他身上那股遗世独立的气质的来源。画画,顺理成章地帮助他超越了日常生活的平凡、琐碎、庸俗和无常,慷慨地带给他精神上的喜悦、欢愉、充实和富足。每当他可以执笔作画或与画为伍时,他是平静的、内敛的、温和的,像极了江南小镇上的邻家大哥哥。

但是,画画带给他的远非安谧和自得。在他七十多年的生涯中,经历了那么多跌宕起伏的历史事件和政治运动,又无数次跨越家国和异乡的边界线,每一次都与他的绘画命运紧紧相连,而且在给予和剥夺、获得和放弃的复杂关系中,他对艺术的痴迷却丝毫不减。1973年,因为受画家黄永玉"猫头鹰"黑画事件牵连,他被下放至苏州郊外尹山湖"五七干校"劳动改造,画画几近奢望。有一次,憋久了的他被雨中江南清新的田野、如黛的远山、清澈的近水和穿着雨衣劳动的人群所显现的五彩斑斓的美丽景象所感动,一改平日逆来顺受的样子,发疯一般地在田埂上狂喊"我要画画,我要画画",声音之大惊呆了所有人。同样在劳动改造期间,他自愿选择从工作清闲的蔬菜班调往运输班,在苦练摇船时不慎摔伤腰,在抢粪时跌入臭气熏天的粪船,可他无怨无悔,为的只是可以一边行驶,一边画大运河上的风景,只是可以每周多两天休息时间,留在城里,自由自在地去画画。为了抓住能够画画的机会,"文化大革命"中他表现得异常积极和活跃,他和朋友一起办刊物,画政治漫画,木刻主席像,去南京长江大桥为公路桥面设计桥栏杆,为南京中山陵国宾馆创作大型画作《韶山》,不遗余力地为当年的政治思想和运动方针做宣传、唱赞歌,基本上没有质疑过裹挟自己的这场政治运动的是非对错,也没有将此当作有审美追求的艺术创作,所有的乐趣便是"至少我还能画画,其他人都在你斗我、我斗你的运动中混着日子"。在我看来,他对画画的痴迷与"情人眼里出西施"这句俗语相比,他尤为过。在情人的眼中,不管是分辨不了美丑,还是美丑由"我"确定,对方的"美"是不用置疑的;而对杨明义来说,为谁画,为什么画,画的意义和价值何在,其实都不在他考虑之列,他孜孜以求的就是动词的"画",是被提纯、再提纯,剥离掉所有附加在画画之上的东西之后的"画"本身。于是,我们也就不难理解,"文化大革命"红卫兵大串连中他为什么发着高烧,在同行者陆续放弃艰苦旅途返回苏州时,依然不顾一切地要去北京,要去天安门的执着,其中除了政治行动和集体行为带给年轻人的兴奋冲动、群体认同感之外,对于他尚且还有一种更重要的意义,那就是找到名正言顺的理由,走出苏州逼仄的天地以及不让画画的窒人气息,到外面去,呼吸新的空气,走一路,画一路。至今说起这件事情来,他依然抑制不住那份第一次远足,可以经风雨见世面,画遍沿途所见所闻的喜悦。

**画画,是一种挥之不去的执念**

一个如此痴迷于艺术创作,对画画有着强烈执念的人,一定会有一些超出常人理解和接受的行为。在他经历中有这么一个故事:某天放学路上,他遇到一根倒塌的电线杆,断裂的电线在风中雨中飘动,因为担心来来往往的行人不小心触电,他就学习雷锋好榜样,傻傻地守候在那里。两个多小时过去了,等供电局来人告知这条线路已经不通电时,他已浑身湿透。几十年后,他说起这个故事,轻描淡写,但我回头想想觉得那简直是一个隐喻,时不时在他的人生道路和艺术追求中跳出来,将他带入是非争议的漩涡,让他感受执念带来的快与痛。

他常有惊人之举,令人愕然。上世纪80年代,因在版画界的杰出表现,他声名鹊起,名利双收,可就在此时,他却出人意料地放弃一切,在四十四岁已过不惑之年时,怀揣着六十美元和刚学会的几句英语,飞往大洋彼岸的旧金山留学。半年之后,又前往纽约,求学访友。不少人无法理解他为什么放着安稳舒适的日子不过,要去异国他乡自讨苦吃?到纽约不久,他很幸运地得到机会,为美国权威出版机构 Dial 创作三本中国民间传说故事的插画,又凭着杰出的绘画才能,赢得美方信任,获得极其难得的工作机会。可出人意料之外的是,他婉拒了。稳定的工作是多少漂洋过海的人梦寐以求的事,而他却认为这个工作虽然体面,但会受制于人,不再有自由创作的时间,不再可能去画他热爱的江南水乡,热爱的水墨画。执念不停地发酵。他甚至拒绝去餐馆打工,拒绝去街头画人像,在他看来,如此,一个人的精气神都没有了,还如何画画?!他最愿意的是带个面包、一瓶水,去大都会博物馆和各种展览馆写生。在生计都不能解决时,这样的执念,令他和前妻的关系雪上加霜。

执念是把双刃剑,它让自己不顾一切勇往直前时,也让同行的人惊惧疑虑,让自己变得坚硬强大时,也有意无意忽略甚至伤害了他人。其间的微妙,往往取决于彼此的利益关系。举凡没有利害关系时,他人看执念者大多可爱、可敬,而在利益攸关时,执念通常导致他人或轻或重的伤害,不是伤了对方便是伤了自己。上世纪 80 年代初,他得风气之先,率先将苏州版画家们的作品推向市场,从事书画经营,却引起经济纠纷,遭人非议;同样也是 80 年代,个人慈善公益还鲜见时,他给母校马医科小学捐资三千元修补楼梯,却被认为别有用心;90 年代,他主动积极协助华人著名收藏家王己千回故乡苏州举办收藏展,却被认为以此博取个人名利。1997 年他回国探亲,市人大委员会邀请他为新落成的办公楼大厅创作大型山水画,他不明就里地满口应承,并且投入全部心思画了整整三天,完成大型画作《春雾江南》。画作好评如潮,还得到嘉奖,可他却在不经意间伤及了同行,最终更大地伤及了自己。他谈及此事时的一脸无辜,给我留下深刻的印象。

他与当代众多艺术家的交往也每每引来并非那么令人欣悦的议论。在与他深聊之前,我读到过他的一个故事:中国美协原主席华君武先生爱吃苏州的焖肉面,可这玩意儿不好携带。他闻听后就想办法把原汁原味的面、肉、汤料从苏州带往北京,再指导保姆如何烹饪。当时,我心里暗暗地认为,他果然是用心良苦,善于经营人脉关系。后来,阅读他撰写的《近日楼散记》之《严师华君武》,得知华老每次见他,浏览他的画作,均耳提面命,要求极为严格,甚至批评他 80 年代的作品有似曾相识之感,告诫他要注重画的质量,提醒他要注意团结人,可谓语重心长。因此我理解,这碗面承载的其实是他敬师爱画的一片冰心。《近日楼散记》里还有许多这样动人的小故事:70 年代,他第一次拜见著名漫画家叶浅予老先生时,拿出一本剪报,上面粘贴的都是他上学时从报刊上收集的叶老 40 年代在《中央日报》上连载的讽刺作品《小陈留京外史》。叶老大吃一惊,又喜出望外,欣然为之题字。他去北京拜访李可染先生,得知李老为找不到好的毛笔烦恼不尽,便毛遂自荐,在苏州寻访制笔高手,颇费了一番周折,方得好笔,而他至今还保留着当年李老讲解毛笔和颜料性能时,他随手记录的要求。

  他是有心的、用心的,他对艺术的挚爱是以常人难以做到的方式表现出来的。他喜欢也善于收藏,从中获得乐趣和有益于艺术创作的养分。在他众多的文件夹中,分门别类收藏着与交往过的艺术家的书信往来,唱和应酬;他保留着当年准备报考中央工艺美院时吴冠中先生和袁运甫先生寄给他的课堂讲义;他还留有70年代去南京参加版画进修班,傅小石和其他老师讲课时的听课笔记;他还珍藏着陈逸飞70年代创作重要作品油画《占领总统府》时途经苏州,他俩在斗室中边讨论边画下来的草图……凡此种种,与其说有经济价值,不如说更多是记忆价值、历史价值、文化价值,是艺术家之间因艺术而结缘的最好见证。

  在与当代众多艺术家的交往中,他是谦虚的,有时甚至是谦卑的。访谈中,他在谈及黄永玉、吴冠中、李可染、华君武等前辈,谈及傅小石、陈逸飞等同辈好友,谈及陈丹青等晚辈忘年交时,最常用的表述是:"我感动得不得了","我是幸运的","影响了我一生","我喜欢他","我崇拜他","我心情激动得不得了,恨不得跪下来了"……谈到这些曾经在艺术上指点过他、鼓励过他,在人生道路上帮助过他的师友,他眼里的光不断地旋转,闪烁的是感激、感恩以及对已逝斯人的追念。在他苏州和北京的居所,挂满了与他交往的艺术大师的作品,他说,看着这些画,就能想起当初画画的感人场景,想起师友们对他的鼓励和期待,就能获取信心和力量。他珍爱这些绘画作品带给他的温暖和力量,所以,即使初到美国,生活陷入困境之时,他也不像坊间所说那样"卖画为生"。尽管,当初只要卖掉其中的一张,就足以让他衣食无忧一阵子了。而现在,他不止一次地表达,不愿意像许多人热衷的那样,建一个个人博物馆,"那是一座庙,把自己供奉起来,我不喜欢",他希望能找到合适的地方,将这批随他漂洋过海、南来北往、蕴藏着无数动人故事的画作捐献出来,让更多的普通人可以分享这些当代的名家名作。

**江南,最深切的爱恋**

  苏州的小街小巷、温山软水给青少年时代的杨明义留下了美好而深刻的印象,他对这地方永远保留有一种温柔且深情的回忆。在去美国十二年,去北京又一个十二年后,他坚定地说"我没有一天离开过苏州"。

的确,苏州是值得用一生去爱恋的。几百年来,奔腾不息的京杭大运河,千帆过尽,那样生动鲜活,仿佛一个巨大的灵魂,无数的力量在其中流过;而洒落在太湖流域上的明珠般的古镇,没有一个地方似她那般温润细腻、精致美好,仿佛多愁善感的性灵,承受时间的冲击和抚爱,不断变幻地呈现出惊人的美艳。在此,杨明义度过了他生命中最初的四十多年,形成了他一生的心中梦境——辽阔的太湖水面,千帆竞立,万船待发,而贴岸的小船上,炊烟袅袅,鸬鹚引颈,渔网随风飘荡;湖岸之上,雾气蒸腾,新绿初染,一派勃勃生机;临河的青石小径上,穿红着绿的水乡姑娘,晨起临水而立,穿越一座座桥洞,遥望未知的前方,是否会出现扁舟一叶;登高远眺,粉墙黛瓦,鳞次栉比,初升的红日照耀着静谧的水乡小村,——还有园林、庭园、小桥流水、枕河人家;近处的虎丘塔、北寺塔在时而蓝色时而阴郁的天空立出挺拔的侧影,远处的七子山、灵岩山、天平山犹如一条美丽的抛物线,随着天气的阴晴圆缺,魔法般变幻出或雄壮或温柔或明朗或神秘的色彩,守护着梦一般的古城。

他的心对于这片故土是永久忠诚的,无论身处何时,无论身处何方。他站在纽约的高楼,看着漫天雪花飞舞,眼前呈现的却是江南即下即化的温软的小雪;他在欧洲,看高低错落色彩斑斓的欧式民居,心绪萦绕的仍是姑苏水乡黑白相间参差不齐的苏工民宅;他在曼哈顿的喧嚣中画《长发妹》的插图,那是水乡小巷里清丽的江南妹子;他在北京给《朱自清散文》画插图,未名湖的荷塘透露出姑苏郊外的清甜香味。他甚至恨不能将这个故土打包带上,走哪儿带哪儿。

如今,他在北京郊外的寓所仿佛是在高大的白桦林里精心建造起来的江南梦境:入口处一棵茂盛的紫藤花投下清凉的浓荫,可以想见四月花开季节,花朵竞相盛放时的蜂飞蝶舞;五六缸睡莲绿意田田,茎细叶舒,含苞待放;一池荷花,风动花动,水波也涟涟;弯弯曲曲的石径,通往几块耸立的太湖石,几根挺拔的钟乳石,曲径通向更幽处。最精致的是一面景观墙,斜对着住宅的门厅,两米多高,用一色的细细灰砖扁平砌成,上面有三五个小小的石雕像点缀着,薄薄的水波自上而下,贴着墙面直落而下,动听的流水声,恍若江南清脆的丝竹。更奇妙的是,水幕墙在日光月光的照射下,恰好在厅堂整洁的白色大理石上投下流动的倒影,那便是江南波光粼粼的小河,是园林光可鉴人的池塘,是烟波浩渺的太湖,是他魂牵梦萦的江南水乡。江南好,风景旧曾谙,能不忆江南?

爱之深,恨之切。他太在乎青少年记忆中的江南、水乡、古镇了,执着地认为那是老祖宗留下来的智慧结晶,是人类不可多得的文化遗产。他走访了江浙一带大部分古镇,木渎、甪直、沙溪、锦溪、西塘、乌镇、绍兴、柯桥……长长一串名单,一本本速写本,是他一行行的脚印。他第一个发现了周庄这颗江南明珠,欣喜地将天然未雕、原汁原味的周庄介绍给他画界的师友;他去正仪、绍兴,用十多米的长卷画下了未经破坏的大街原貌;他骑着摩托车,沿着古老的京杭大运河江浙段寻访当年纤夫走过的古老纤桥,以及藏在那些不为人知的小镇乡村的小河小桥。当他眼看着古镇被功利化改造,水乡被商业入侵,文化遗产被生灵涂炭,他被执念指使,不停地给周庄、甪直等地的市委宣传部写信,不遗余力地呼吁古镇要保护那份难得的原汁原味,呼吁文物修复要修旧如旧,呼吁政府要重视文化资源开发中的破坏现象……他像现代中国的堂吉诃德,竭力守护着他心目中如诗如画的江南水乡。所以,当他协助吴冠中先生拔掉了"周庄的眼中钉"时,他非常激动,甚至对周庄终于拆除古桥上的铁皮屋而感激涕零;当他应邀去绍兴访问时几乎是恳求般地让当地政府主管人不要在老街上开设卡拉OK厅。

当他的信件泥牛入海,有去无还时,他无奈地哂笑自己在信件上的署名"画家杨明义"算什么?当然,大多数时候,他是清醒的,他很清楚个人意愿和集体行为的冲突、古镇保护和开发的两难、日常生活之俗和艺术追求之美的矛盾,他选择拿起画笔和画板,犹如堂吉诃德拿起长矛和盾牌般在艺术的世界里书写自己梦中的水乡故园,爱她、恋她、守护她,并以丰硕的成果成就自己成为当今时代难得的精神贵族。

江南水乡之于杨明义是多意的,是出生时呵护他的母亲,是童年时度过美好时光的家园,是少年时无羁的玩伴,是青年时迷恋的女友,是中年后不离不弃的知己……随着阅历渐深,江南的魅力愈发地深厚绵长。江南水乡之于杨明义又是一致的,那是张曼娟所说的"最深情的爱恋",是流行歌曲所唱的"虐你千遍也不后悔",他将深情的眷恋化作永远不知疲倦的艺术探索,试图以最美好的绘画语言将之介绍给世人,让大家一起分享他梦中的江南。于是我们看到他源源不断地推出新作,对江南人家、小桥流水、水乡古镇、长桥短亭、渔舟晚霞……歌之、咏之、叹之。

**用最好的语言画江南**

　　1958年,他考上苏州工艺美校,绘画兴趣从不自觉的练习转向专业系统的学习,他师从著名山水画家吴䍩木先生学习传统中国画。第一堂课,老师带来许多古代山水和花鸟画,让同学们临摹,对大家的水平摸摸底。这是杨明义第一次有机会临摹古代名家的山水作品。在课堂上他拿到的是从清代王原初山水画上裁下来的一角,上面有一棵松树,一个小山坡。半个小时后,吴䍩木巡视到杨明义这里,看了一眼他的临摹稿,提笔在画稿的松树下加了几笔土坡,然后退后两步欣赏,并且说:"现在这画一笔都不能动了。看这张画,你已有五年的用笔功力了。"全班同学们都笑了。闻听老师的夸赞,杨明义热血沸腾,信心倍增。他的朋友褚铭说:"老师安排每个同学临摹一段,比如古画,一张长卷临摹一段,但是他基本上把它临全了。"年轻的杨明义在食不果腹的年代尽情享受着精神上的饕餮之宴,外地来的一些画家,他想方设法地用心去接待,虚心讨教;放假了,他去园林、博物馆、古镇、水乡写生,带回来一大堆画稿,让同学们震惊;去戏院看演出,也一心两用,边看边画,沉浸在自己的世界中。从工艺美求学起一直到初为人师,他先后接触过了大量具有苏州地方特色的工艺美术设计,玉雕、漆雕、制扇、刺绣、桃花坞年画,等等,培养了他超强的观察和感悟能力。他开始在报纸杂志上发表作品了。然而也正是此时,他陷入了艺术探索的困惑期,当他用学校学到的中国传统十八描和"四王"画风去工厂、农村、部队创作时,他感觉到传统的构图和技法用不上,又找不到新的语言方式很好地去表现现代人物,无法描绘出特殊年代的现实生活,他迷惘了,痛苦了,对现实生活满腔的热情不知道如何表达,一身本领无用武之地。

　　他加入版画业余小组,尝试用刻刀去抒写。"我的写生基础,我的速写基础,对时代的敏感,对生活的敏感,感觉用版画的方式表达出来相当好。"一片新的天地在眼前渐渐洞开,他欣喜若狂。牛刀小试,版画《城来乡往》问世,并且登上了当年的畅销杂志《雨花》的封面。画面上,宽阔的大运河,船只熙来攘往,来往相遇的船上,人们隔船招呼,水乡生活气息热辣辣地扑面而来。《家乡的风帆》,一个女孩子,穿着水乡青花瓷般的蜡染衣衫,腋下夹着油纸伞,站在宝带桥的对面,风吹起了她的衣角,分不清那是画里的人,还是水乡码头上的邻家女孩。陆文夫用来作插图的那张《小巷深处》取材于周庄幽深的小巷,《五月枇杷满树金》来自东山古镇的一次写生,还有《绿染水城》《月过盘门》《细雨江南》《水城细雨》《春雨》《水乡之都》《大运河之颂》《水乡姐妹》……只要听听这些作品的名称,那个历代诗人歌咏过的江南就带着雨雾,带着清新扑面而来了。陈丹青评述道:"他以五六十年代青年画家对新农村那种诚挚欣悦的目光,画满村头山脚小桥溪畔的田园景色。"他的作品不断刊发,不断获奖,1963年,在日文版《人民中国》杂志上,著名美术评论家马克赞誉杨明义为"中国新晋版画家"。杰出的成就,澎湃的激情,再加上非凡的组织能力,他被苏州版画家们推举为"苏州版画研究会"会长;他筹备组织的"姑苏之秋版画展"自1984年起,一年一度的金秋季节在苏州举办,云集了海内外版画名家;他开办的全国第一家"苏州版画廊"率先将苏州版画家们的作品推向市场,更重要的是,至此,江南水乡成为杨明义最主要的创作题材。

  作为"新晋版画家"的杨明义,有足够的理由满足于自己取得的成就,但幸运的是他遇到了拯救自己的"上帝",制止他停留脚步。1973年,著名画家黄永玉、吴冠中等一行四人到苏州采风写生,杨明义负责陪同。黄永玉在光福司徒庙对着"清、奇、古、怪"四棵汉柏,起早贪黑画了两天,完成了一张丈二匹的线描作品,画面太美了,黄永玉自己也很激动。可他心里犯嘀咕了,这庙里的古柏,好看是好看,但不能参加展览,又不宜挂在家里,有什么意义和价值呢?在他的艺术创作观念中,作品参赛、展览、获奖、公开发表是不容置疑的成功标准,而现在动摇了。他意识到自己对艺术理解的局限性,开始反思是否只有紧跟形势,创作政治宣传画,反映火热的现实生活才是有价值的艺术创作?当他质疑政治主题先行的创作模式之时,身边那些水巷、小桥、流水、倒影……真正地焕发出其自然的非功利的美感,他几乎顿悟般地说道:"美的东西太多太多了,我怎么就没有看到,没有好好去画呢?想得更多的是作品的发表,参加展览。"这次经历,让杨明义对美有了重新认识,可以说,同时代优秀的艺术家们不仅是在绘画技巧上给了他启发,而且还让他对绘画的目的和宗旨有了新的认识。

  茅塞顿开的杨明义重新将目光转回到中国画。此时,黄永玉、吴冠中等一批名家也都在尝试中国画的创新,杨明义受师友影响,听从自己内心对江南水乡挚爱的召唤,着手思考如何用水墨去表现江南风貌。苏州是历代文人墨客荟萃之地,历史上画家辈出,尤其是明清两代,吴门画派崛起,出现了沈周、唐寅、文徵明等一批专事山水画的大家,许多奇思妙想、精彩绝伦的经典画作传承下来,激励了杨明义这样的好学之辈。杨明义在工艺美校就读时的国画老师吴㦬木,祖孙三代情系山水画，名噪一时，但杨明义清醒地意识到模仿无法超越，挑战才能创新。他首先尝试将木刻版画硬朗、清晰的点、线，大面积的色块，深重的色彩，简约概括和以局部指代整体的创作手法创造性地融入水墨画中，又不断去水乡观察写生。有一次，他去乡下，正遇着大雾，放眼望去，白茫茫一片，什么也看不见。可是，一会儿，一处房子露出了一个尖顶，再过一会儿，突然整个屋顶都跳了出来，如梦如幻。这种动态过程在前人的山水画中从来没有这样鲜明地被表现过，杨明义举一反三，不仅画雾中变幻的屋宇，也将此手法用来画其他事物，从而在他的江南水墨画中，我们常常可以看到一条船，只画了船头，没有船尾，那必是被雾气笼罩了；船上人家晨暮的袅袅炊烟，悬在半空中，不见来处，却特别生动。就是这样，动态的江南水乡，变化的小桥流水，江南的婉约清丽，水乡的滋润泽惠，黑白相间的江南民居，纵横交错的河巷，形态各异的江南百桥，欸乃一声进入视线的小船和南方特有的日月晨昏、雨雪雾霭、春华秋实，成为杨明义笔下不拘一格甚至率性地表达眼中江南、心中江南、梦中江南的江南元素。

  独特的水墨笔法，典型的江南水乡题材，使杨明义的水墨水乡获得高度赞誉。1981年，他的水墨作品《江南渔村》入选中国首次赴法国巴黎的春季沙龙。1984年，黄永玉先生为他撰文《那森林中的金鹿》，称赞他找到了表达自己思想感情的一套独特的方法，赞美他的江南风景"潇洒、典雅、清新，让人看了心里发颤"。1985年，吴冠中先生在《羊城晚报》发表《苏州画家恋水乡——杨明义的画境》盛赞道："苏州中年画家杨明义勤奋多才，既是版画家，又是创新派国画家，作品日益引人注目。"还认为他的江南水墨画对苏州的景物有自己独特而清新的感受，善于概括，又不失真实，"从生活具象出发，逐步触及形式结构中的抽象美规律"。香港《美术家》、上海《美术丛刊》、江苏《南京画刊》等期刊对他探索创作的江南水墨画进行专题介绍。1986年，美国驻广州领事馆举办了他的画展，很快全部作品售罄。杨明义自己也不无自豪地说："我找到了自己的语言，我第一个用水印木刻的办法画江南，第一个成功地在宣纸上用水墨画江南。"

  但是，这种风格在当地引起轩然大波，他的水墨创新被一些人认为不是中国画而加以排斥。相比之下，评论家们却更宽容地称之为"新中国画"。外表温和、内心坚强的他无意于此类争执，他的画是传统国画还是新国画并不重要，这不是他刻意彰显或掩饰的命题，他决计不去比附传统中国画的种种规矩，也无意流入晚近国画风行的偏于墨戏的那一路，而是突出强调个人化的语言和意象表达，去表达自己对故乡家园的眷恋。

家乡画坛保守的风气让他倍感压抑！而恰在此时，来自大洋彼岸朋友的热切呼唤感动了处在困惑和彷徨中的他。当时已在纽约的好友陈丹青写信给他，谈论自己在国外的感受，"出国门一看，又实为必要，不看则已，一看方比出国中西画同人的孤陋寡闻，过去竟在那样的环境中习艺，实在不可思议"。陈逸飞也与他书信往来，传递与哈默画廊签约举办个人画展的消息，不断给他寄国外精彩的画册。吴冠中先生语重心长的一段话更是点化了他："如果你不懂毕加索和马蒂斯，那你就不能画好画。"是时候出去看看了！除了这些外部因素，他回想当初决定的内因是"我是画传统中国画出身的，但我喜欢西洋的东西，傅抱石、林风眠、吴冠中这些我崇拜的艺术家都出国，程度不同地吸收了西洋艺术，并与中国传统绘画结合在一起，创作出了更符合时代精神的优秀作品，我也想出去看看"。他毅然离开从未远离的故土飞向美利坚，他说他的想法很简单，不想局限于自己的家乡，局限于一个单一区域的单一发展，想走得远一些，让自己的艺术包容性更大一些，更宏阔一些。"外面的世界很精彩"，而他追逐的显然不是精彩的物质生活，不是眼花缭乱的花花世界，而是精彩纷呈的艺术天地。

正因为如此，他因了王己千的一句话"生活可以在旧金山，学画还是到纽约"而放弃了旧金山稳定的生活，去了纽约。在纽约，他学习水彩画、速写、人体写生、插图等课程，有课必到。他拒绝去餐馆打工，因为这剥夺了他画画的自由和时间；他拒绝去大街画肖像，因为这会让一个人的精气神都消失殆尽；他拒绝出版社稳定的工作，因为他将被迫"卖身"而不能再画自己爱恋的江南水乡……他放弃了很多很多，独自承受着生存的压力和思乡的精神痛苦。但他也获得了许多许多，1999年《杨明义旅美速写集》出版，从两千多幅中精选出的七百多幅作品让所有人惊讶，不仅仅是惊人的数量、丰富的内容，更是他那种每时每刻都无比充沛的创作欲望、敏锐的观察力和娴熟的表现力。他用"画志"的方式记录了在美国的生活、学习和艺术创作，也记录了一个艺术家眼中的纽约：小雨中曼哈顿的餐厅、吃饭的穷人、BBC副总裁、墨西哥出租车司机、公园里攀岩的青年、熟睡的孩子、漂亮的空中小姐……从中我们看到一个以艺术为生，以艺术为荣，以艺术抒发自己甘苦忧乐的中国艺术家形象。在此期间，他收获了一连串的殊荣：第一次个人画展在纽约曼哈顿CAROLYN·HILL画廊展出，大幅江南水乡作品陈列在中国驻纽约总领馆，六次在台湾地区举办个人画展，《苏州渔歌》个展在香港地区举办，水墨

《杭州西湖》被世界邮政选印为特种小型张邮票,《月夜古桥》为布什总统收藏……1999年,经过六年的反复努力,他获准回到故土工作。

去国十余载,当初由自己开创的江南水墨画风格已被多人模仿,国内市场久未闻其名,也渐渐将他相忘于江湖。一贯谨慎细心的他在争取回国工作的过程中,于1997年在故乡举办"旅美十年——杨明义画展",展出了他在美国创作的80余幅水墨作品,盛况空前,好评如潮。华君武先生赞道:"士别三日,刮目相看。"亚明先生也欣然提笔,表扬这个后生学子"杨明义专写江南,自成面目,艺贵独创,明义是也"。黄苗子先生亲笔题写"寒窗展读,为之眼明"。著名画家亚明看了他的画册后感叹道:"观明义此册足证墨法至今犹不断创新,或谓中国画至今已无法前进此说未可信也。"当年尚且健在的陆文夫先生为他长期以来坚持不懈终成自家风格而发感慨:"师百家而成一家,画出了自己,画出了自己的风格,画出了吴门的杨明义,不容易!"

为了更好地发展,2000年,杨明义移居北京,这一年他五十六岁。真可谓"天将降大任于斯人也,必先苦其心志,劳其筋骨,饿其体肤",他先是左眼患了黄疸性结膜,差点失明,后又因胃部疾病动了大手术,死里逃生。历经磨难的杨明义自2005年起进入全盛的创作期,大量令人"为之眼明"的新水墨画作品相继问世,"杨明义画周庄"、"水墨·水乡"、"诗画江南"、"杨明义书法展"、"江南百桥图"等一系列个人画展在大陆、香港、台湾展出,《水墨水乡》《水乡集》《水墨之旅》《近日楼散记》《江南百桥图》《杨明义书法集》等图文并茂的画册和文集接连不断地公开发行,以无可争议的形象再次将杨明义带到江南水墨画的舞台中央,成执牛耳者。他的好友陈丹青认为,杨明义的成功源自长期的观察和写生,使笔下江南水乡不至于流于空洞的样式,且与仿作的无生命相比,饱含了对乡野闲趣农耕文明的一往情深。著名评论家邵大箴比较到位地总结了杨明义出国前后的艺术创作:"可以明显看到的变化:他对水墨艺术的兴趣更浓厚,更注重笔墨的情调、韵味以及作品的意境,也更注重形式语言的独特表达方式。不变的地方是他仍然那样重视对自然的观察和忠实于对现实生活的体验,仍执迷于绘画的手艺。"台湾地区美术评论家何怀硕具体分析了杨明义江南水墨画的特征,认为他将西画的透视法、素描与水彩的精妙与中国水墨画相结合,从山水的老套中走出来,尝试水墨的风景画,中西融合而能和谐,"杨明义巧妙地用'没骨法'和'水法'来结合西方素描水彩的技巧,创造性地将'没骨法'和'水法'大量运用到风景画中,恰当地表现了江南水乡迷蒙的烟雾与氤氲的水气。他的画逐渐脱离了写实的范畴,进入主观意象的营造与意境的开辟"。杨明义自己的表述更形象:"在美国,我画素描,画人体,画油画,我的色彩感和立体感得到非常明显的提高。"不但如此,他将西方油画创作中丰富的色彩创造性地借用到江南水墨中。"一般没有接受过西方教育的人,只会画中国传统画的几种颜色,花青、赭石、藤黄、石绿、石青。我对颜色的处理可以有更多变化,蓝绿红的各种中间色都可以在水墨画中表现出来。"我们随手翻看他的画册,一幅长卷的《江南瑞雪》,将常见的乌顶白墙变成了白顶乌墙,在明亮的积雪映衬下,水是黑的,天是黑的,而水旁似有若无的点点红梅将雪衬得更白。《月下人家》选用了黑、绿、蓝三色为基调,将花砖、纸窗、黑瓦、白墙这些江南元素层次分明地一一入画,门前的小石凳、门牌号码、墙上的青藤无不散发着典雅古朴和宁静安逸的气息,引发人无数想象。《江南烟雨》《江南春雾》《雨后》《江南雨》,天空中的雨雾,像纱帐一般轻轻飘忽,分不清是雨是雾还是云。江南水乡的意境开阔而厚重,全然没有本地画家很容易染上的小家碧玉之气,似乎他离家远了,视线却越来越清晰,画风越来越浑厚。

历时三年创作的《江南百桥图》(以下简称《百桥图》)由陈丹青策展,2012年在苏州博物馆精彩亮相。一百顶桥,一百个故事,将他的江南水墨画推向艺术创作的顶峰。他在接受我采访时坦陈,《百桥图》的创作缘起于争强好胜,但一旦投身其间,一种热切的使命感油然而生,他要把对江南由衷的爱,对水乡百桥的理解,对大规模经济建设中即将消逝的典型江南的惋惜和留恋,一起留在百桥中。为此,他重新走访那些熟悉的园林幽巷、古镇水乡,循着古运河江南段,骑车加步行,寻找那些已经掩映在柴木畜圈里的纤桥,冷僻郊外被遗弃的百年老桥,苏州园林里最"迷你"的小桥和那些依然承载千人过万人踩的古桥。每一次,看着那些年久衰败、残破不堪或日渐坍塌的江南小桥,他都心痛不已。他告诉我,通往光福镇铜观音寺的小河上有座梁代的石桥,桥上的压顶石都是用武康石凿成的,用手敲击时铿锵作声,所以称为琵琶桥。桥上原先雕有云、龙、卍字纹图案,线条流畅古朴,现在却已经破败不堪了。光福是他年轻时常去写生的地方,也是在这个地方他从黄永玉、吴冠中两位先生那里顿悟艺术之道,从而奠定自己一生的艺术追求。这份感情弥足珍贵,故而言谈之间的痛惜便更是深了一层。

重新寻访自己熟悉的古桥,使他意识到江南千奇百态的桥不只是交通工具,将人送来迎往,也不只是造型艺术上的多变求异,而是劳动人民智慧的结晶,是富含美学意蕴的艺术品,更是江南桥的文化史。因此,画一百座桥,不只是画一个典型的江南符号,不只是画风格各异的实实在在的桥,而是留下一段有关江南的文化记忆。在诸如《被遗弃的纤桥》《望断天涯路》《通向天边的纤桥路》《枫桥夜泊》《故乡的小木桥》里,桥是画面中被表达的主题,它们或通往水波浩渺处,或静静伫立在月影下,桥又是一位多愁善感的叙说者,带着淡淡的忧伤和深情娓娓叙述着江南悠久的历史文化,而一百座桥连接起来,展现的又是数百年来江南小桥的文化谱系。黄永玉先生风趣精辟地评论《百桥图》带给人的欣悦,他说:"看明义的画,上了桥,忘了下来。"画家、评论家冯远认为杨明义画桥,有语言上的认真,有敬畏和欣赏角度的认真,还有个人绘画风格的认真,"这批作品不论从构思、表现形式上,还是从语言的层次、境界上都达到了杨明义目前最好的状态"。陈丹青却说:"他忽然找到一百座桥变成一个系列,性质上和过去的水乡真的有点不一样了。"连这么熟悉他的朋友也觉得他的江南水乡画又层楼更上,多了许多新的形式、新的内容和新的思考。

  他是温和的,他又是执着的,他爱水乡,他爱水墨。他用温和的执着研磨江南浩瀚无边的湖水,为我们带来如诗如梦的水墨江南。

专访

## 水乡之子，性喜习画

- 从小学到初中，我的功课都很不好，我每天想的是今天到学校去做什么？不是想去听什么课，而是想我去画什么，去看什么书。
- 我也搞不清楚，为什么我那么喜欢画画，能让我画，我就很开心，不让画就高兴不起来。
- 他们不懂艺术，不会画画，不能给我直接的影响，但对我心里和人格的影响很大，我从小到现在都信守的原则是要为人善良，乐于助人，这是从爸爸妈妈那里学来的。
- 我对工艺美术很有感情，从学生时代起一直到自己当老师带学生，先后接触过玉雕、漆雕、扇子、刺绣、桃花坞年画，还设计过信笺之类。

## "毛笔是我画画最好的老师"

**马** 我们同为苏州人,关于苏州有许多共同的记忆。不过,您出生在苏州,祖上却不是苏州人吧?

**杨** 对,我生在苏州马医科巷。这条巷子的名字怪怪的吧,黄永玉[①]写文章时说"杨明义住在一个名字很奇怪的巷子里"。他问我为什么叫"马医科"?画家程十发[②]到我们家来,也问"马医科是什么意思啊?是一个医马的医生还是姓马的医生?"后来我查了一下,马医科的确住过一位医生,不医马,姓马,是个御医,在清慈禧太后的宫廷里做医生,告老还乡到苏州后就定居在这条巷子里,后人为了纪念他,把这条巷子称为"马医科"。[③]

**马** 不是传说?

**杨** 不是,因为我收藏了一张这个马医生开的处方,黄永玉来苏州时,我拿给他看过。马医科这条巷子并不长,只有300多米,但住过许多名人,36号、38号、40号连成一片,是潘奕隽的故居。潘奕隽是清代乾隆年间的户部主事,还是著名的书画家;7号、8号是"荆园",据说是江南四大才子之一文徵明的侄子文枕烟的家;还有"曲园",就是俞樾[④]的宅园。1943年,我出生在这条巷子里,我们家住在15号,是我的祖父杨庵生置下的产业,三楼三底,前后四进。1956年公私合营时,被没收

---

[①]黄永玉,著名画家,中央美术学院教授,曾任中央美院版画系主任。
[②]程十发,著名国画家,毕业于上海美术专科学校国画系。
[③]另一说,宋绍定四年(1231年),苏州知府吴渊创建了第一所官办药局济民药局,南宋开庆元年(1259年),名医马杨祖在三皇庙旁重建济民药局,马医科巷由此而得名。
[④]俞樾(1821—1907),清末著名学者、文学家、经学家、古文字学家、书法家,浙江德清人。

"杨二林堂"由杨明义祖父杨庵生继承制笔祖业开设在苏州观前街西端。杨明义父亲杨正冠于新中国成立前夕接手经营,1953年关闭。图为杨明义保存至今的"杨二林堂"生产的湖笔。

了一大半,爸爸也因为继承了这处祖产,被定性为"小业主"。

**马** 您祖父辈是从哪里来苏州定居的?

**杨** 从浙江湖州来。祖父继承祖业在观前街西头,也就是今天美罗商城那个地方开了一家小毛笔店,名字叫"杨二林堂"。当时,观前街上有好几家毛笔店,我们是观前街西端第一家,门面虽然小,但牌子很响亮,最有名的是一种紫毫短锋水笔,最适合在公文、账册或作文簿上写小楷用,而且用过之后插在铜笔套里,墨汁不会干,下次要用,拔出来即可。后来爸爸杨正冠接手经营毛笔店,与书法艺术界的朋友有些往来,后来我在苏州工艺美术专科学校念书时的老师许十明,就是我爸爸的好朋友。

**马** 妈妈是苏州本地人吗?

**杨** 是的。妈妈在家里排行第二,有一个哥哥,两个妹妹,一个弟弟,家里在南浩街上开一家小南北货店。我的大舅舅特别能干,是全家的顶梁柱。当年,他在公立苏州工业专科学校念书时,因为表现出色被上海华丰纺织厂的老板一眼看中,大学毕业就直接去了上海工作,而且很快被提拔为厂长。

**马** 从家庭背景看不出您从事艺术创作的直接渊源。您最初的兴趣是从哪里来的呢?

**杨** 我从小就生活在普通的家庭里,虽然不是太有钱,但有个小毛笔店,温饱没有问题。兄弟姐妹和谐相处,也很温暖的。马医科巷紧邻观前街,穿过人民路就到,我经常在家里和店里之间跑来跑去地玩。家里有一个作坊,几个学徒经常在大门内的小天井里做毛笔,爸爸有时候也动手一起做。毛笔店里也有作坊,在三楼,一楼的门面卖毛笔,账房先生就坐在那里。家里店里的毛笔太多了,我最喜欢的是用毛笔蘸了水在方砖上写字、画画,乱七八糟地瞎涂,既没有老师指导,也没有读过什么绘画指导书。可以说,是毛笔引起了我对画画的兴趣。

**马** 如果毛笔涂鸦是您艺术创作的原点的话,这可以说是环境影响人了。

**杨** 就是的。我虽然是长子,但很任性,也不太管家里的事情,许多时间都是躲在楼上的房间里乱画。1949年新中国成立之后,大家开始用自来水笔了,男学生喜欢在中山装的口袋上插一支,女学生喜欢在上衣的斜门襟上别一支,很神气,很时尚,使用起来又方便。毛笔卖不出去了,毛笔店开不下去了。我记得大舅舅每个

杨明义一家合影,摄于1972年。
自左至右依次为杨父、大弟、杨母、妹妹、二弟、杨明义。

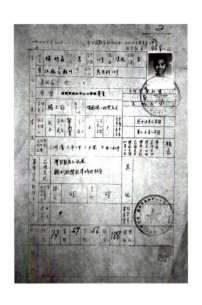

杨明义小学时的成绩单,老师的评语为"学习态度不端正"、"听到铃声能准时进教室",两门功课不及格。

星期都要回母校苏州工专去讲课,每次来都会到店里买一批毛笔,挑最贵的买,说是买回去送人,实际上是在接济我们越来越艰难的生活。

马　一起上学和玩耍的小伙伴里有学习画画的吗?

杨　没有,一个都没有,就我一个人。我这个人从小就是独头独脑的(苏州话,意为独来独往),有自己的想法,别人的劝告听不进去的。上学时我的功课相当不好,大多数考试中语文只能考七十几分,数学没有及格过。妈妈很着急,她说:"杨明义,你怎么搞的,算个数字都算不过来的啊?"她还请过隔壁邻居家一个女孩子来帮助我补功课。期末考试时好不容易考了个及格分,妈妈为此还奖励我们去看了场电影,我记得是《鸡毛信》。第一次和一个女孩子去看电影,我很紧张,很紧张。

马　小学毕业考吗?

杨　不是,大概是三四年级的期末考。

马　妈妈比较开通,让您陪女孩子去看电影。

杨　那时候还很小,才十多岁,啥也不懂的。我在马医科小学念书时,太喜欢看闲书,太喜欢画画了。上课老师在讲什么,我听不进去,我做我自己的事情。我还记得当年在课桌底下读过的一些书,比如从图书馆借来的《洋葱头历险记》《西游记大闹天宫》等。由于经常开小差偷看书,我被老师盯上了。有一次,教务科一位老师在窗外凶巴巴地大声喊我的名字:"杨明义,你出来!"我很害怕,但还是乖乖地跟她到了教务科。"手拿出来。""哗、哗、哗"打手心。"知道为什么打你吗？""我上课开小差。""你知道了就好，下次不能这样了。"苏州人说"好了伤疤忘了疼"，下次我还是这样，又被拉出去训话。总而言之，从小学到初中，我的功课都很不好，我每天想的是今天到学校去做什么，不是想去听什么课，而是想我去画什么，去看什么书。我不是个好学生。前几年一个朋友来报信说，有家旧货店里挂了一张我小学时的成绩单，上面有我的照片，还有老师写的评语，成绩单上有好几盏红灯笼。我难为情得恨不得有一条地缝钻进去。我跑到旧货店想去要回来，老板说"你拿一张画来换回去"。我就画了张小画，把成绩单换回来了。一看，真有老师的评语，优点缺点写得清清楚楚，优点是"能准时进教室"，缺点很多，"自由散漫"什么的，好笑死了！我小时候就是这样子，除了对语文、历史有点兴趣外，只喜欢画画了。老师很认真地劝我："杨明义，你看上去很用功，推着车子跑得很快，但是你车子里没有东西，是空的，要装满知识，再推那就对了。"我哪里听得进去啊！

# 全校绘画比赛一等奖

**马** 在马医科小学读书时,有美术课吧,有没有遇到对自己有影响的美术老师?

**杨** 小学时有美术老师,但是我不听老师的话,很叛逆,老师让画什么,如果我不喜欢就不会按要求去画,只愿意画自己想象的东西,这样的学生肯定不讨老师喜欢的。我们年级还有一个小男孩也喜欢画画,画得也好,又听老师话,每次都是他被老师选拔去参加美术比赛,我根本没有资格,我也不关心,不在乎,我画画只是因为喜欢,但是同学们都知道我画得很好。

**马** 小学三年级时您的一张画不是得了全校绘画比赛第一名吗?

**杨** 那是四年级。四年级时我从马医科小学转到海红小学。马医科小学是基督教会创办的私立学校,学费比较贵,而我们家的"杨二林堂"生意越来越难做,最后维持不下去就关掉了。毛笔店关了,没有收入了,生活很艰难。我爸爸给观前街上的几家文具店做流动会计,四五家店,每个月每家店去一次,做做总账,拿点小工资。妈妈在家做些手工活,绣花、缝制红领巾等,贴补家用。我经常帮妈妈裁剪红领巾,还折口袋,就是把旧杂志撕下来,用糨糊粘成纸袋,卖给杂货店装东西,记不清是折十个还是二十个口袋才能换1分钱。最困难的时候,为了能让我们四个孩子活下来,家里的红木家具全部卖光了去换吃的。不过,爸爸妈妈的观念是生活再艰难,读书是不能耽误的。这样,我就转学到学费便宜一点的公立学校去读书,我说的美术老师就是海红小学的。有一次,学校又要举行绘画比赛了,老师照例来教室准备喊那个孩子去参加,但不巧的是他生病没来上学。那怎么办呢?没有人去比了?班里的同学异口同声地喊"杨明义去,杨明义去",我就这样去参加了比赛。我画了小桥、假山、少先队员、队旗等,这些都是我的拿手好戏,我们家附近是怡园,我经常去那里画假山、亭子、池水、鱼,也经常去旧学前画民国时代的桥、船等等,都烂熟于心,无师自通的。比赛结果出来,我拿了第一名,真是没有想到!

**马** 得奖肯定会让您的自信心得到提高吧?有奖状吗?

**杨** 一张红纸,现在褪成粉红色了。我还记得上面盖的那个章,蓝颜色,方方的,很大,很隆重,奖状上面写着"杨明义,四年级,绘画比赛第一名"。哎哟,拿到奖状我高兴得不得了,我画的画总算得到承认了!得奖之后我对画画更有信心,变本加厉地投入到画画中去,只要有空就想出去写生,不管天热天冷。有时候妈妈不让出门,怎么办呢?我就在家里,对着天井里几块破的假山石画,对着花草画,对着斑驳的旧墙画,实在没有可画的了,就画个柜子、凳子。很多时候,我就像神经病一样的,把我爸爸不知道从哪里弄回来的毛边纸钉在墙上,在上面乱画,画自己想象的乱七八糟的东西,小桥、假山、水的倒影、鱼在上面游等。我也搞不清楚,为什么我那么喜欢画画,能让我画,我就很开心,不让画就高兴不起来。

**马** 获奖之后有没有再参加过其他比赛?

**杨** 没有了。因为拿的是第一名,永远记得,后来即使有比赛老师再也没有找过我。大概那个讨人喜欢的小孩子病好上学,就轮不到我了。哈哈。

**马** 那个爱画画的同学现在还在画吗?

**杨** 不知道了,但我还在画。有一次,在平江路上碰到一个老头,他说"你是杨明义哇?我是你同学呀!"我初中的同学,他告诉我,老同学们每月聚会一次,我成了他们必说的话题。"你们不要提我了,我当时功课很差的。"那个老同学毫不留情面地说:"你不是很差,是相当差!"这就是我留给大家的印象。

## 父母不教我画画,教我做人

**马** 这方面您似乎不如你父亲了,据说他通英语,精计算。但是,您现有的文章中更多篇幅提到的是母亲而极少说到父亲。能说说您父亲是怎样一个人吗?

**杨** 新中国成立前,爸爸在复旦大学念书,可能是在学校组织的活动中认识了我舅舅。我舅舅,也就是我妈妈的大哥哥吴赞廷是个人才,新中国棉纺印染业的专家,当过上海华丰纺织厂的厂长,曾多次受到中央领导人毛泽东、周恩来、朱德、刘少奇等接见。舅舅觉得我爸这小青年,人很好,忠厚朴实,外语也很好,可以把妹妹放心地交给他。所以,是我舅舅先看中我爸爸,再介绍给我妈妈,从中牵线搭桥的。结婚后,爸爸从上海来到苏州,从爷爷手上接过"杨二林堂"。此后,因此戴上"小业主"的帽子,一辈子都很可怜。

**马** 为什么用"可怜"来描述父亲?

**杨** 爸爸接手"杨二林堂"时,毛笔店已经开始走下坡路,小业主的身份却让他一辈子抬不起头来。公私合营之后,他在观前街的一个文具批发商店工作,每天都要搬运东西,很累,工资又少得可怜。他很卖力地做事,得到所有人的好评,但是因为出身不好,评不上先进工作者。其实,小业主算什么?开个小毛笔店,用几个小学徒,自己照样要劳动,也不是吃闲饭的!"文化大革命"期间,听到风声,我们全家都要下放到苏北农村去,爸爸紧张得要死,大家也急火攻心,责怪他当初为什么要去开店,以至于影响到所有人的前途。被骂急了,他就争辩"我怎么知道呢,早知道的话我就到延安去跟毛主席干革命了!"

**马** 您父亲从复旦大学的高才生到忍辱负重的小业主,时代对一个人命运的影响太大了!这样的人生经历对您的成长和艺术会产生什么样的影响?

**杨** 爸爸多才多艺,他喜欢京剧,京胡拉得非常好,是热诚的票友,我从小就跟着

杨明义与父母合影,摄于1986年。

他去看戏,看京戏、看昆曲。记得我工艺美专快要毕业的那一年,上海昆曲团到苏州开明戏院演出,他让我去订了套票。每天,我们坐在第二排中间,从头到尾地看表演,一场都不漏掉。他听得津津有味,还小声地跟着哼唱。我边看边画速写,沉浸在我们各自的世界里,感到很开心。"文化大革命"中,八个样板戏成了唯一能公开收看收听的戏曲,爸爸不喜欢,他喜欢梅兰芳、长生殿等禁戏。不让拉,又想拉,怎么办呢?我们家有间小屋子,放杂物的,只有一两个平方这么大,他实在想拉时就躲进去,关了门,大热天赤着胳膊拉京胡,一拉就是几个小时,过足了瘾出来时,浑身上下全都是汗,水里刚捞出来一样。

**马** 无论生活多么艰难,不轻易放弃自己所喜爱的事物,或者说将兴趣爱好用来应对庸常无奈的日常,您爸爸这样的精神追求是否影响了您?

**杨** 这是爸爸留给我的精神财产,虽然是潜移默化的。他人品很好,特别愿意帮助人,但顶着个"小业主"的头衔,处处被排挤,很压抑自己,真是很可怜的。那时因为"三反""五反",清理右派,运动不断,每有风吹草动,他都必须小心翼翼,所以,他胆子特别小,跟人讲话也小心得不得了。为了跟工农兵保持好关系,让人看得起,不要时不时被人数落,他经常替别人起早排队买肉买鱼,有的时候还自己掏钱去买青菜什么的给人家送去,还跟人家说,这不是我买的,是朋友种的,我拔了一点送给你。哎哟,他这个人活得太苦了!困难时期,有点吃的,妈妈总是让我们四个小孩子先吃,他常常饿肚子。改革开放后条件好一些了,他最大的享受也就是喝点酒。后来身体就不好了,一吃东西胸口就不舒服,"你么又酒喝得多了哇",我妈妈说,"以后少吃一点,让小孩多吃一点"。去医院检查,说没有什么大问题,开了点消炎药,那时医疗水平还不行。等我找到苏州军区医院肿瘤科的一个名医替他看病时,情况已经很严重了。动手术那天,我们全家人在门口等,着急啊,可是十分钟医生就出来了,满手都是血,"杨明义,没有办法了,癌细胞全身都是了,没用了"。从发现得病到离世,只有56天。

**马** 是哪一年过世的?

**杨** 1986年,我去美国前半年。65岁。

**马** 太遗憾了。在那样一个食不果腹,更谈不上自尊尊严的时代,带着"小业主"的成分,要拉扯你们三个男孩一个女孩长大成人,实非易事!

**杨** 的确很不容易,所以我妈妈很伟大。毛笔店关掉后,她先是在家里接点手工活,后来到外面去找工作,她一个家庭妇女,找工作多不容易啊!我记得每次出门,她都会拣最好的衣服穿上,还化了淡妆,希望被人尊重,能被单位录用。妈妈有肺病,还吐过血,她瞒着家里人,去景德路一家塑料厂工作,三班制,累得不得了。她上深夜班是夜里十二点,我画画到十一点半时去叫醒她,然后,她拎着马桶从楼上到楼下去倒掉,刷干净,再去上班,一直是奔跑着去上班的,时间不够。1973年的一天,黄永玉到我家里来,我们在一起画画、聊天,我突然跳起来了。"什么事啊?"黄永玉问。我说我妈妈要去上夜班了,我要叫醒她。那时,我在工艺美专当老师,离塑料厂很近,中午我去妈妈厂里食堂吃饭。"买汤的,你儿子来了!"第一次听到别人这么说,我还不知道为什么把我妈妈叫成"买汤的"。原来,妈妈把好吃的留给我,自己舍不得买菜,只买一分钱一份的汤来下饭。那句"买汤的"听得我心酸得不得了。

**马** 任劳任怨,克己为人,真是非常了不起!

**杨** 上山下乡运动中,我爸爸"小业主"的身份又将我们家带向暴风骤雨中——我们全家都要下放到苏北农村去。我爸爸难过得都哭了,他说:"我一个人去,我死在那里都无所谓,你们一定要留在苏州,我们在苏州不能没有根。"我妈妈平时很善良,关键时刻很厉害,甚至不讲道理。她到单位里去,"你们不能将我们苏州的根都拔掉,我们就是不去!"闹得很厉害。后来,我因为市里做政治宣传工作的需要,留在城里。一个弟弟去太仓插队,一个弟弟到连云港那边的农场去了,妹妹也去农场劳动了。"文化大革命"期间,受到的冲击数也数不清了,每次,妈妈都表现得出人意料的勇敢。有一次,红卫兵来抄家,妈妈哭啊闹啊,不顾一切地阻拦,暂时保住了我喜欢的那些被称为"封、资、修"的图书和画册。

**马** 一个温婉贤淑的家庭主妇,为了保住孩子,保住完整的家,被逼得不讲道理,这是对真实人性的蹂躏。那您妈妈遭遇到的这些不公和无奈会影响到您的成长和艺术追求吗?

**杨** 除了热爱的画画外,我想得很少,管得也很少,这是爸爸妈妈给我尽力创造出来的条件。他们不懂艺术,不会画画,不能给我直接的影响,但对我心理和人格的影响很大,我从小到现在都信守的原则,比如为人善良、乐于助人,都是从爸爸妈妈那里学来的。有次,我妈妈在街上捡到一个皮夹子,她站在路边等失主,每走过一个人都去问"是你的皮夹子吗?"有个人上来打开皮夹子,"里头怎么没有钱?是你拿掉了吧!"妈妈一听,哭出来了。后来找到失主,才洗清冤情。上世纪70年代,我到南京去两个月,没日没夜地工作,回来大病一场,发烧住院,妈妈来陪我。我隔壁床的病人死了,身边没有一个亲人,医院也不知道他的家人在哪里。妈妈跟他聊过天,觉得大概是住在东北街的一个巷子里的,她就丢下发高烧的我出去找。那家人对妈妈千恩万谢,挺感动的,那时候我觉得我妈妈为人太好了!

**马** 家里条件那么艰苦,您又是长子,您父母亲支持您画画吗?

**杨** 我初中毕业后,大舅舅想把我带到上海的工厂去当学徒工,爸爸妈妈也希望我能早点工作挣钱养家,但我不喜欢,我只喜欢画画,所以瞒着家里人去报考了苏州工艺美术专科学校,很幸运,被录取了,家里就没有反对。妈妈是地道的苏州人,不会说普通话,黄永玉来我家时,我把他介绍给妈妈,"这是北京来的大画家,我最崇拜的黄老师"。妈妈用苏州话问黄永玉,"黄老师,杨明义画得怎样?能不能学出来?有前途吗?"黄老师说"明义一定能画好,他很用功,现在就画得很好!"我从中做翻译。妈妈听黄老师这么说,很开心,对黄老师千恩万谢的。那个时候,我对画画着了迷似的,每天都画,画坏了很多纸,妈妈拿去裁成一块一块的,放在马桶边上当便纸用。有时候,如厕时她会突然大喊:"杨明义,我擦屁股的纸有你的图章嘞！"全家人哄堂大笑。那段时间虽然物质生活比较贫穷,但家庭很和睦,气氛也很好,后来爸爸去世了,我又到了美国,家里主要由妈妈支撑,各家的小孩子也都是她带大的。

**马** 父母亲的无私呵护,保全了您性情中的真诚和善良,他们的谦卑谨慎和任劳任怨也在您身上得到了传承,是这样的吗？

**杨** 唉,爸爸妈妈就是我长大成人后为人处事的一面镜子,他们教会了我做人。

**马** 的确,做人是第一位的,艺术是第二位的。您在上海的舅舅除了是纺织行业的专家外,也是艺术爱好者吗？他对您的影响主要在哪些方面？

**杨** 大舅舅是全国政协委员,经常去北京开会,去国外考察。有一次,他去苏联考察回来,给我带了一盒彩色铅笔,我高兴坏了。有时他来苏州,会带我去博物馆看画展,培养我的兴趣,但他自己不画画,只是很喜欢在家里挂点画。当我略有名气后,他家里就开始挂我的画。舅舅的大儿子,我的表哥,比我大一两岁,每年暑假,要么他到苏州来,我们一起去姨妈家所在地木渎画农村风光,要么我到上海去,我们一起看画展,画画。我儿童时代到中青年时代的画画经历跟我表哥有很大关系。表哥画得很好,也有一帮绘画的朋友,60年代,他介绍我认识了陈逸飞,陈逸飞又介绍陈丹青来找我,就这样慢慢地熟悉了上海的许多画家,包括程十发、唐云等。

**马** 您还有个爱好画画的小舅舅吧？

**杨** 小舅舅是苏州工专的毕业生,在纺织厂当车间主任,业余爱好画画,在苏州沧浪亭那边的美专读过书,他也教过我许多,比如水彩画不容易干,如何在煤炉上慢慢地烘干。他还带我去看他们画速写,让我接受环境的熏陶。

**马** 环境改变人,环境成就人。您家所在的马医科是历史文化名巷,地理位置独特,周边有听枫园、怡园等典型的苏州私家园林和众多的小桥流水,这种独特的自然和文化环境对您日后钟情于水墨江南形成了无形的熏陶吧？

**杨** 现在回想起来,我生在苏州,长在苏州,苏州的土壤,小桥流水,古色古香的园林建筑全部印在心里。我最爱做的事情就是看小桥,看渔船,看船上的买卖交易和讨价还价,还喜欢跑园林、跑古镇画画。苏州的自然环境好,文化氛围浓,博物馆经常有画展,文化馆还有业余美术组,文化活动比较多,这也是自己爱好画画的兴趣能够维持下来的外部条件,换到其他缺乏文化底蕴的地方去,即使愿意画,兴趣恐怕也难以维持长久。

# 《紫藤花开》: 从师学习中国画

**马** 绘画于您仿佛就是一种天性,所以才能在不同的生活境遇中,不为糊口,不为名利,只为喜欢,执着地去画,这是非常可贵的,但这种状况犹如荆棘草一样,尽管有着顽强的生活力,如不加修剪,却是枝枝蔓蔓很难成才的。从什么时候开始,您自在自为的绘画状态被改变了?

**杨** 我在苏州第七中学念初中。七中在金门之外,已经出了古城苏州。我的成绩依旧很不好,但画画依然是我最大的爱好。我替班上的同学做美术作业。作为交换,他们替我做数学作业。为了给不同的同学画画,我还想办法画出不同的风格、不同的主题,画花,画鸟,画山,画水,很开心。初中毕业考高中,哎哟,我最怕考试了。没考上,只好去马医科居民委员会那里混日子,写标语,画宣传画。1958年"大跃进"运动中,苏州创办了一所"民办美术高级职业中学",校址就在马医科41号俞樾的故居。当时,我没有什么正经事儿,经常在周边跑来跑去,看到这所学校开办以及招生的海报,我就偷偷去报了名,参加考试。我没敢跟妈妈讲,怕听她说"画画有什么用处,又不好当饭吃的",怕她不同意。因为她想让我去一家铜厂当学徒,做刻字工,三年满师后可以拿工资。我舅舅也特地赶到苏州,让我读纺织学校,毕业后跟他去纺织厂做事情,但我对学徒工、纺织厂都没有兴趣。考试结束交卷时,监考官看了我的画说:"画得好,这个学生有培养前途!"果然,我很快就拿到了录取通知书。父母亲看到了通知书,拿我没办法,没有批评我,也没有阻拦我,我就顺利地去上学了。

**马** 当时您报考学校是不是很偶然?因为您舅舅在上海,上海有更好的美术学校,苏州周边的无锡和杭州也都有著名的美术学校。

**杨** 我也想去更好的学校啊,但家里那么穷,怎么可能到上海去念书,想都不敢想

《紫藤花开》封面。本书收入了杨明义 1958 年到 1967 年在苏州工艺美校就读和留校任教期间的部分习作。一部分是课堂习作,一部分是课外创作,包括水彩水墨写生 54 件,速写 35 件,临摹 45 件。

的!寒暑假能到上海去住住已经很奢侈,无锡、杭州的学校也是没有钱去读。上初中时我有几个小伙伴也喜欢画画,大家条件都蛮差,怎么办呢?就各自问爸妈要几毛钱,凑起来去买颜色,你买红的,我买蓝的,再买黄的、黑的,这样可以调出不同的颜色。画画的纸也很蹩脚,有旧报纸,有废纸,有边角余料。画水彩的纸根本买不起,只能用一面毛一面光的油光纸,在毛的那面画水彩画。我表哥在上海做美术老师,我说有没有同学画坏的纸给我,我表哥就送了一大摞给我。我保存的作品都是画在这样的纸上的。你看,正面是我画的,背面是其他人画的。我画速写没有纸,就问我舅舅讨,他把车间里废弃不用的登记表给我,一面是空白的,一面是表格。你看,这些速写还能映出背面的表格来。在这样的环境下,其实人很容易放弃自己喜欢的东西,放弃理想的。对我来说,我只晓得考上学校,我才能继续画画,其他就没有多想了。现在看来,如果我没有考上学校,命运可能就完全不一样了。

**马** 的确,进入学校学习意味着您开始接受正规的绘画艺术训练了。那么,求学期间有没有再遭遇小学不被美术老师喜欢的"魔咒",或者说遇到自己喜欢也喜欢自己的老师?

**杨** 嘿嘿,一言难尽。第一年,学校就在家门口。第二年,学校从职业中学升格为苏州工艺美术专科学校(下文简称"工艺美专"),校址迁到东北街49号,就在现在的拙政园、太平天国忠王府、苏州园林博物馆一带。学校的宿舍就在狮子林的出口处,食堂就在贝聿铭设计的苏州博物馆大门的位置。当时,学校请来了许多有名的画家当老师,比如吴㺯木、许十明等等。许老师是我爸爸的朋友,我到工艺美专后才知道的。有一次,我跟爸爸提到老师许十明。他说:"哪个许十明?是许石明吧!他是我老朋友,小时候经常一起玩的,参加工作前还一直在我们家吃饭的。"我说不可能吧,我的老师,我这么崇拜的人,怎么可能和你是朋友?

**马** 为什么您不相信许十明和您爸爸是朋友?

**杨** 许老师才华横溢,至高无上,我非常景仰,而我爸爸,一个工作都没有的人,两人之间的差别何止天上地下! 我不相信,去向许老师求证。许老师很意外,"想不到你是杨正冠的儿子!"许老师原名的确叫"许石明",眼睛高度近视,带着一副镜

杨明义就读苏州工艺美术专科学校时与同学合影。左一为杨明义。

片厚厚的眼镜,原先在苏州建筑专科学校美术系教国画。50年代,他创作的《江南的春天》在《美术》杂志上发表,引起美术界热烈讨论,被认为是反映江南农村欣欣向荣新生活的楷模之作。后来还创作了许多好作品,一张名为《水乡》的国画在《人民日报》上发表时,当时大名鼎鼎的邓拓给这幅画配了一首诗,发表后获得广泛好评。工艺美专创办一两年后他来到我们学校,教我们国画,1960年还被光荣地评为全国文教群英会代表。我还记得学校开大会欢送许老师去北京出席授奖大会的场景。接着,许老师又为首都当时新建成的历史博物馆和军事博物馆创作大幅历史画。这是多大的荣誉啊!我很崇拜他。当知道他是我爸爸的朋友时,很惊讶,也窃喜,心里认为他一定会特别"照顾"我的。哪知道许老师一如既往地严格,并不因有这层关系就放松对我的要求。但他耐心细致,我在绘画上有一点点进步都能得到他的表扬和鼓励,他课堂布置的作业我经常能拿到5分,这让我内心增加了许多自信。有一次许老师带我们这帮同学坐小船到木渎去写生,其他同学都画好了,只有我还没有完成,许老师耐心地坐在我背后看我一笔一画地画,还说:"杨明义,你慢慢画,我等你。"哪有老师等学生的!他对我如同父亲一般,

杨明义和许十明老师合影,摄于1978年。

1961 年临摹元代王蒙山水画《惠麓小隐图》卷 55x22cm

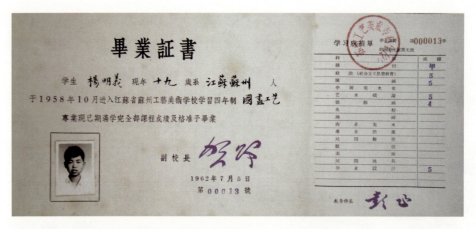

杨明义从苏州工艺美校毕业的证书,时任校长为贺野。

我很感动的!

**马** 您钦佩许老师的人品,也感动于他激励了您奋发向上的意志,您印象深刻的其他老师还有哪几位?

**杨** 吴䍩木老师。开学第一天,校长贺野把一位穿着白衬衫,戴着近视眼镜,长得清秀儒雅,大概30多岁年纪的老师介绍给我们,"这是我们苏州著名的山水画家吴䍩木"。吴老师点头微笑,大家鼓掌。校长继续介绍吴老师的家世,他的爷爷吴伯滔是清末画坛的高手,他的父亲吴待秋是近代著名书画家,再加上吴䍩木,一家三代都是山水画大家。我肃然起敬,也暗自庆幸遇到一位好老师了。当时我们50多位同学在一个大教室里一起上课,教室就在俞曲园故居"春在堂"后面的大厅内,没有课桌,用隔板横在长凳上当画案,搬几张小板凳坐着听课,条件虽然艰苦,但有这么好的老师,我们感到很骄傲。来工艺美专当老师之前,吴䍩木没有工作,是个职业画家,深居简出的,现在一下子要面对几十个青年学生,他大概有点紧张,表达不太流畅,但是相当认真。那时候,我们孤陋寡闻,看到的美术作品很少,更没有机会看古代书画作品了。每次上课,吴䍩木老师经常带一些家藏的印刷品,让我们临摹。有一次,他带来了一本自己一张一张临摹后装订起来的宋元绘画集,山水、花鸟、人物都有。我觉得老师太有水平,太了不起了,崇拜得不得了,心里也暗暗发誓要向老师学习,努力用功地画画。他还会自带作画纸来教室,上课时,把毛边纸或者宣纸往课堂的黑板上一钉,说今天讲传统山水画法中的皴法,这个是牛毛皴,这个折带皴,这个雨点皴……一边讲,一边示范给我们看。讲完,拿剪刀一块一块剪下来发给我们,每人一张,拿去临摹。我很用功,老师只要求临摹一张,我通常会超额完成任务,甚至全部临摹一遍。

**马** 一个用功的学生通常会得到老师更多的青睐,吴䍩木老师特别欣赏您吧?

**杨** 他喜欢我的画,但不喜欢我这个人,我也不知道什么原因,哈哈。吴老师给我们上第一堂课时,带来许多古代山水和花鸟画,让我们临摹,说先要看看大家的水平。我拿到的是清代王原初山水画的一角,上面有一棵松树,一个小山坡,这是我第一次临摹古代名家的画稿。半个小时后,吴老师巡视到我这里,看了一眼我的临摹稿,问:"你以前临过王麓台的画?"我回答说没有,他大声说:"那你倒能画得这么好!是不是你画的?"还提笔在我的画稿的松树下加了几笔土坡,然后说:"现在这画一笔都不能动了。看这张画,你已有五年的用笔功力了。"听老师这样评价,同学们都笑了,我热血沸腾,信心倍增。这张临摹的作品我一直保留着,但最近忽然就找不到了,这是我的第一张国画。从这张小画开始,我走上了学习传统艺术的这条道路,吴老师给了我严格的中国画的传统教育和练习,但是,从他那里我从来没有拿过5分,4分也很少拿到,差不多都是3分。毕业那年,吴老师教我们装饰画,期末考试要求每人交一张作品,我照例很认真,前后画了四稿,每次都送给他看。吴老师的习惯是,如果他说"灵个,灵个,灵个",那肯定是不行的,只能得3分;"大灵,大灵,大灵"得4分,"哎哟,好个,好个,好个!"才能得5分。第一稿给他看,他说"灵个,灵个",我心想完了,毕业创作3分怎么行?!再画,再画,"好个,好个,好个",我认为该拿5分了,结果还是4分。所以我的毕业成绩报告单上其他课程全是5分,就是吴䍩木老师的课只得了4分。

**马** 因为没有得到高分,您认为吴䍩木老师不欣赏您?

**杨** 不是。他当时非常喜欢两个女学生,给她们画了许多画,还题词。我好学,也希望能从老师那里得到更多指点,可好多次排到我了,他就是不给我画。但我是个有心人,上课时,他示范时画的那些画稿,一下课大家就不当回事,丢在角落里没有人管,我就收好了一直放到现在,收集了不少。"文化大革命",旧式文人家庭出身的吴䍩木老师难逃一劫,当年得到他许多画作的同学因为害怕株连,撕的撕了,烧的烧了,很可惜,我拼着命将自己收集的课堂画稿保留下来了。吴䍩木老师83岁那年,我把这些画稿装裱成册,送给他题字。他看着这些手稿惊讶了半天,然后说"杨明义,你太了不起了!"师母也说:"没有一个人能把1958年的画稿保留到现在。"吴䍩木老师给每一张画稿盖上印章,签上名,有些还题了字。很珍贵的!1963年夏天,我动身去南京参加水印木刻训练班前到吴老师家告别。吴䍩木老师住在装驾桥巷残粒园,门里有一棵高大的广玉兰,庭园里很凉爽。他听说我被选拔去南京学习很高兴,说要当场作画给我送行,那就是《青山流水人家图》。毕业后,我留校当了老师,教的第一门课就是当年只得了4分的装饰画,哈哈。吴䍩木老师开始称我为"杨明义老师"。哎哟,怎么称我为老师呢,很难为情。这样,我们的关系更深了一层,既是同事又是师生,感情越来越好。

**马** 吴䍩木先生本质上还是爱才的,不给您高分,大概是希望您画得更好!当初苏州工艺美校培养了不少人才,除了老师们的授课外,还有其他的艺术活动吗?

**杨** 学校经常有名人来访,沈从文、华君武等名家先后来讲学,将外面的世界打开给我们看。苏州是个好地方,中央美院、浙江美院的学生寒暑假经常来写生的。那时候生活条件不太好,没有人住宾馆,都是自带铺盖,到当地的学校借教室住。他们来工艺美校时跟我们关系处得很好,还给我们讲课,当场作画讲解,得到过很多启发。另外,学校还给我们每位学生指定了一个校外专家当指导老师。我的校外老师是桃花坞木版年画画家和研究家凌虚。凌虚是从事年画创作的,画金鱼。他给我画了画,要我临摹,可是我不喜欢年画,我着迷的是木刻,所以有时一个月去一次,有时半个月去一次。当时大跃进年代,大家日子都过得很艰难,食物要凭票供应,肚子吃不饱,那时我一顿能吃十个馒头,一大碗稀饭。老师教我画画后会说"能不能给我五块钱?"我回家跟爸爸妈妈说。妈妈说,"老师嘛,应该孝敬孝敬的",爸爸也说,"拜个老师很贵的,你这个老师还算好,没有狮子大开口"。但是家里也没有钱,爸爸妈妈就把粮票券、糕点券拿出来让我送去。有次妈妈还蒸了一块很大的糕,上面撒点红丝绿丝,很好看,叫我送给老师。我对老师说,"这是我爸爸给你的",他很高兴,画了张画送给我爸爸,还问清了姓名题赠。有时候老师也给我看他收藏的画,有唐云、陆俨少等人送给他的。挺珍贵的,对我也有帮助。

**马** 2013年春天,苏州工艺美术职业技术学院美术馆举办您学生时代的习作展,首次展出1958年到1967年您在工艺美校读书和留校任教期间创作的部分水彩、速写、木刻作品,一共有110多幅,后又结集成册,取名《紫藤花开》,怎么想到用这个书名?

**杨** 为什么用《紫藤花开》做书名?1958年学校成立时校址在马医科的俞曲园,园内有一棵高大的紫藤,一年后学校改名搬迁到拙政园旁边,拙政园内也有一棵

杨明义在苏州工艺美术专科学校就读期间创作的第一张水彩画,地点为学校东面的北园。

紫藤,是江南四大才之一的文徵明亲手种植的。现在我北京居所的花园里也有一棵茂盛的紫藤。我喜欢紫藤,每年四月紫藤开花季节,花团锦簇,看上去很热闹,很像年轻的岁月。

**马** 这些习作能真实记录那个时期您学习绘画艺术创作的历程吗?

**杨** 这些习作,大多数不是课堂作业,是我违反学校规章制度溜到校外去完成的。水彩画和速写是我生活中最痴迷的事。这是我入学之后的第一张水彩画作业,得了满分。我选了黑瓦白墙的民居为主题,前面有树丛绿草和露在房后的山坡,那树的赭绿色沉着稳重,我实在调不好,用挤出来的绿又嫌太鲜,请教身边的同学也讲不清,我琢磨了很久,试了好多次,后来我在翠绿色里调进了赭石、土黄色,才把颜色沉下来,调出来了。你看,有房子,有小树,有菜园子,菜农就住在里面。这是留园旁边的破房子,我在那里画的时候,有个人来指责我:"你为什么画破房子?新建的社会主义大楼你不去画,画破房子做什么?"我吓得要死,不敢答话,只管画,他拿我没有办法。我画学校附近的平江医院,画下雨天慢慢开进站台的公共汽车,画拙政园旁边的小桥和园子里开花的杜鹃,还画从高处俯瞰的观前街、玄妙观、钟表店,以及阊门外面的水乡,画桥画船。我学习很勤奋,课余一有时间就去隔壁的拙政园画画,因为劳动课上经常去打扫卫生,跟收票员很熟悉,可以随便进出,不需要买门票。苏州园林博物馆中午不休息,我就不午睡,去里面看画,看唐伯虎画的屏风,上面的竹子画得真好。寒暑假里走得远一些,去天池山、天平山、灵岩山,画山、画石头、画树林,还到东山、陆巷这些更远的古镇去画速写。

**马** 那个年代去苏州周边的古镇交通很不方便的,您是怎么去的?

**杨** 坐公交车。没有钱的时候,就骑自行车,或者走过去,一个半小时就走到了,我走得很快的。这是光福的渔村,我爬到对面的山上去画的。这张画吴冠中看到了,他问"这里是什么地方?我也要去画",我带他去过。上次我回苏州,去光福,重新爬到这座山上,但是当年的风景无论如何也找不到了,山上的树全部长大长高了,密密麻麻,视线挡住了。

**马** 一张习作一个故事,您用绘画记录了自己的成长,也记录了那个年代。

**杨** 很珍贵吧!我当年的同学谁都没有这样完整地保留自己的习作。去年举办画展见到这么多旧时之物都呆掉了,他们说:"你怎么都留着啊?你这个人太有心了,真是个阴谋家。"哈哈。我在母校当过学生,也当过老师,我搜集了以前留下来的课程表、学生登记表等,课程表上几月几号有我的课,都划出来的。我还收藏了

杨明义水彩画。位于苏州城西南的光福镇上的光福塔和铜观音寺。

我同学的很多作品,是当年大家交流时他们送给我的,现在这些人有的是苏州画坛的名人了。我准备将这些历史资料都整理出来,包括吴䍩木老师、许十明老师送我的画,外面来讲课的杜重划老师、蒋吟秋老师讲课时随手画的东西,同班同学送我的作品以及我教过的学生的作品。1958年到现在了,很不容易,有些纸都发黄了、松脆了,我就想到整理出来,办个画展,然后全部捐给母校。

马　这将是学校一笔宝贵的财富!我觉得好奇和惊讶的是,那个特殊的年代,动荡不安,您怎么能保存到今天?

杨　我喜欢,太喜欢了,所以千方百计地想办法保管。我几次搬家,从马医科搬到南门二村,从南门二村再到美国,先是旧金山,后是纽约,再从纽约回国,到北京,最好的东西都是随身带着的。有一次我带着一箱子珍贵的画作从美国回来,先到日本,没有人接机,自己乘地铁。一箱子名画,很重,箱子还不是现在这种滚轮式的,地铁里上上下下不是都有电梯的,还得十分小心地搬运,真是半条命都没有了。

马　放到今天,大家当然都明白这些作品的历史价值和经济价值,所以收藏它们、爱护它们都是很容易理解的,但上世纪五六十年代,绘画作品不能流通,不能变现,也无法预测某个画家的未来,您那么认真地收藏,的确只有"喜欢"才能解释了。

杨　还不只是喜爱,是崇拜。吴䍩木老师画山水、松树、假山都很有自己的个性。华君武到苏州来,看了他的画大为称赞,称他的风格可以用来画童话片了。我对吴老师崇拜得不得了。1960年,江苏省文化艺术代表大会在苏州召开,来了不少著名画家,学校里选了一些根正苗红的女学生去做服务工作。为了答谢她们的辛劳,傅抱石、亚明和其他画家画了不少东西送给她们。"文化大革命"中,这些作品全部毁掉了,没有人敢保留,太可惜!今天说来,也许你们不信,但只有经历过"文化大革命"的人,才能体会到那股反文化的力量多么可怕。我家里收藏了几张古画,哪里来的?我爸爸有一个一起拉京胡的朋友,住在道前街的一幢洋房里,他有一房间的古画,都是"封资修"的东西,不敢留着。当时,红卫兵抄家,破四旧,剪掉高跟鞋和领带,剪掉长头发,到处都是这样,人人自危,但凡家里有点传统四旧的东西,都卖到废品收购站,五分钱一斤。他跟我爸爸说了这事,还说,"你儿子是画画的,肯定喜欢这些东西,要么晚上来挑些回去吧!"我爸爸很紧张,我也很害怕,但是我太想要了,决定冒险。当天晚上11点,街上安静了,我就出门,偷偷溜进这个小房间。房间里有一个天窗,没有灯,月亮还没有升起来,但有些光照进来,我一张一张地翻看,有些是真迹,有些是民国时期的印刷品,我爱不释手。四五点钟天快亮了,不能再待下去了,我就挑了十来张最喜欢的,外加一个漂亮的红木镜框,一起带走。回到家,我把画藏好,跑步去学校上课,不能迟到的。走到学校门口,看到吴㲋木老师低着头,胸前挂着牌子在示众。"文化大革命"中,"地富反坏右"的家庭毫无疑问地最先受到冲击。刚开始时,吴㲋木老师把《中华人民共和国宪法》拿在手里,放在胸前,站在家门口,试图阻拦抄家的红卫兵,保护祖孙三代传下来的珍贵画作。红卫兵哪在乎这个?!吴㲋木老师想得太天真了!

**马** 在风声鹤唳的环境和血雨腥风的时代,您很清楚收藏这些"违禁品"是要付出生命代价的,不害怕吗?

**杨** 我很胆小,但我喜欢,也知道这些东西的文物价值,眼睁睁看着它们被毁掉,心痛啊!有一天,我教的那些学生,戴着红臂章来办公室,要求我们交"四旧"东西,不交,就搜查。我身边有马伯乐从博物馆借来的清代花鸟画四屏,我临摹过,课堂上也让学生临摹过,被红卫兵搜出来一把火点着了,一阵烟过,就没有了。颜文樑从法国带回来一批雕塑复制品,有米开朗琪罗的大卫头像等等。"文化大革命"前夕,他很紧张,说他不要了,你们专业上课需要的话就拿去吧!我们不明就里,糊里糊涂地一起到他家里把雕塑品搬到了学校里,打算以后素描课上用。红卫兵一来,就把这些雕塑搬到天井里,先全部打碎,再放火烧,毫不留情。我从旧货店买的汉代画像拓片,放在教室里的,也被红卫兵烧掉了。第二天我一早到学校去,翻找那些被烧焦的东西,有任伯年的画、吴昌硕的字,都是我喜欢的,但只剩下一些碎片了。太可惜了!后来,红卫兵学生带我们青年老师一起上街破四旧,见到雕花的楼堂,拿椰子去敲掉;发现字画,就撕掉烧掉。怎么办呢?我们束手无策!

**马** 不堪回首!学校里还能正常上课吗?

**杨** 不上课了,我们没有资格上课了!学艺术的能有几个是工农兵出身的?吴㲋木老师成分不好,又不懂政治,曾经在报纸上说过诸如"要拆掉共产党这堵墙"的话,被认为是右派言论,"文化大革命"来了,老账新账一起算。学校有一个语文老师,资本家出身,被拉出来站在毒日头下批斗,大热天,汗哗啦哗啦地流,站的地方都一摊水了,地砖吸饱了水。站不动了,就罚跪,惨不忍睹啊!我年轻,没有这些罪状,没什么小辫子可以揪,但"小业主"的出身也让我提心吊胆的。许十明老师几次提醒过我,要少说话,政治上绝对不能犯错误。他看得太多了,"三反五反",不少人就是一言不慎被抓进去,家破人亡的。

马　不是危言耸听吧?

杨　我给你讲个小故事。"文化大革命"后期,苏州出了一个大案。有个革命群众在观前街的地上捡到了一张报纸,报纸上毛主席语录旁边的空白处被人画了一只螃蟹,还写了一行字"看你横行到几时"。这还了得啊?!画这幅画的人有点水平的,螃蟹是毛笔画的,墨韵很好;字是油画笔写的,写得不错,是受过专门训练的。出了这样的事件,市里所有与画画有关系的人都成了怀疑对象,被一个个排查。我平时大大咧咧的,卧室又在楼上,睡觉从来不关房门。有天半夜里,电筒光"唰"地照到我的脸上,接着几个人围上来,有派出所的,有居委会的,我吓得不行。他们又"啪"开了灯,我的桌上子摊着昨晚画的毛主席像,我用水墨临过的各种各样主席的头像都摊在桌子上。"你在画什么?你还画毛主席啊?"我说:"哎,我参加过长江大桥桥栏杆图案的设计,对主席有感情。"我看到一个人偷偷拿了我的画,放进口袋里,临走,还从笔筒里拿走了一支油画笔。又是水墨画,又是油画笔,这不对上号了吗?弄得我很紧张。

马　这个事情后来如何了结的?

杨　查了很久,最后查出是我们工艺美专一个学生画的。那个学生没有下乡,在街道工厂做小会计。有一次盘账,少了二十块钱,赖到他头上,他觉得冤枉,又无处可诉,很气愤,再加上他喜欢画画,不让画,心里不舒服,就以这种方式发泄发泄。查到他时,他坦白了,立即就被枪毙掉了。"文化大革命"中,这样的冤案太多了,怪谁呢?怪毛主席?怪工宣队?怪这个学生?大家都是提心吊胆地过日子,要画画也只能偷偷地。

马　您从破四旧的火焰中偷偷抢救出来的那批画后来的命运如何?

杨　我家一个邻居,还有点亲戚关系,经常来看我画画。后来,他追求我妹妹,但是我妹妹不喜欢他,不让他来我们家。他自己就瞎想,肯定是她哥哥杨明义不同意,就此对我怀恨在心。他写了一封信到我们学校,状告我家里有"封资修"的画像和资料。学校工宣队的红卫兵收到这封信,拿鸡毛当令箭,当天下午就来抄家。我又不知道,等我回家,看到满满一黄鱼车(苏州话,意指三轮车)的书、画册、资料被拖走,里面有我从学校资料室里借回来的徐悲鸿的裸体画册,有苏联作家契科夫的小说、戏剧和一些理论书,我不敢吭一声。等他们走远后,我冲进房间,我最担心是半夜弄回来的那批画！要是这批画被抄出来，那我跳进黄河也说不清了。我妈妈看我六神无主的样子，就安慰我，"我给你放在柜子里面了"。谢天谢地啊！家里的柜子，下面有个小箱子，上面堆满了被子和棉花胎，画就藏在中间，红卫兵翻了一下箱子，没被发现。

**马** 这批画您先从废品收购站抢救下来，您妈妈又从红卫兵手上抢救出来，难能可贵！

**杨** 知道这批画保住了，我稍微放心些，但看都不敢去看一眼，人民群众的眼睛太雪亮了，比今天的探头还要厉害。这些真迹能留到今天，作为历史文物的价值是不可估量的，即使是市场价值也很可观，一幅康有为的对联拍五十万是轻而易举的，如果当年抄走了也就没有了。

**马** 冒着生命危险，设法保存这些珍贵的资料，从一个侧面见出你对艺术发自内心的喜爱。在这样激情燃烧到失去理智的年代，你们课也无法正常上了，那还能正常画画吗？

杨明义由苏州出发，步行、坐船、坐火车，经苏州吴江、浙江金华、湖北武汉，到达北京。1966 年 11 月 26 日，毛泽东最后一次接见来自全国各地的红卫兵时，杨明义在天安门广场画下的速写。

**杨** 已经没有好的画画环境了，但画画是我生活中最重要的部分，不管外面如何混乱，只要一有时间我都会偷偷地画。我随身带着一个小本本，外面是红封皮，大小像毛主席语录本，里面是白纸，走到哪里就写生到哪里，喊口号时就举起这个写生本。"文化大革命"去北京串连时，我们步行到金华，再到杭州坐火车，经武汉到北京，一路上我不停地画速写，满满一本子。这是天安门毛主席接见红卫兵时的速写，还题上了：我在这里见到了我们最最伟大的领袖毛主席，1966年11月26日下午2时34分。

## 大串连：走一路，画一路

**马** 在历次政治运动中，因为您家"小业主"的身份，多少会受到牵连，按常理您应该与政治运动保持一定的距离，或者绕道走，但您似乎非常积极地参与了红卫兵大串连，这是为什么？

**杨** 我是年轻人，忠于毛主席，忠于党，也渴望出去经风雨见世面。我从来没有离开过苏州，到木渎就不得了了，到东山更不得了了，现在可以出去多看看，多画画，多好！哪怕再苦再累也想出去。红卫兵大串连运动开始之后，学校的学生先走掉了，学校等于瘫痪了，留在学校里也没有办法做什么事情，不能上课，不准画画，日子多难过啊！我和马伯乐关系比较好，还有张为法，雕塑系的几个学生，大概七八个人，我们商量后决定一起去串连。我去找红卫兵开证明。他们怎么给我写的？"杨明义是我们学校教师，出身小业主。"这不要命了吗？这张证明我还敢拿出来吗？拿了到北京去，半路上就要被斗死了，怎么办？我动点小脑筋，抱着侥幸心理，将写有"小业主"的这半边撕掉了。

**马** 带着残缺的证明您就串连去了啊？你们的串连路线是怎么样的？

**杨** 我提出来我们不要坐火车直接去北京，要在祖国大地上兜一圈，然后再到天安门去。大家都同意。我们拿红布做了臂章，用油漆写上"红卫兵"三个字；用红布做了一面旗子，上面写上"捍卫毛泽东思想"的口号以及学校名称。第一天，我们从苏州走到吴江，花了整整一天，脚上走出了水泡。在吴江，我们找到红卫兵接待站，可以免费吃饭，免费睡觉，还用热水泡了脚。第二天，继续走。大家有新鲜感，要学习红军两万五千里长征，一路走到天安门。连着走了几天，实在走不动了，看到河边停着一条船，就问他们能不能带我们一段。那个农民很热情，"来来来，红卫兵来来来"。我们上船。我坐在船头，船开动时，水面波光粼粼，一路风景很美。

我掏出随身带的速写本,画两岸的树,远处的山,开心得不得了。

**马** 只要让您画画,您总是觉得很快乐。

**杨** 几天之后,我们到了杭州的前一站——乔司站。那天,天已经黑了,实在走不动了,脚疼得要命,我就去火车站找到站长,"我们是革命红卫兵小将,串连到这里"。那个站长很热情地留下我们,炒了肉丝、青菜,烧了饭给我们吃,这样的待遇在各地的红卫兵接待站是享受不到的。这顿饭吃得太香了!吃好饭,我们把随身带的铺盖往地上一摊,准备睡觉。站长问"你们是什么学校的?"我说我们是美术学校的。"你们是画画的吧,能不能写字啊,给我们写写毛主席语录吧。"第二天我们在乔司站停留了一天,给他们抄毛主席语录,画了两张毛主席剪纸像,就是那种木刻像,把他们高兴坏了。因为我们耽搁了一天时间,第二天站长执意要亲自送我们上火车。大串连时期,火车上挤满了红卫兵,一般靠站停一下就立即开走了,怎么上得去?站长说"我有办法,红旗下来了,绿旗不升上去,火车不敢开"。我们等火车靠站停稳,就先把行李铺盖从车窗往里塞,再推的推,拉的拉,把人弄上火车。火车里人多到什么程度?两排座椅之间的小桌子,很小的一个,上面坐三个人。厕所里塞了三四个人,想去上厕所,肯定是挤不过去,一直听到有几个人惨叫"我要小便,我要小便",就是走不过去。我们本来打算在杭州站下车,但那趟列车杭州不停,怎么办?不管三七二十一,火车一停我们就跳下来,一看是金华站。在金华,我们去玩双龙洞,看钟乳石,一路上还不忘记把我们自己用钢板刻印的毛主席语录到处贴,上面还有"苏州工艺美专红卫兵"的标记。

**马** 是真心实意地替毛泽东思想和革命路线做宣传吗?

**杨** 真心实意的,走一路宣传一路。在金华住了一夜,第二天再挤上火车,直接到了武汉。十一月的武汉依然很热,我们住在一所中学里,条件很差,米饭要抢,盛米饭的木桶是新的,一股浓烈的杉木味道,怎么咽得下去啊!白天去抄大字报,了解北京动态,又累又苦,马伯乐他们几个坚持不了了,坚决要求回去。我回不回去?正在犹豫,广播里说敬爱的毛主席又一次接见红卫兵了,听得我顿时热血沸腾。我想既然已经出来了,一定要见到毛主席!我对毛主席那么崇拜,即使一个人也要坚持到北京。后来,我们就分道扬镳,我的老同学何企新愿意跟我一起到北京去,其他人打道回府了。那天,我们跑了一个白天,一身臭汗,晚上,我用冷水冲澡,好舒服!结果,当晚就发烧,40度。何企新说:"你坚持得了吗?要不,我们也回苏州去?"我当时不知道哪里来的决心,我说生病了我也不放弃去北京。第二天一大早,我们俩跌跌撞撞到火车站,问清楚哪列火车到北京就爬了上去。火车上还没有什么人,但是我发烧坐不动,需要躺着。我在何企新的帮助下,爬到行李架上,把行李当枕头,倒了一搪瓷杯水放在边上。10点钟,火车开了,开开停停,三天三夜到北京。我一路昏睡,难受极了,不吃不喝不小便。

**马**　您高烧不退?

**杨**　一直在发烧。到北京,不是北京站,是永定门那边的一个小站,站台边有个红卫兵接待室,我去问能不能安排我们在北京的学校住下来。红卫兵问我要证明。噢,证明拿出来,"小业主"的那一半已经撕掉,只剩另一半了。他说:"这不行的,我们不能接待。"我说我在发烧走不动了。"发烧也不行,你们自己想办法。"怎么办呢?我先坐了一会儿,感觉好一些之后对何企新说,我们走到天安门,先去看看毛主席像和人民英雄纪念碑。

**马**　很疯狂,连命都不要了!

**杨**　那时候,毛主席的精神力量太厉害了。我们慢慢走,边走边问路,走了好几个小时,天快黑的时候到了天安门。总算到了祖国的心脏,红卫兵运动的发源地,文化革命的摇篮!仰望熟悉的天安门层楼,想象毛主席接待红卫兵的场景,我感觉很兴奋,很激动,人像要飞起来一样,嘴巴里还念念有词地祝毛主席老人家万寿无疆什么的。可是夜幕降临了,我们住哪里呢?我们第一次来北京,东南西北都分不清。中央美术学院离王府井很近,我们就打听怎么去王府井。然后,我拖着发烧的身体,又冷又饿,像叫花子一样,摸到中央美院。站岗的红卫兵听说我们是苏州工艺美专的革命教师,又要证明。我那半张证明没有用,干脆就不拿出来了,红卫兵说"没有证明不行"。"我在发烧,你摸摸。"他一摸果真烫得厉害。我继续求情,"你们学校师生到苏州体验生活都住在我们学校的,现在我们串连到北京也希望你们帮助我们",我还报出了几个学生和老师的姓名。最后,他终于信了:"那这样吧,你们就在那边雕塑教室睡一夜,第二天早上就得走,我们不能接待没有证明的人。"他把我们领到雕塑教室,门一开,暖气扑面而来,我倒在地板上,躺在雕了一半的毛主席像的脚边上,高兴死了。后来转念一想,这里是中央美院,是我向往了多少年的地方啊。我对何企新说,快起来,我们去参观参观。他说累死了明天再说。我还是出门去了。走廊很小,两边都是教室,贴满了大字报,"打倒反革命分子吴作人","卖国求荣的黄永玉","反动学术权威叶浅予"……这些都是我崇拜的人,怎么都被揪出来批斗了?我把美院被批斗的人的名字全部抄下来了,这张名单现

1967年初,杨明义第二次踏上串连之路,经浙江水乡嘉兴、王店、斜桥、桐乡、临平、双林,一直到鲁迅故乡绍兴,途中画了大量速写。上图为百草园,是鲁迅先生幼年最喜欢玩耍的地方,画家很认真地将右侧园子和相邻的矮墙画了下来。下图为古老的柯桥水乡,到处能看到"文革"标语。

杨明义访谈录

在还保留着。

**马** 那么多您崇拜的艺术大师都被贴大字报,挨批斗,您怀疑过这场文化运动吗?

**杨** 没有怀疑过,那时还年轻,崇拜毛主席还来不及呢,不可能深入去思考的。第二天一早,我们离开中央美院,去找潘裕钰,他在苏州工艺美专念书时比我低一届,毕业后分配到苏州刺绣厂做设计,当时正好被派到中央工艺美术学院进修。我跟他通信说过要串连到北京,希望他帮助解决住宿的问题。他给我回信说,你来好了,如果我不在,钥匙会放在门卫,你报我的名字就行。我们到北京时,他正在外地串连。我们从门卫那里拿到了钥匙,上楼打开房门,居然是一间很大的房间,有两张床。

**马** 这次没有因为"证明"的事遇到麻烦了?

**杨** 很顺利,潘裕钰用信封装了钥匙,写了房号和我的名字,畅通无阻,开心得要命。我在房间里躺了三天三夜,烧退了。然后,我们天安门、长安街等等串连,还碰到我们学校别的老师,一起拍了两张照片,都是合影。十二月的一天,中央工艺美术学院贴了个通知,要求大家穿戴整齐,带好毛主席语录,第二天早晨三点钟到指定地点集合。我们猜想肯定是主席要接见了,激动得不得了。第二天,一大早起来,领了馒头和萝卜干,排队等。五点钟出发。我们跟在红卫兵大部队的后面,到天安门,大家排队坐下。我运气不错,排在蛮前面的,而且个子高,都能看得到。天安门广场人头攒动,歌声嘹亮,这里唱《大海航行靠舵手》,那里唱《团结就是力量》,语录歌唱了一首又一首,从天还没亮唱到了中午十二点,大家都唱不动了,还不知道主席什么时候出来。十二点四十多分,"哐"一个声音出来,响彻整个广场,是《东方红》!天安门的喇叭多厉害,大家都惊呆了,我们唱的声音怎么比得上这个啊。广场上的红卫兵全体起立,"毛主席万岁,毛主席万岁"的口号声此起彼伏。不知道等了多久,毛主席终于出来了。汪东兴和林彪站在旁边,后面有两个护士,其中一个是张玉凤,都穿着军装,仪表很讲究。周恩来是第二辆车,朱德是第三辆车,最后一辆是刘少奇。刘少奇毫无表情,脸色灰暗,因为那时候已经出现"打倒刘少奇"的声音。这是毛主席最后一次接见红卫兵。他们出来之前,我还在画速写,画了人民大会堂,再画天安门,刚画得差不多,毛主席就来了,赶紧收了速写本,拿出语录本,啊啊啊地叫。就这样子见到了毛主席!

**马** 天安门广场有多少红卫兵?

**杨** 不知道,广场上挤满了人。主席接见完毕后,你知道天安门是什么情况吗?

杨明义在中央美院停留时所摘抄的大字报上被批斗的"反动学术权威"的名单。

一片哭声！有的人哭是因为太激动了，终于见到了！80%的人哭是因为没有看清楚。你想，等了多少天了，两个月的都有，好不容易轮到去天安门，没看清楚，这多遗憾！大家像疯了一样喊："毛主席，我还要见你，还要见你。"我运气不错，站在中山公园旁边，前面就是天安门，看得很清楚。后来，人慢慢地走散了，卡车开来了，为什么？来捡天安门广场上红卫兵被挤丢掉的鞋子，捡吃剩了丢掉的馒头。一筐一筐的鞋子，一筐一筐的馒头被扔到车上，太壮观了！我两只鞋子都在脚上，要是挤掉了我可没有钱买，只能光脚回苏州了。在北京又住了三四天，我们就搭火车回苏州了。

# 全方位接触工艺美术设计

**马** 您在工艺美专念书,毕业后留校当老师,又在工艺美术研究所从事设计工作,当时主要设计了哪些类型的稿子?

**杨** 工艺类的都会涉及。比如设计地毯图案,交给学生去织出来。有一次中央美院院长吴劳来苏州,看过用我的设计稿编织好的地毯后跷起大拇指称赞,"苏州太有人才了"。我还做过漆雕,曾经设计过一个大漆雕屏风"橘子林下",表现的是金秋季节丰收的景象,有很多人在采橘子,很热闹的,是一件很有新意的作品,本来准备参加全国工艺美术展览的,结果"文化大革命"来了,做了一大半的作品半途而废。

**马** 可惜了!从事工艺美术设计时,您认为自己的长处在哪里?

**杨** 我的感悟能力很好,灵敏度也比较好,善于发现。业余时间,我自己到东山,到木渎,到许多地方去画速写,画了好多水乡,慢慢地就自觉不自觉地把水乡表现在自己工艺美术的设计稿里,就比较有特点。

**马** 在这段时间里,您是不是接触了许多种类的工艺美术?

**杨** 基本上所有的工艺种类都接触过,都懂。玉雕,那时的机器要用脚踩,"噢咯、噢咯",吊个小瓶子滴水来磨玉。现在不少人在弄,很吃香,我做过。我还学过漆雕、制扇等。

**马** 听说您还学过刺绣?

**杨** 学过。苏州刺绣研究所的所长顾文霞,是我们苏州刺绣界的专家,周恩来总理接见过她,在瑞典表演过刺绣,很有名,影响也很大。我们去刺绣研究所实习时,我的指导老师就是顾文霞。那时我们学生绣的东西比较简单,一朵牡丹花,从淡到深地绣,老师傅一根线撇个三四十缕,我们只能撇十几缕,绣出来比较粗。苏州的冬天很冷,那时候没有暖气,连炉子也没有,做刺绣时两只手都暴露在阴冷的空气中。刺绣所的正式工用碳气缸取暖,我们学生没有这个资格,不能去烘手的。哎呀,冷得要死!我手上生满了冻疮,很痛,也很难看。刺绣研究所经常有领导来视察,有外国人来参观。那个时期外国人还难得见到,假如大街上出现个高鼻深目的洋人,大家都会像看外星人一样地围观。刺绣研究所有严格的纪律,一是领导视察时不允许抬头,不允许说话,要专心干活;二是哪个领导来过,不能跟任何人讲,包括家里人也不能讲。有一天,又来了一批领导,我们正埋头做事,有一个人走到我面前,停了一下,摸了摸我的头说,"怎么男娃娃也刺绣咧?"当时我是小孩子,留着短发,不像现在留长发。我侧过头一看,啊,不得了,是贺龙,贺老总。哎呀,我又不敢接话。贺老总接着又问:"你手上裹的是什么?"我手上的冻疮有的已经烂了,我妈妈帮我包了一下,那时候纱布都没有,拿块破布包的,两只手布的颜色还不一样。我很难为情,还是不敢回话。旁边的顾文霞就告诉贺龙老总,生冻疮,我们南方太冷了。贺老感慨南方怎么会这么冷,又说等会参观结束了,到办公室去聊。

**马** 叫您到办公室去聊聊?

**杨** 不是,叫顾文霞。见到贺老总,我很激动,但是因为有纪律,回到家里也不敢讲。隔了许多年之后,我把这件事情写进文章里去了。顾文霞读到文章后跟我讲,贺老总指示"要解决取暖问题,爱护工人身体,提高工作效率"。不久之后,刺绣研究所接到北京来的通知,按指示派人找到贺老总的秘书,但是因为南方没有办法装暖气片,只能使用电暖片,折腾了很久,没有成功。刺绣研究所就自己想办法,添置了一批碳气缸,基本解决了冬天取暖的问题。我学校毕业后,顾文霞还曾经想方设法地要调我去刺绣研究所做工艺设计。我思来想去,我不能去,一天到晚搞刺绣,我还怎么画我的画?另外,即使我愿意去,我单位的领导也不会放的。

**马** 顾文霞现在还健在?

**杨** 是的,九十多岁了。我的《江南百桥图》画集首发后,顾文霞特地来我家里,表示想要绣我的百桥图。这是好事情,我把所有资料都送给她了。

**马** 传奇故事!在您早年的学习和实习过程中,接触过许多艺术门类,国画、木刻、水印木刻、版画以及各种工艺,您如何看待艺术的杂与精?

**杨** 我对工艺美术很有感情。从学生时代起一直到自己当老师带学生,先后接触过玉雕、漆雕、扇子、刺绣、桃花坞年画,还设计过水印信笺之类。我现在还想做更

1962年杨明义设计的壁挂《江南金秋》。

多的东西，但没有机会和时间了。比如，关于刺绣我有很多想法。我觉得苏州现在的刺绣没有做好，还是停留在绣点小猫小狗小花小草上，缺乏创新意识，没有人愿意静下心来去寻找能发挥刺绣特长的合适题材和工艺，相反，只满足于盗个图来绣，我的水墨作品经常被盗去做刺绣产品。虽然可以绣得很像，但缺乏艺术个性，这使苏州的刺绣受到很大限制。我有想法，但这是要费很多精力和时间的，我现在做不了。

**马** 这样杂糅的工艺美术创作经历对您的艺术创作有什么影响？

**杨** 我主要从事版画和水墨画创作，水墨画的艺术追求是个无底洞，一辈子努力都穷尽不了的，这一点跟工艺美术不同，后者总有局限。工艺总归是"工"在前"艺"在后，艺术嘛，是"艺"在前。我一直想做个好的画家，能在艺术上做点贡献，能够在艺术史上留下点痕迹，所以一直坚持、坚持、坚持，即使到了美国，困难那么多，也不放弃。

**马** 人的精力是有限的，您的工作是工艺美术设计，您又那么放不下绘画艺术创作，这两者的关系如何处理？

**杨** 我那时年轻，精力充沛，工作时间做工艺设计，业余时间从事艺术创作，两者不会混起来的，工作时间也从来不干私活。给你讲个故事：有一次单位组织到杭州去考察，我想借这个机会去浙江美院看看，那里是我向往很久的地方，但是没有办法擅自活动。中午，大家去西湖边上的一家饭店吃饭，菜上得很慢，看这速度我去美院跑一趟没有大问题。我就谎称肚子疼要上厕所，溜了出来。我一口气跑啊跑，跑到浙江美院。美院的走廊里挂满了画，楼下是学生的，楼上是老师的，我很贪婪地看了一遍，再看了一遍。那时候没有手表，时间也不知道，不能看得太久。等我转了两圈，再一口气奔回去，他们饭吃得差不多了，领导关心地问"小杨，好一点了吗？"我没有吃饭，饿着肚子，又跑得浑身是汗，但做了自己想做的事情，虽苦犹乐。

**马** 为什么不能请假去看？

**杨** 领导的想法跟我不一样，我想好好画画，做个画家，其实也没有想做画家，就是想画画，但领导认为这是不务正业，是成名成家思想在作祟。

**马** 为什么那个时代反对从事工艺设计的人有画家梦？

**杨** 我们的工作是工艺美术，负责指导基层单位搞工艺设计，就是设计扇子、漆雕屏风、刺绣图案……都是要有生产价值的东西。画有什么用？不培养画家的。我画画都是地下工作，自己偷偷地干的，还经常被警告，要好好为工艺美术服务，不

1965年杨明义创作的磨漆画《村史》,发表在当年上海出版的《小朋友》杂志上。

要做画家梦。很痛苦的！

马　也就是说，成为画家的想法是名利观作祟，是极端个人主义的表现？

杨　对啊，只专不红。当年，他们就认为我是只专不红，被批判得要死。

马　当您看到浙江美院里学生们那么好的学习环境，特别羡慕吧？

杨　那肯定的。我想去考学校，单位领导说"你肯定考不上的"。如果我去考，一定能考上的。但是，我真要考上了，写检讨不说，还要丢掉饭碗！所以，当时只能退一万步想，只要自己不放弃，我在工艺研究所也能画画的，是吧？1966年上半年，"文化大革命"还没有开始，我设计的一幅刺绣稿《赤道战歌》，被绣成成品，选送到北京参加"苏州刺绣展"。画面前方是黑人在赤道拿着枪和非洲大鼓，后面是一排排的树林，那时候支援非洲革命，黑人都是我们的兄弟。这个展览很重要，新华社发新闻稿，上面选登的照片就是《赤道战歌》，全国几十份报纸都转载了，我的这个设计作品也就被转载了几十次。

马　当时您还年轻，已经开始有创作的作品在报纸杂志上发表，挺开心，挺有成就感的吧？

杨　我紧张得要命，不是开心，是紧张。

马　为什么有这么强烈的反应？

杨　怕被领导看到，那会儿是专业思想不巩固，"只专不红"的又一条罪状。有次，上海的《小朋友》杂志登了我的几张版画，寄了来样刊。我真是又喜又惊！我赶紧给编辑写信，请他们千万不要寄稿费来，稿费寄来，被单位扣住，我自己拿不到，还要被批评。还有一次，我收到一本杂志，里面夹了一本很小的年历，二月份的那页刊登的是我的版画作品。我很紧张，怕稿费单寄到收发室，被收发室直接交给领导，只好写信给编辑，请他们不要寄稿费来，我自愿捐出去。

马　稿费都这样颇费周折地退回去了？

杨　不敢收。在中国对外文化协会举办的对外展览会上，我有好几张版画入选。后来，主办方寄来了收购费一百五十几块。这在当时是一个很大的数目！我收到了通知，但汇款单一直没有收到。一天，单位会计把我叫去，说有我一张汇款单。我说"汇款单在哪？"他说"不能给你看，你去找领导"。我不敢去，等领导把我找去谈话。"你的版画是业余时间还是工作时间弄的？是白天，还是晚上弄的？"我很老实地回答，是在南京水印木刻培训班里创作的。"那就算一半工作时候，一半业余时间。你先把图章盖上，领了钱后我们再研究。"我说，"钱我不要了，我把稿

杨明义创作于1963年的水印木刻《红梅时节》,入选当年全国版画展并在《人民中国》杂志七月号上发表。

费退回去好了"。领导又不让我退。我赌气转身就走,坚持要退回去。后来会计来做工作,"杨明义,钱退回去了,还会寄来的,这样有意思吗?你还是把图章拿出来吧"。领导们研究了好多天,决定把百分之六十给我,百分之四十归单位。我拿到九十几块钱,第一件事就是冲到苏州人民商场,买了一个收音机。

**马** 您喜欢听音乐?

**杨** 喜欢。收音机喇叭很大,一旋按钮,绿色的电波随着音响"蹦蹦蹦"跳动,我很喜欢,我在《月光》中把它画进去了。那时候,收音机还是稀罕物,我的同学和好朋友经常来听广播,其中有个同学还特别喜欢听"美国之音",他都是深夜来,把声音开得最轻,要把耳朵凑上去才能听到。常常是我一觉醒来,一点多了,他还在听。那时"美国之音"是"敌台",我很紧张,但又不好意思赶他走。这台收音机在我家从马医科巷搬家时被弄丢掉了。

**马** 虽然担心招来批评,但不断有作品发表,肯定非常高兴,您通常会和谁去分享这份快乐?

**杨** 当然高兴!《人民中国》是一本中国对外宣传的重要杂志,经常刊登党和国家领导人出访外国的信息。有一次,他们从全国版画展上选了一组十二张作品,我的版画《红梅时节》入选了。其他十一张都是名家名作,包括李桦、黄永玉、古元、李焕民等,只有我是小青年。编辑写信来说,我们选中你的画,你马上把简历寄给我们,还要一张照片。当时,我没有什么照片,也没有照相机。我们版画小组有个能人,他拿三夹板做了一个相机壳子,买个镜头,再用万金油的壳子做胶卷旋转的转盘,真是土法上马啊!那天,我们去大运河边,他就用这部自制相机帮我拍了一张照片,背景是宝带桥,还有许多帆船。七月份,作品登出来了!收到杂志一看,居然印得这么好,我跟这么多名家在一起,还有《人民日报》记者马克写的一篇文章《新晋版画家杨明义》,真是太激动了。但是,这事千万不能让领导知道,知道就麻烦了。我就拿给家里人看,大家都很高兴。妈妈还瞒着我给亲戚们看,一本新杂志被翻来翻去的,都翻旧了。后来,苏州国画院,那时候叫国画馆,准备从工艺美术研究所调两个人去搞创作,做专业画家,一个是许十明,一个是我,但是工艺美术研究所坚决不放,我和许老师两人都没走掉。如果我能去,那就完全不一样了,可以正大光明地从事绘画创作了。

**马** 当时,您想成为画家的想法是否特别强烈?

**杨** 没有,我没有想过一定想当画家,我就是喜欢画。

# 新晋版画家

- 我试图寻找新的语言。我热爱绘画,热爱艺术,只要是我崇拜的画家我都会想方设法地走近他,想多学点东西。
- 这让我重新认识这个世界,原来画家可以这样画啊!我太局限了!我以为处在特殊的时代,原来生活中有这么多东西可以表现。
- 如果没有细节,没有浓厚的生活基础,即使是到过水乡写生的,也只能浮光掠影,画不出真实的水乡来的。

## 版画创作是业余爱好，从来没有成为职业

**马** 您在学校里学习中国传统画，您的老师也都是画国画的，您何时开始转向版画创作？

**杨** 60年代就开始了。当时的文艺理论课讲授的重点内容是毛主席《在延安文艺座谈会上的讲话》，强调政治第一，艺术第二，我们就觉得画画不是没有目的地画，不是为了美去画，画画是要为了工农兵服务，为人民大众服务，为政治服务的。当时，毛主席提出来十五年要赶超英国，全国到处都在大炼钢铁，"大跃进"运动如火如荼，如何才能把我们生活中最典型的、最具有代表性的东西表现出来呢？我们跟着吴㲈木老师学习传统国画，他拿了不少他年轻时画的画给我们看，都很精美，我们挺崇拜他，也临摹过许多古画，宋元明清的山水我都临摹过，人物画从孙位《高逸图》、宋武元《朝元仙杖图》、陈洪绶《归去来图卷》到任伯年的作品我都学过。但是，传统的十八描之类，无法很好地去表现现代人的造型，用传统的线条去勾勒一个现代人物，怎么看都不觉得好在哪里，下工厂、农村去写生时，用"四王"的画风也很难描绘出那个特殊年代要求反映的现实生活——要为工农兵服务，要学习毛主席思想，要表现现代山水……太难了！几乎无法下笔，很痛苦。我试图寻找新的语言。后来就去了苏州业余版画小组，跟几个朋友一起弄着玩。当时，苏州在观前街小公园南边有个画廊，我们经常在那里给文化馆画插图，我记得曾经给陆文夫发表的文章画过几次插图。有一次在苏州文化馆遇到陆文夫，他说："你就是杨明义啊，你这个人邋里邋遢，画的画倒清清爽爽。"他夸我画得不错，对我很鼓励的。那时候他也不是太有名，但在苏州已经是很著名的作家了。因为我有中国画的基础，有速写中练成的造型能力，用木刻表现树木、人物等就比较容易。不久，就经常有作品在报纸上发表了。

在苏州工艺美术专科学校就读期间，杨明义临摹了许多中国古代山水画和人物画，打下了扎实的基础。上图临任伯年人物图，下图临宋代马远《荷风纳凉图》。

马　工艺美专教过木刻吗？

杨　没有教过，我完全是业余学习的。我跟褚铭两个人有很好的合作，他画稿子，我修改了就去刻，刻过后去教务科要点油墨来印，或者拿点油画颜料来印。我到现在还保留着几张小木刻，很珍贵的。

马　《城来乡往》就是这个时期您创作的版画作品？

杨　那是我的第二张版画。我常常去苏州大运河边写生，看河上的帆船来来往往，很好看。我想到工人在城里生产了马达、拖拉机等工业产品，用水泥船、小火轮送到农村去耕田种地、灌溉庄稼；农村又把生产的各色蔬菜和粮食装满船运往城里，所以叫《城来乡往》。作品在《雨花》杂志上发表，刊登在封面上。哎哟，我高兴得咧，我的画居然可以印在畅销书的封面上，很激动，由此也觉得可以按照这个路子走下去了。

马　您业余初尝版画创作就取得了令自己自信大增的成绩，那么您工作单位有什么反应呢？

杨　他们不知道。

马　《城来乡往》登上了《雨花》杂志封面，还是不知道啊？

杨　不让他们知道。知道就麻烦了，肯定要批评我不务正业。

马　您保密工作做得真好！那么到什么时候才能名正言顺地去从事版画创作呢？

杨　我从事版画创作一直是业余爱好，从来没有成为职业。我正儿八经的工作是画中国画，搞创作。苏州在"文化大革命"后期成立了文艺创作室，就在原来苏州园林博物馆楼上，我们的工作是用美术作品宣传"文化大革命"的丰硕成果。接着成立了苏州文化馆，我们全部调到文化馆去工作，从事美术创作，也就是给宣传文章画个插图，为政治服务。我业余时间弄弄版画，只能算是兴趣爱好。随着苏州业余版画组慢慢发展起来，我们成立了"苏州版画艺术研究会"，大家一致推我做会长，同时，我还被选为"江苏省版画艺术研究会"副会长。当我们的版画作品开始卖钱后，情况就更糟糕了。当时我已调到国画院工作，是拿国家工资的人，却去创作版画，还要去卖钱，简直就是大逆不道。所以，一般只有星期天我才去印版画，天不亮就赶到单位，工作到晚上八九点钟回家。

马　既然单位不支持您从事版画创作，为什么60年代您还有机会去省里参加版画培训班呢？

杨　1963年，当时我在苏州工艺美术研究所水印木刻小组工作。水印木刻是什么

《城来乡往》是杨明义创作的第二张版画,被 1963 年 7 月号的《雨花》杂志选用为封面。画作的画墨、线条来自传统,有中国画的风格,又有木刻版画的韵味,大量留白上飞燕轻盈活泼地飞翔。至今,杨明义对这幅画依然很满意。

1978 年杨明义创作的水印版画《五月枇杷满树金》入选全国版画展。

杨明义创作于 1964 年的水印木刻作品《进城》,表现当时下乡知识青年返城后去书店的情景,获苏州市美术比赛第一名,这是杨明义版画作品第一次获奖。

杨明义访谈录

呢？用今天的话来讲就是"高仿品"，把齐白石画的花卉、草丛、活泼泼的虾，用水墨渗透的方法将笔触生动地再现出来。上海朵云轩的木版水印、北京荣宝斋的木版水印都是用国画进行复制的。这种手法很新潮，很流行，所以，苏州工艺美术研究所也创办了一个水印木刻组，用版画去复制国画。正好，那时省里来了个文件，要研究所派人去参加南京水印木刻版画训练班。版画与水印木刻不是一回事，但领导没搞清楚，觉得杨明义不是在水印木刻组工作吗，就让他去吧。其实，这个培训班跟我工作的复制性水印木刻没有关系的，如果他们知道是原创版画的培训，绝对不会让我去的。培训班整整两个月，很辛苦，没什么东西可以吃，我带了60斤粮票去，一天一斤哪里能吃得饱呢？吃不饱，去山下买东西吧，又没有钱。但是，培训班学习期间是在中山陵上原先孙中山开国务会议的地方，很高级，傅抱石、亚明等名画家平时都在这里办公、画画。

**马** 在此期间你结识了傅抱石和亚明？

**杨** 没有。我们去的时候正好是夏天，他们都下山去了，平时画画的办公桌腾出来给我们用。我们参加培训的人，有的坐在亚明的位置上，有的坐在傅抱石的位置上。亚明桌子的抽屉里有许多画，大概都是没完成的。坐在他位置上的是刻版画的，不懂亚明的画。我看他每天拿出一张亚明的画，当大便纸用。哎呀，我又不能擅自开别人的抽屉去拿东西，着急啊。有次大扫除，我看他整理抽屉时，把所有的画往外面垃圾箱里一扔，不要了。我又激动又紧张，等大家午睡没有人注意时去垃圾箱捡回了好多亚明的画。现在挂在我北京家里大厅上方的那张就是我拣出来的。

**马** 哈哈，您是把亚明老先生的东西抢救过来了。

**杨** 60年代亚明的创作还不成熟，不过，功力已经能看出来了。80年代初，亚明到苏州，我把这张画以及其他捡来的字画带上去见他。他很意外，但是很开心，给每张画题字，"请明义同志指教"等。我家里挂出来的那张"晚归"，他拿在手里看了蛮久，告诉我，当时一共画了两张，一张画坏了，一张好的去展览了，是画在乾隆纸，真正从故宫里出来的乾隆纸上的。他觉得再看这张画时，感觉画面还没画完，就说"我来给你加"。那天，他在原画上很认真地加工了一天。现在这张画比较完美了，可以说是亚明的精品之作。

**马** 两个月的版画培训班学习，收获最大的是什么？

**杨** 我第一次出远门，普通话都不会讲。开会了，我发言，人家一句都没听懂。"杨明义你讲的什么话？""普通话。""你的普通话，怎么我们听不懂？"我的苏州普通话他们听不懂，但不妨碍我努力学习。两个月里，我创作了近十幅版画，有一张是跟淮安的一个学员合作的，我们后来成了好朋友，关系一直延续到现在。很多年之前，他在上海办展览，我去参观，见到当年我创作的版画处女作品，而且还有不少人正在现场临摹呢，哈哈。

马　那么，您是在这次培训班上认识的傅小石？

杨　傅小石是傅抱石先生的儿子。傅抱石当时是江苏省国画院的院长，大名鼎鼎的。傅小石在中央美院念书，是中央美院的学生会主席，很出色，美院院长江丰很喜欢他。"反右"运动开始，傅小石不知轻重地说了些不合时宜的话，跟江丰一起被打成右派，一个大右派，一个小右派。傅抱石去东欧社会主义国家访问写生回来，没想到儿子已经成了右派，怎么办呢？这个大儿子最聪明，最有才华，是傅抱石最喜欢的。

马　傅小石是不是恃才以傲？

杨　那肯定的！他不是一般家庭出身，难免的。傅小石被打成右派，下放到北京郊区的房山改造劳动。听他讲，什么苦活都要干，开荒种田，挖墓地，连死人都搬过。傅抱石很痛苦，儿子是右派，想见还不让见。后来，大概郭沫若出面做工作，才把傅小石调回南京，但不能当画家了，只能在省国画院做个勤杂工。我去培训时，傅小石的工作就是卖卖饭菜票，或者把图书、资料从山下搬到山上去，做这些杂事。有次，我碰到他，我很尊重地称他为"傅老师"，他很紧张地摆着手说，"噢，不能叫我傅老师，我犯过错误的"。

马　他年龄应该不比你大多少吧？

杨　他比我大十岁，我二十岁，他三十岁。他画得那么好，我很崇拜的。他爱抽烟，没有烟，我到处找香烟屁股，把烟丝取出来，用宣纸包了给他抽。蛮可怜的！

马　您为什么敢接近一个人人唯恐避之不及的右派分子？

杨　我叫傅小石"老师"，他害怕，也有几个人不断地跟我说，"你不要去乱拉关系，注意影响"。但是，我钦佩他的才华，喜欢他的画，我偷偷地去请教他。熟悉之后，我们经常去中山陵的山里玩，听他讲故事，谈论当代艺术，他还给我示范各种用水墨表现人物的方法，给我画像，这些我都保留着。1963年到现在多少年了，五十多年了。

马　在《近日楼散记》中您专门撰文纪念傅小石，很替他坎坷的人生经历扼腕叹

1985年杨明义创作的水印版画《一条大河》获"姑苏之秋版画展"二等奖。

1979年杨明义创作的水印版画《白兰飘香》入选中国首次参加的法国春季沙龙展。

息。

**杨** 我跟傅小石特别有感情,我们之间的故事也很多。"文化大革命"期间,我第二次借调到南京,为南京中山陵宾馆创作《韶山》。到南京报到的第一天,我去傅小石父母家里。我不知道傅小石刚刚被抓,罪名是他把傅抱石的画割下来拆成小张,放在大皮箱里,密谋携带逃跑到境外去。当时抄家风声正紧,策划带着一箱画外逃,这是多重的罪名啊!其实这是诬陷!我不清楚这些情况,我糊里糊涂地就去傅家,想进门,就有人过来声色俱厉地问"你找什么人?""找傅老师。""傅老师?哪个傅老师?""傅小石。"这还了得啊,立刻有七八个人过来围住我,好像我就是傅小石里通外国的接头人一样。他们开始审问我,还要打电话叫派出所来抓我。我急中生智,掏出身边两样东西,一样是南京军区的借调函,一样是苏州革命委员开给我到南京报到的介绍信,都是红头文件,很硬气的。他们不相信,打电话到南京军区宣传部去问,得到证实后,才放我走人。第二天早晨,傅小石老婆来找我,告诉我,"小傅不见了,小傅不见了,我从昨天找到现在了"。我一想肯定被抓去了。

**马** 抓人不通知家属的吗?

1963年,江苏省美协举办水印木刻创作训练班,结束时在省美术馆顶楼合影。前排左3为傅小石,左4为杨明义。

**杨** 怎么会通知？那个年代！傅小石最困难的时候，我给他送些吃的，跟他聊艺术，向他请教，所以傅小石妈妈说，"杨明义，你对我们小傅是真心的。刚到南京就来看他，差点连累自己也被抓。你是我们傅家的恩人"。我说："不敢当不敢当，言重了。"

**马** 患难见真情。

**杨** 是的。多年之后，傅小石妹妹傅益璇，从日本到纽约联合国总部举办画展，她知道我在美国，打电话给我，"我妈妈讲，你是我大哥的好朋友，我们傅家的恩人。我一定要来看你"。来家见面时，她送给我一个日式的大花瓶，上面是她画的紫藤花，很精致。吃过饭，我送她到曼哈顿的住处，一直聊到夜里三点半。她又送我一大包日本的卡纸，"日本带来的，你拿去画吧"。我挺感动，挺惭愧的，当时我没有准备东西可以作为回礼。

**马** 这么多年了，他们还记得您的好。

**杨** 对对对，傅家人待我很好。每当去南京，我都会去傅家。当年运动刚过去，我

1982年杨明义在南京拜访傅小石时两人合影。

1983年杨明义创作的水印版画《家乡的风帆》获全国美展铜奖。

请傅小石帮我画像。他开玩笑说:"你找我画什么都可以,你那时怎么没有叫我父亲帮你画?你要多大的画他就会画多大的。"我怎么敢开口呢?能见到傅老就很高兴了。真是不堪回首啊!与傅小石在特殊时期往来,我周围的人骂我的也有,善意提醒我的也有,也有警告我"不要乱走,不然被抓进去了,会自己也不知道什么原因的"。

马　您这个"乱走"在圈子里是不是很有名?

杨　嗯。我很少讲这些的,不理解的人听了会反感。我热爱绘画,热爱艺术,只要是我崇拜的画家我都会想方设法地接触他,想多学点东西。我拜访过多少画家啊!初识时,辈分大的就拜他做老师,平辈的是朋友,后来都是亦师亦友。我学得很杂,陆文夫写文章称我是"师百家成一家",《陆文夫全集》收录了这篇文章。陆文夫去世后,陆太太打电话给我,"杨明义,你来拿一套去"。一套全集,多少本啊,很厚。我问陆太太再多要一套,她说,"出版社一共只给了五套,给你一套已经不容易了"。的确,五套怎么够?我打电话到出版社,买了十套请他们寄给陆太太,这样她就可以放心送人了。

## 长江大桥桥栏设计与《韶山》

**马** 南京长江大桥是第一座由中国人自行设计建造的双层式铁路公路用桥,在上世纪70年代的教科书上通常是与北京天安门并肩出现的,其重要性和象征性可见一斑,而您当时不过20多岁,怎么能得到桥栏杆图案设计的机会?

**杨** 说起来,好玩得要死。那是1969年,有一天,工宣队拿一封信往桌子上一放,"你们看看这封信"。当时,大家都在抄写毛主席语录,画革命宣传画,没有人注意到。等所有人都离开后,我很好奇,就拿来看。信是南京长江大桥建设革命委员会发给全国美术大专院校的,大意是说,南京长江大桥铁路桥面已经通车了,公路桥面还没有通车,因为公路桥面栏杆的设计方案还没有确定,希望红卫兵小将,美术方面的革命设计师关心这件事情,积极参与革命的设计工作。我太想去了,眼前的工作是每天念语录,抄语录,很无聊。我就偷偷画了两套稿子,一个是"革命圣地"系列,从毛主席的故乡韶山开始,一张一张画,一直到天安门,成为一套。一个是"桥的历史",从独木桥开始到宋代的桥、明代的桥、清代的桥,最后一张是南京长江大桥。我找了很多资料,挑选不同朝代最有名的桥来画。这两套方案的排列顺序,一套从南到北,一套从北到南,设计完成后用剪纸做成浮雕的形式,寄去。很快,南京方面就来电话给市委会,选中了我的设计稿,邀请我去南京参与大桥建设。

**马** 真是有心人!

**杨** 那年我27岁。工宣队找到我,给我看南京方面的邀请信,"这是个重大设计任务,你要为我们争光"。我按压住心里的喜悦,表态并且提要求:"我忠于毛主席,愿意为宣传'文化大革命'的丰硕成果做出自己的贡献,但是我需要设计的参考资料,你们抄家抄走了我所有的美术资料。"他们就去找出来,还给了我。当时来抄家的红卫兵是我的学生,后来他就没有脸面再来见我了。有次,我请了不少同学来吃饭,他就不敢来,他说我对不起杨老师,带人去他家里抄家。我说没有关系嘛,但他还是没有来。那次归还给我的资料中也有从人家"抄"到我家里来的,但我的也遗失了不少,哈哈。

**马** 还记得有哪些珍贵的资料吗?

**杨** 如我喜欢的程十发的插图。上世纪60年代,每天《新民晚报》上都会刊登一幅他新创作的"胆剑篇"组画,我每天算着钟点去买报纸,不是为了看新闻,是为了看他的插图和文字。我一张张剪下来,到我们马医科旁边的一个印刷厂,弄点废的纸贴上去,再装订起来,成为一本书。多少心血啊,抄家弄丢了不少。

**马** 南京长江大桥是1968年年底竣工的吧?你们的设计周期有多长?

**杨** 两个月左右。我到南京,设计小组的十几个人已经在画稿子了。最初他们选中的是我的第二套方案"桥的历史",当时负责项目设计的老师毕业于中央工艺美院,后来在人民美术出版社工作,出身好。他说:"我们看中了你的设计方案,在桥上看桥,想法很好,但是,现在这个方案实现不了,我们需要每幅图案都能体现'文化大革命'的伟大成就。如画桥的历史,讲述的是历史文化,政治色彩不够。""桥

1969年杨明义受命前往南京,为即将通车的南京长江大桥公路桥桥面设计栏杆图案。上图为所创作的大桥水彩画,下图为杨明义所画大桥速写。

的历史"与毛主席指示、"文化大革命"、党的路线都搭不上边了,就被放到一边去了。后来经大家讨论,决定画风景,在其中穿插政治主题。

**马** 创作方式非常政治化、军事化。您具体创作了多少作品?有什么创作理念吗?

**杨** 我打算通过海岛海港、草原、骑马的牧民、长城、巨轮下水等题材去表现伟大

1969年杨明义参加南京长江大桥桥栏杆设计工作,这是年轻的杨明义一次重要的经历。上图是杨明义在长江江畔的留影,下图为杨明义在大桥栏杆前的留影。

的毛泽东思想和"文化大革命"的丰硕成果,画面有:大丰收的场景,农田里插着红旗,农民们忙割稻;万吨巨轮下大海,歌颂大海航行靠舵手;海港的早上,海鸥飞舞,小岛上有雷达,提醒大家别忘阶级斗争……这些都是毛泽东思想指导的成果!大家觉得好,评价很高。其他的方案,有的画天安门,有的画延安宝塔,有的画韶山。当时,长江大桥马上要通车,两个月内要完成所有设计,我们日夜赶稿,每天要工作到深夜两三点钟,有时甚至通宵达旦,吃饭前,睡觉前,都要三呼"毛主席万岁""毛主席万寿无疆"。两个月的任务,一个多月就完成了。许世友是大桥建设委员会的主任,彭冲是副主任,都是毛主席最信任的人。第一批设计稿完成后,他们来审查,许世友看了之后很不高兴地表态:桥栏杆的革命圣地图像设计不适合。为什么不适合?他说:"人的下半身对着天安门,对着毛主席的故居你觉得适合吗?"大桥的栏杆很高,比人只低了一个头,因此往那儿一站,下半身正好对着天安门,对着天安门上毛主席的光辉形象。"太不严肃了!"大家一听太紧张了,弄不好会成为反革命事件的。

**马** 就等于否定掉了,而且还上纲上线。

**杨** 那个时代就是这样的。项目设计小组几经商量,最后决定,全部改用祖国各地的风光。这样,韶山、井冈山、延安、天安门革命圣地的方案被撤下来,我设计的大丰收、草原、长城、海港、巨轮、宝岛全部用上去,组里七八个人都转过来协助我完成任务。我很激动,我的运气太好了!关于颜色,我们有两个备选方案:一个方案是红颜色,革命的颜色;另一个方案是灰蓝色。当时彭冲坚持要灰蓝颜色,他说不一定只有红色才是革命的颜色。他让大家参与评选,发表意见。结果工人师傅都喜欢红颜色,知识分子都喜欢灰蓝颜色。许世友没有坚持,虽然他喜欢红色,但最后还是选了灰蓝色。四个桥头堡上各有三面红旗,不能用灰蓝,必须得用红色,但是红色不能用油漆上漆,不然风吹雨打一下子就会变成粉红,变成土黄色。工人师傅立即成立攻坚小组进行研究,决定烧制红玻璃。红玻璃不会变颜色,太阳照射下又是发光,又是发亮,红艳艳得很漂亮。玻璃烧制出来了,这又被看作是毛泽东思想的伟大胜利,是工人阶级向毛主席表衷心!

**马** 小时候,我最向往南京长江大桥了,如果不是听您说,谁能知道这里面还有这么多变故啊!

**杨** 桥身设计完成了,还有引桥,南边、北边、东边、西边的引桥怎么装饰?研究之后决定用《毛泽东语录》,左挑右挑,争议不断,好不容易定下来。最后的问题是桥头堡里挂什么？商量决定画四个革命圣地，韶山、延安、井冈山、北京，由四个画家负责。我认了第一张，画自己比较喜欢也是比较熟悉的韶山。这样，在省美术馆的大厅里，我又画了一个月。先画草稿，草稿通过了再画色彩稿，每天工作到深夜三四点，累得不行。我创作的《韶山》，第一个景，韶山山尖，云雾缭绕，一个正在升起的红太阳，绿色的竹子和树林。第二个景，工农兵你来我往，涌向毛主席故居，敬仰毛主席。第三个近景，小广场上的红卫兵，拿着毛主席语录，做出高喊毛主席语录的姿势。汽车来了，下来一群新的参观者，男男女女都有。第四个景，画一批松树，松树前面一个小山坡上，一群外国人，有南美洲的，有欧洲的，拿着《毛主席语录》向韶山致敬。那时候我不太擅长画人物，但很用心地去画了，很大一张画。南京工学院师生，研究出了一种新材料，现在看来蛮滑稽的，就是将树脂浇在宣纸上，刮平，拿玻璃盖住，据说可以永久保存。其实树脂一浇，这张画就损坏掉了，五六年就会裂化断掉，可是当时大家都没有化学知识。当时，我提出了时间久了会不会断裂的问题，没有人听得进去，大家都被胜利冲昏头了。

马　这张《韶山》放进南京长江大桥的桥头堡了吗？

杨　放在桥头堡的。完成任务后，我就回来了。差不多两个半月，没有好好睡过

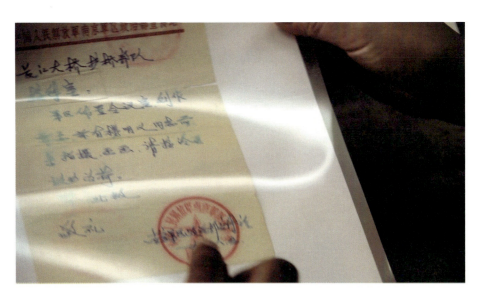

杨明义凭着这张南京军区政治宣传部写给长江大桥护桥部队接待室的介绍信参与大桥公路桥栏杆的设计工作。

一觉,太辛苦了,回来就发高烧,病倒送医院。医生说是肺炎复发,很严重,马上打青霉素,挂水。在医院里住了一个多月。

**马** 从事这样的设计工作,心理压力也极大。

**杨** 心理压力大,睡得又太少。当时学校已经停课,出院后继续留在家里又休息了一个多月。这期间不断有好消息传来,说郭沫若参观南京长江大桥,中央领导也来,长江大桥的装饰设计方案得到一致好评,被认为是"文化大革命"的胜利成果,是"文革"后真正的新中国画,成了一个样板。不久,又接到省革命委员会传达给苏州市革命委员会的通知,要我参加南京中山陵宾馆——一座新建的、接待中央领导的高级宾馆的装饰画创作。由于南京长江大桥桥头堡的四幅画很成功,南京军区部队的领导要求我们再进行创作,让这些画成为革命样板画。

**马** 革命样板画?我只听说过"革命样板戏"。

**杨** 对,据说是郭沫若提出来的。就这样,我又到了南京。报到第一天就去找傅小石。我在南京整整一年,很认真地修改《韶山》这幅画,把我很扎实的传统中国画的功底发挥出来,又结合了新国画的风格。用材用料方面,因为有部队的背景,也是一路绿灯,画面上的竹子,都用了传统的勾金手法,真金是到中国银行批来加工的,石绿石青的颜料都是专程到苏州买最好的。

**马** 创作条件比设计南京长江大桥时好多了吧?

**杨** 不知道好多少了!我们在南京山西路军人俱乐部进行创作,那里有游泳池,可以游泳;有乒乓室,可以打乒乓球,隔壁还有图书馆。有一次我去借资料,一看,里面封存了大量抄家得来的禁书,包括《金瓶梅》《孽海花》《红楼梦》等,还都是民国时候的老版本,但这些图书是借不出来的。我绕着图书馆转了大半圈,看到有窗子,也不高,完全可以爬进去,那么乘着去还书的机会,我把其中一扇窗户的插销松掉,记住由南向北第三个窗。过了一两天,到晚上,找到这个窗,一拨就开了,高兴死了!爬进去,拿一个小电筒去偷书,偷个四五本,晚上偷偷看,隔两天再爬一次,把看完的送进去再偷新的出来。用这种办法,业余时间看了不少书。哈哈,我这个人是不是比较坏的?

**马** 孔夫子曰"窃书不为偷"啊!

**杨** 嗯。一年的时间,晚上没有事情做,就读书,倒像是补课了。读初中之前,我不好好念书,考上工艺美专后,一心都在画画上,没有时间好好读书。后来就"文化大革命"了,更不要说了。通过这种读书方式,看了不少书,古代经典的文学作品差不多通读了一遍,收集了许多资料,还临摹了不少古画,画了不少速写,用牛皮纸包了一大捆,都放在傅小石家里了。

**马** "文化大革命"中您画大量速写,参加南京长江大桥桥栏和桥头堡设计,主创南京中山陵宾馆大型政治画作《韶山》,忙得不亦乐乎,您思考过政治和艺术创作的关系吗?

**杨** 在那个年代,艺术创作离不开政治。如果不是大街小巷都在宣传毛主席的革命路线,我怎么能有机会参与到这些政治宣传的艺术设计中去?我创作《韶山》时,人已经到了南京,但当时无锡文联的革委会主任还试图阻拦,这人是画中国画的。他说:"杨明义犯过错误的,这个人不行。"他所说的犯错误是指这样一件事情:"文化大革命"中间苏州的造反派有踢和支两派。踢派把我和马伯乐叫去,让我们到报纸做美工。我们去后发现报纸不需要美工,就自己办了一个专刊,刊登政治宣传漫画,还向上海、南京、北京等地认识的人约稿。漫画,大家都喜欢看的。这个专刊轰动苏州,每个工厂的造反派都把漫画剪报放大,贴到墙上。我们忠于毛主席,忠于党,既不倾向踢派,也不倾向支派。后来,踢、支两派联合,要抓"五一六反革命分子",形势很紧张,我们也紧张得要命。

**马** 你们为什么紧张?因为漫画的画风,还是漫画的内容?

**杨** 漫画的内容是紧跟中央"文革"的,"文革"指示,"江青同志说要文攻武卫",我们就画拿着长矛、戴着帽子的革命战士听从江青同志号召"文攻武卫";上面揪出一个反革命,就马上要画一套漫画进行批判。这类主题当时画了不少,都没有什么问题,但是我们也画了刘少奇、邓小平的漫画。那时如果我们被抓进去就完蛋了,"文革"中一下子一个人没有了,一下子另一个人没有了,是正常的事。还好,当时我有个同学在革委会工作,认为我们不是反革命,担保了我们,才逃过一劫。当然,这件事被重新提起,并没有起到什么作用,我还是留在南京创作《韶山》。没有什么比能让我画画更开心的了!我很少去想为什么,反正只要可以画就好。《韶山》画了一年,草稿画了好多遍,审查了好多遍,每个细节都审查。

**马** 谁来审查?

**杨** 一级一级的领导都来审查。彭冲来过,杜平也来过,部队其他领导不断地来。审查很严格,每个细节都要挑剔的。我没有去过韶山,我是看着照片进行创作的。《韶山》前面有一棵小树,我觉得好看,就画下来了。"杨明义,这棵树要改。"不是很好看吗?我不理解。"这棵树怎么脖子歪了?毛主席故居前面的树棵棵都是成

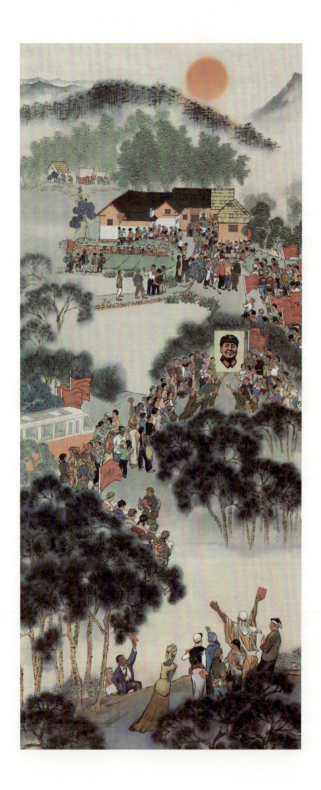

1971年杨明义在完成南京长江大桥公路桥面栏杆设计的翌年，又受命再次前往南京，负责对长江大桥桥头堡内的设计作品《韶山》进行修改，创作出重要作品《韶山》，深得好评。此为作者留存之经过审批后的正稿。

杨明义访谈录

材的,都是笔挺的,你怎么画成这样?"画松树,用传统的石青画的,有点蓝,发蓝光。"这颜色不能用!"我又不解了,问为什么。"叫你不要用就不要用",部队里的领导,凶得很,"杨明义你要记住,这个是国民党党旗和党徽的颜色,蓝颜色是国民党!"

**马** 画家本能地从审美的角度去考虑,但当时的环境下政治远远高于审美。

**杨** 谈不上审美,所谓美就是毛主席革命路线和革命思想。但是不管怎样,我还能画画,而大多数画家都去农村劳动改造了,都在你打我斗中混着日子。我有一年的时间,可以名正言顺地画画,偷偷地看书,还可以游泳,看革命样板戏,很开心。

**马** 艺术上呢?这段时间的创作对自己有提升吗?

**杨** 当然有提升。不是艺术的,那个时候,已经没有"艺术"两个字可言了。但资料很丰富,每天都可以翻阅很多资料。杜平有一天拿着毛主席给他的题字"发展生产,加强国防"来找裱画师傅。裱画师傅跟我们一起工作,杜平几乎每天都要来看看裱得怎么样了。我记得那张字是写在很厚的宣纸上的,裱画师傅技术不行,剥的过程中把第二层弄坏了的纸都随手丢在地上。毛主席的墨迹宝贵得不得了的,晚上我就偷偷地到办公室把这些剥坏的纸张弄回来,其中有一个字还能看得出大概的样子,我一直夹在一个照片盒子里,不知怎么找不到了。完成《韶山》和其他三幅画的创作后,南京军区领导看了,中央领导看了,很满意,嘉奖我们。我记得当时拿到了180元,不叫"奖金",叫"补贴"。我一狠心,买了块进口的布郎多手表,激动得不得了,好像整个人都脱胎换骨一样。当时负责这个任务的军区俱乐部主任很快就升任军区宣传部部长。他让我留在南京军区工作,我想来想去婉言谢绝了,一来我出身不好,担心留不了;二来,离开了苏州,我画不了水乡了;三来部队里面管头管脚的,不习惯。离开南京之前,许世友派人请大家吃饭,讲了许多鼓励话,还端来长江里的大鲥鱼——这个平时怎么吃得到?我感动得眼泪都要流出来了。

**马** 花了一年时间,辛辛苦苦创作出来的作品,被肯定,被表扬,您觉得很感动,甚至很感激,这都是很真实的感觉吗?

**杨** 当然是真实的。那时候的政治口号是"忠于毛主席",我去天安门广场见到毛主席,也是这样表忠心的,一辈子都不会忘记。

## "只要你自己不放弃,就没有人能来抢你的笔"

**马** 从南京回到苏州,您进入市文化局名下的文艺创作室工作,主要工作是做什么?

**杨** 工艺美专关闭后所有教师都转入文艺创作室,大家经常被组织起来一起下工厂、下农村劳动,一起创作作品。

**马** 是正式劳动还是采风去?

**杨** 不是采风,是正式劳动,但一个星期可以有两天画画。我和吴敔木等几个人被安排在红卫丝织厂,最受不了的是机器声,太强大了,"哗啦、哗啦、哗啦",讲话都听不清楚,晚上回到家耳朵里面还是"哗啦哗啦"的声音,神经都要崩溃掉了。吴敔木老先生,其实也只有五六十岁,耳朵都快聋掉了。难得厂里说你们不要劳动,去给我们画点画,那比放假还快乐。我最乐意做这样的事情了,就很认真地画山画水,给他们布置会议室。所以,我一直坚持没有放弃业务,一直在画,画漫画,画速写,画南京长江大桥,画韶山,不管是在工艺美专,还是在文艺创作室,都坚持一边工作一边创作。

**马** 不管外部环境发生怎样的改变,您都没有离开过自己喜欢的艺术创作,您是否质疑过"文化大革命"中所谓的艺术创作,不管是他人的,还是自己的?

**杨** 我坚持抓住自己的专业牢牢不放,后来到美国没有放弃,从美国回来也没有放弃,画了一辈子了。说到底,画画很简单,只要你自己不放弃,就没有人能来抢你的笔,不让你画的。但在特殊时代压力很大,虽然能画画,很开心,但画什么题材都是规定的。中国风景、花鸟、人物现在都可以画,但当时画这个有什么意思?一定要画革命题材。那时候有误区,在家里尝试画个水墨画也只想到去画主席像。就是这样子,无论你在工作场所正大光明地画,还是躲在家里偷偷地画,只有一个

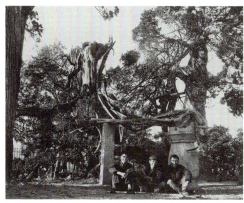

杨明义陪同黄永玉先生前往苏州西郊光福镇的司徒庙写生，左图为在庙内"清、奇、古、怪"四棵汉柏前的合影，右图为黄永玉先生当时作画场景。两张照片均摄于1973年。

宗旨，画是要为政治服务的，不然就没有意思了。

**马** 这是环境影响人，人又将环境内化的结果。您能记得什么时候开始质疑这样的创作理念？有什么样的契机？

**杨** 1973年，黄永玉、吴冠中、袁运甫、祝大年一行四人为了创作北京饭店的大型绘画"长江万里图"到苏州采风。"杨明义，你不是崇拜吴冠中、黄永玉吗？你去陪他们吧。"我被组织上安排去接待画家们。那时候的画家不比今天，画没有进入流通市场，没有钱，社会地位也不高，陪同和接待是件累人的事，但是，黄永玉的版画刻得多好，西双版纳、阿诗玛，我喜欢极了。吴冠中就更不要说了，画的西藏写真、北京大院，我崇拜得不得了。能给这些大画家做服务工作，我兴奋得几天几夜没有睡好觉，想了很多细节，带他们去哪里，如何去，等等。我陪黄永玉去光福司徒庙写生，看到"清、奇、古、怪"四株汉柏，他非常激动，不断惊叹"太美了！太美了！"第一天没有画完，第二天一大早，天还不亮，庙门都没有开，我们就赶到了。叫开门，安静空寂的寺院中，黄永玉先生一边写生，一边喝茶、抽烟，能看到烟斗明明灭灭的火星，听到吸烟斗的吱吱声。一连画了两整天，完成了，丈二匹，线描，多厉害！画面太美了，黄永玉自己也很激动。可是这庙里的古柏，好看是好看，又不能参加展览，又不好挂在家里，有什么意思呢？

**马** 您的意思是，不能获奖，不能成为装饰品的绘画作品是没有价值的？

**杨** 也不是。这让我重新认识这个世界，原来画家可以这样画啊！我太局限了！

我以为处在特殊的时代,只能画毛主席,只能创作政治宣传画,原来生活中有这么多东西可以表现。我陪吴冠中先生去光福小学旁边的山上写生,我把他送上山顶之后,他说"杨明义,你别管我了,晚上来接"。我担心他中午吃什么,没想到他说"画画还要吃饭啊,不要吃饭了",还嘱咐我"你不要来送饭,不要管我了"。说完,马上把油画架架起来开始工作,理也不理我了。我后来买了几个馒头给他,晚上再接他回来。黄永玉、吴冠中都是我最佩服的画家,他们跋山涉水,废寝忘食,在艺术世界中苦中作乐,感动了我,也给我了很大的启发。苏州是一座独特的城市,水巷、小桥、流水、倒影……美的东西太多太多了,我怎么就没有看到,没有好好去画呢?想得更多的是作品的发表、参加展览。这次经历,让我对美有了重新认识,所以,他们不仅是在绘画技巧上给了我启发,还让我对绘画的目的和宗旨有了新的认识。

**马** 颠覆了您原有的一些创作观念?

**杨** 是的。他们在苏州住了十多天,然后去上海。我的艺术创作道路,最最需要

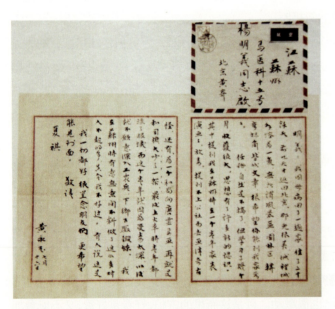

"文革"期间,黄永玉因创作一眼睁一眼闭的猫头鹰而被列为"批黑画"的对象,杨明义因在1973年接待过黄永玉并藏有猫头鹰作品一幅而受牵连下放至"五七干校"劳动。图为黄永玉先生写给杨明义的信件。

黄永玉在光福司徒庙写生期间,为杨明义画的"猫头鹰"。

摸索方向的时候碰到了他们四个人,三个是中央工艺美院的,一个是中央美院的,对我一生帮助太大了,像明灯一样照亮了我。

**马** 您是幸运的。但您是不是也受到了黄永玉案的牵连?

**杨** "文化大革命"中,黄永玉先生因画猫头鹰被江青点名批判,随即,"批黑画"运动波及全国。因为1973年黄永玉来过苏州,我是陪同者,又到过我家里,自然就免不掉被调查了。

**马** 在苏州,黄永玉画过猫头鹰吗?

**杨** 画的。在我家里画了一个猫头鹰,被我一个同学抢去了,还有一个猫头鹰是在光福写生休息时画的,我收藏了。

**马** 也是睁一眼闭一眼?

**杨** 那倒不是的。调查组一遍一遍地盘问,要我写交代材料,交出黄永玉画的猫头鹰。怎么能交出去啊?那对已经被批的黄永玉不是落井下石吗?我坚决不交,告诉调查组"画了一半带走了"。调查组说我不老实,态度不端正。后来,又风闻了什么,再次派人调查,我还是坚决什么也不说,最后落了个罪名:杨明义与黄永玉等人不划清界限,还反映到中央美院——黄永玉工作的单位。黄永玉写了信给我,说他的材料上是这样写的:"我在苏州时到一个青年家里表演画画,放毒;去画清奇古怪的松柏等等……最后上火车时,青年都流了眼泪,这个青年受毒太深,以后不愿意深入工农兵、下乡、下厂锻炼。"我偷偷写了封信给黄永玉,告诉他有人来调查情况,但是调查组不可能得到任何东西的,请他放心。

**马** 您既崇拜黄老师,又很有正义感。

**杨** 那当然了,人家对我这么好,我还揭发他,那还是人吗?黄永玉在我家里画画时,我曾经问他在北京住在什么地方?画室有多大?"有这个老太婆在,我们怎么会有好日子过?"听了吓死我了。但我都放在心里,什么人都不敢讲。后来江青拿黄永玉创作的《猫头鹰》照片到毛主席那里去告状,添油加醋地说黄永玉画的猫头鹰眼开眼闭、黑乎乎的,意在抹黑党的领导,是居心叵测地反党行为。毛主席说猫头鹰本来就是眼开眼闭的,泼墨画就是黑的,怎么能说明是反党呢?这样,对黄永玉的批判才没能批得下去。我的死不认罪,招来调查组的极大不满,并且认为我一心想要成名成家,不愿意下工厂农村劳动,借故把我下放到"五七干校"劳动改造了。

**马** 这次改造劳动带有惩罚性质的,叫您去种田吗?

"五七干校"期间,杨明义工作之余在写生。摄于1974年。

**杨** 种田。我拼命劳动,种青菜、西瓜、韭菜,什么活都干,表现好得不得了。

**马** 为什么你表现这么好,当时怎么想的?

**杨** 我要锻炼自己。就跟黄永玉说的那样,从哪里跌倒就从哪里爬起来,用新的面貌面对大家,我也想在这特殊的环境里锻炼身体,锻炼毅力。

**马** 希望通过自己的努力得到别人的认可?

**杨** 不要认可,我要认可做什么?我就是要锻炼自己的毅力。两个多月,我跟女孩子、老太婆一起种蔬菜,有什么劲?一点劲也没有!心里很难过,又不能说。一天,刮风下雨,大家穿着塑料雨衣在田里劳动,其中还有来农场劳动的卫校漂亮女学生,红的、黄的、蓝的雨衣,绿色的田野,烟雨迷蒙的远山,好看得不得了,我一下子没有控制好自己的情绪,就像疯了一样地叫喊"我要画画!"叫声引起大家的注意和哄笑,也感动了干校的队长,他说:"杨明义,今天我批准你画画,画半天,不要劳动了。"当我判断这不是开玩笑时,我就飞奔去拿了速写本来。"五七干校"所有的人都知道我是画家,他们打扑克、聊天时,我都是在画速写,我画各种人在开会、打牌;画食堂里如何杀猪,还画食堂烧菜的锅子、菜刀等等。后来,我自己要求从蔬菜队调到运输队去,因为我了解到运输队负责我们日常生活所需物品的运输,也把我们生产的东西运到城里,觉得很有意思。我去找运输队长,他说:"你船都不会摇,去运输队能干什么?起码你要学会摇船,我才能批准你加入运输队。"我就每天中午休息时偷偷跑到停船的地方去学摇船。摇船的技巧很难掌握的,"咯喽"一下,橹就从船钮里掉下去了,练了很久才学会。

**马** 都是手摇木船吗?

**杨** 小轮船和水泥船。那时还没有机帆船,一艘小轮船要拖许多水泥船,每艘水泥船都需要人工打舵。船来了,推过去,偏离了,拉过来。自己偷偷学摇船,难免出差错,有一次,不小心在船边上磕了一下,受了很重的伤,又不敢跟人讲,自己拿个膏药贴上,疼得受不了了,进城时去看医生,医生说这种伤要及时处理,上石膏和夹板,现在已经错过机会,只能看自己的造化慢慢恢复了。那次受伤让我疼了整整五年。

**马** 运输队的工作强度高于蔬菜队,您苦练摇船,受伤了还执意要去,图什么?

**杨** 可以画画。在船上,我可以画画。风大时,两边的水"呼啦呼啦"地向后奔去,两岸景色不断变化,多开心!运输队到城里后,可以休息两天,蔬菜班一般是一个月休息一天,这样我就可以多休息几天的,而且关键是,这两天是自由的,不要工作,又没有人管你,可以做自己爱做的事情。那年,全国青少年体操比赛在苏州举行,运输队一靠岸,我就跑到那里去画速写,画女孩子,画吊环,画平衡木,乐此不疲。奇怪的是,经过"五七干校"半年的劳动锻炼,我原先的大叶肺炎没有再复发,人也魁梧了,胸肌也出来了,手上脚底都是老茧。我听黄永玉的话,碰到困难要不屈不挠、不放弃。所以不管下雨也好,刮风也好,干活一点也都不偷懒。下雨天路滑得没法走,我总是赤了脚,挑着两担东西,重得要命,还必须很小心,摔跤是常事,浑身上下都是泥浆,像鬼一样的,我跳到湖里洗洗干净接着挑,没有怨言的。

**马** 黄永玉的原话是怎么说的?

**杨** 三句话:"明义,作为一个画家、一个艺术家,你永远要热爱生活,'生活、大自然永远是美的',这是白求恩讲过的一句话。虽然生活中有好多丑陋的东西,但是生活的本质是美的,你永远要热爱生活,热爱大自然。还有,人的一生坑坑洼洼不容易,以后不管你碰到什么困难,你一定要记住,要牢牢地抓住自己的专业不放,不管条件怎么艰苦,你还是要画画,不停地画,不断利用机会锻炼自己的业务,要永远忠诚你的事业。第三,人的一生肯定免不了会摔跤,肯定会犯错误,如果你犯错误了,碰到困境了,被人不理解了,你经过了这个阶段以后,一定要以崭新的面貌出现在人的面前,不要气馁,不要灰心,要坚持自己对生活的信念。"这些话,我这一辈子都永远记住,我也是照着他的话做到现在的。黄永玉对我的影响太大了,真的是黑暗中的一盏明灯。碰到困难的时候,我就坚持,牢牢抓住自己的专业不放松,就是抓到监牢里去也要画画,我就这么想的,硬着头皮也要画画。在"五七干校"劳动改造时,我认为这是在考验我,我必须表现得非常好。

**马** "五七干校"让您的身体脱胎换骨了?

**杨** 真的是这样,从来没有这样正儿八经地干活的,不要命似地干活。有一次装大粪,我一不小心掉到粪船里去了,这不是一般的臭啊,是宿粪啊。我赶紧爬上来,跳到河里拼命地洗,他们笑死了。我这个人,什么都经历过了。"五七干校"期间,干部们表扬我:"杨明义啊,你表现真不错,你真是改造思想,但是,你要拿画画的心思和时间放在学习宣传党的路线方针和无产阶级专政的文章上就更好了。"

**马** 劳动改造期间您也积累了很多鲜活的生活素材,关于江南人家生活的素材。

**杨** 说到这个,我又想起那段在运河上的生活了。太丰富了,河道、桥梁、木筏、帆船,我太熟悉了,没有经历过的人不可能有这么深刻的印象。农村的农田是怎么样的,油菜花是怎么样的,水沟是怎么样的,小河又是怎么样的,我脑子里清清楚

"五七干校"劳动期间,酷爱画画的杨明义利用一切可以利用的机会练笔。图为该段时间,杨明义十几本速写中的一幅——《插秧图》。

楚,一般写生的人不可能有这么细致深入的体验。我从小在那里生活,我对水乡了解最深刻,画水乡是最熟悉的。

**马** 江南水乡在您的生活中,在您的眼中,更是在您的心中。

**杨** 我的画为什么大家喜欢?这种生活看着亲切啊!我跟着农民去抓小鱼、抓螃蟹、抓泥鳅、抓黄鳝,如果我一直生活在城里,我画不出来,技巧再高也是没有用的。现在,我把这些感受都装进画里去,这里有很多我们小时候的东西,很多细节,只要是在江南生活过的人都知道这些细节,看之后特别容易被感动。如果没有细节,没有浓厚的生活基础,即使是到过水乡写生的,也只能浮光掠影,画不出来真实的水乡来的。

## 苏州版画廊和"姑苏之秋版画展"

**马** 这一阶段版画是您创作的重心?

**杨** 自 1963 年去南京参加"江苏省水印木刻版画培训班",进一步提升了自己木刻版画技法的能力,创作的作品不断去参加全国版画展、江苏版画展,并且开始在上海的《新民晚报》《解放日报》以及江苏的《江苏青年报》《新华日报》,还有北京的报刊上发表,有了一些成绩。我记得我获奖的第一个作品是《进城》。当年毛主席号召知青下农村,我就刻了下乡后的一个知识青年和一群农村姑娘一起到城里的场景,她们没有急着回家,而是一起到了城里的新华书店,去寻找农业技术方面的书籍,探讨如何改进农村的耕种技术,就这个意思。那时候还没有大规模的上山下乡运动,但已经有不少知识青年主动响应毛主席的号召到乡下去了。国画院第一任院长张辛稼的女儿,就积极地要求到乡下去插队落户,我有几个画画的朋友也主动要求到乡下去。我感触很深,那时的青年真是满腔热血地响应毛主席号召,毛主席怎么讲我们就怎么做,没有二话的。不过,我们的版画主要是反映江南的风景和人物,或者是送书下乡、喜获丰收等小题材,不是那种批林批孔的大题材,所以难以获全国大奖。省里的、市里的画展我们也去参加,获了一些奖。这样,逐渐聚集了苏州一批热心于版画的人才,积累了一些作品,版画活动也慢慢开展起来了。1980 年,我考入中央美术学院版画系进修班,听李桦、李可染、叶浅予、周思聪、陈丹青等名家讲课。第二年,我带着苏州水乡的作品出访日本,在神户中日友好画廊举办"苏州版画展"。

**马** 能挑一些您的版画代表作品看一下吗?

**杨** 好。这是 1981 年创作的版画《水乡的女儿》。一个江南女孩子,用红的、绿的、蓝的各种民族色彩套印,再加上些花纹,蛮嗲的样子。这张获得了全国版画展优秀奖。这是我邻居家的女孩子,很漂亮的。

**马**　这个女孩子看到过这张画吗?您有没有跟她说起过?

**杨**　她不懂画的,我没有说过。关于周庄我刻了不少版画,这是双桥的局部,比陈逸飞画双桥不知早了多少年。《春雨》,描绘了笑逐颜开的农村女孩子,穿着套鞋,沿着小路走到桥面去,很美。一开始,如何构图一直想不好,不知道从高处走下来是怎样的,苏州没有这种高的坡道。后来我去四川,晚上没事去看电影。电影散场后,从高处一层一层走下来,下面都是人,我一看就是这个构图,回去马上画下来。我在创作这张画时,有个小青年认为画得太好了,他想借去临摹一张。我就借给他了。这张画不久就在《新华日报》上发表了。这个小青年又找到我,说:"杨老师,我报考南京艺术学院时创作的画跟你这张差不多,考官老师说我抄袭,要取消我的考试资格,你能不能给我声明一下,这张画是跟你合作的。"正好中央美院有位老师在我这里,他劝我不能这样做,不能开这个头,会好心害人的。我就没去声明。南艺就没有录取他。这个小青年画画不错的,后来考上了中央美院,又去法国留学了。

**马**　《月夜过盘门》是您卖掉的第一张版画,自己有留存的吗?

**杨**　没有了。由于发表了这么多的版画作品,再加上我的活动能力又比较强,在和周伟明、张天寿、褚铭、潘裕钰等成立苏州版画研究会时,大家一致推选我当会长。当会长,就要做事情,要让苏州的版画创作风生水起。这在当时是很难的,文联不会给业余组织下发活动经费,创作的作品不能卖钱,要筹几百块钱,泡个茶,买个木刻板都很难,更不要说举办展览活动了。那怎么办呢? 应该说,版画研究会的成立适逢其时。我们版画小组有个好的传统,一直都生活在基层,文化馆也经常会组织大家去东山、西山、斜塘等地写生,或者去帮助地方政府布置配合政治运动的展览会,这时版画就发挥作用了。每年全国人民响应学习雷锋精神,我们就刻版画配合宣传。记得有一年,我们刻了一张桌子大的雷锋像,穿着军装,背着冲锋枪。这个版画出来后,被报纸刊登,也被市委领导表扬。版画的战斗力发挥出来了,当时国画是无论如何做不到这一点的。

**马**　为什么后来没有沿着版画创作的道路一直走下去呢?

**杨**　版画是业余的,也没有专门的单位。我的专业是国画,一直到80年代,我都在文艺创作室工作,那是我们国画院的前身。我担任苏州版画研究会会长之后,就跟褚铭商量如何筹措经费,把苏州的版画创作活动发展起来。我们最初连木刻刀都没有,是文联副主席段中正先生,他给了我们一套木刻刀,我们轮流交换着使用。那时候,虽然改革开放的大门已经打开,我们也已经到日本参加过版画展览会,但大家思想还比较僵化,缩手缩脚的,不知道怎么办。我提议要开个画廊,"拿了工资还能去卖画啊?"大家心里没有底,因为那时出现过画家因为五块钱卖一张画而被检举狠批的事情。那时卖画是大逆不道!考虑再三,我们跟网师园管理方商量,在不影响园林风貌的前提下,借园子西边张大千住过的那个房子后面的一个小厅开家画廊。因为经常去画画,跟园林的人熟悉,倒没遇到什么困难,"你来挂么就挂了"。画廊开出来了,版画研究会的每个人拿两幅作品出来挂上。网师园是苏州最早对外国人开放的园林,每次导游带着游客游园,都走不到我们的画廊来。太偏僻了!几天都没有人来。我就跟带队翻译打招呼,请他能不能带外宾过来看一看,"我们有规定路线的,不经允许怎么可能带过来"。我借口要反应情况,要到了翻译的电话。星期天,我带着一把折扇,一面是我画的扇面,另一面是请费新我先生题的字,还买了半斤当时最吃香的上海大白兔奶糖,登门拜访。我对翻译很诚恳地说,我们的版画都是画苏州的小桥流水人家,能卖给外国人是替苏州文化做宣传,我们版画研究会也可以有些活动经费。好说歹说,他只是强调"这个事情我做不了主,我必须向领导反映"。带去的东西也推了半天才收下。第二天,他把东西全部交到了外事所领导处。

**马**　那个时代,人比较干净,不敢有私心。

**杨**　外事所召开党委紧急会议。我听到风声,吓死了。党委会最后的决定是,大白兔奶糖太贵,有"糖衣炮弹"之嫌,退回。扇子属日常生活用品,导游可以留着用。这一把扇子到现在多贵啊,哈哈。比较幸运的是,他们同意以版画研究会的名义在网师园内向外国朋友推荐版画。从此,导游可以名正言顺地带外籍游客转到版画廊来了。

**马**　版画廊虽然不大,又地处偏僻,但却是新中国第一家版画廊吧?

**杨**　是。版画廊卖掉的第一张画居然就是我的《月夜过盘门》,一百块钱,我很激动。

**马**　还记得画面吗?

**杨**　挺诗情画意的一张画。盘门的水池,旁边是房子,月亮正在升起,蓝色调的,典型的苏州风光、水乡人家,如果刻工农兵题材肯定是卖不掉的。第一张画卖掉之后,就一发不可收拾了。平均一张版画的售价大概在80到100元人民币,园林拿三分之一,作者拿三分之一,版画研究会拿三分之一。

**马** 游客多了之后,您爸爸到版画廊帮忙了?

**杨** 我们都不会英文,没有办法应付外国人。我爸爸说:"我反正现在退休了没有事,我来帮你们忙,这点英文我会讲的。"每当有外国团队来,他会用英文向他们讲解画面;有散客时,他就带他们玩园林,同时介绍我们的版画。版画廊的生意好起来,版画研究会有了一些活动经费,再加上"苏州版画展"多次去其他省市展出交流,在这个基础上,我们讨论决定举办"姑苏之秋版画展",邀请国内外优秀的版画家作品来苏州展出,请最著名的版画家来讲学。1982年第一届"姑苏之秋版画展"的主题是"中国版画家作品展览",我们邀请了许多知名版画家与苏州版画家联合展出新作,可以说盛况空前。

**马** 主要有哪些版画界名人出席了?

**杨** 中国版画家协会主席李桦,以及古元、彦涵等20多位著名的版画家都来了。"姑苏之秋版画展"在我手里连着举办了四年,从1982到1986年。第二年的主题是"全国水印版画展",第三年是"日本版画展",第四年是"中青年版画展"。1987年我出国去了,画展中断,非常可惜。

**马** 版画廊很快也关闭了,除了您出国之外,还有哪些具体问题?

**杨** 版画廊开了个好头之后,不少想不到的问题不断地冒出来。概括起来说,就是俗话所说的,可以共患难,却不可以同享受。版画廊每天都有版画卖出,总有你卖的多我卖的少的,有人一个月可以拿一千块稿费,有人只能得一两百块。大家都穷得很,见钱眼开,矛盾越来越大,整天是是非非的,非常烦人,还有人在背后写信告我。

**马** 写信告您什么?

**杨** 我也不清楚啊。我一天到晚忙得要死,一是要忙外头的联络工作,一是自己要创作,还不断有朋友找上门,为这事那事的。我不仅从事版画创作,还有中国画创作,因为我的工作是在国画院,当时还叫国画馆。国画院的人对我很有看法:"怎么不在画院里工作,去弄版画了?"而且他们也觉得我应该替他们去卖卖画。这样,我又在拙政园办了个画廊,主要经营国画。唉,国画廊里,我的作品又卖得好,其他人的画比较传统,外国人不太喜欢。所以,后来,他们每次只允许我挂一张,他们每人可以挂几张。我无所谓,画点画交给他们,也从不去过问细节。我怕矛盾,但是,矛盾是躲也躲不开的。

马　上世纪80年代初,您这样的做法的确招人注意。有人觉得您谋私利吗?

杨　我很拼命地做事情,很想把自己的事情做好,为什么?改革开放前,我一直是个被批判的角色,我是只专不红的典型,尤其黄永玉来苏州之后,批判我名利思想重,下放到"五七干校"劳动改造。到了80年代后,突然之间,我之前的坏事全部变成了好事,我的能量有了施展的空间。全国美协在苏州开会,华君武先生对我特别信任,会务工作全部交给我张罗。筹备一个全国性的会议多不容易啊,要照顾好吃住,还要设计有意思的活动。有一次吃过饭之后,我带全部画家去苏州第十中学校园观摩那块著名的假山石——瑞云峰,大家一起在假山前照相,很开心,又带大家去颜料厂、毛笔厂参观、作画,多高兴啊!画家们留下一张作品给我们,我们送点颜料、印泥、毛笔作为回礼,毛笔上都刻好画家的名字。

马　您刚才说有人写检举信告发你,是因为画廊经营,还是因为请客送礼?

杨　我根本不知道什么原因。画廊经营,我不管钱的,有专门的人管钱。当然,疏通各种关系时要用钱,请人吃个饭,买几盒录音带送人,都是很正常的事情,我也经常自己掏钱请人吃饭的。有人写信给了市委,举报我有经济问题。一天,两个年纪不小的干部到我家里来,"杨明义找你有点事"。我说什么事?"有人举报你经济有问题,但是我们全面调查过了,你一点问题都没有,继续大胆工作好了。"我经济

1982年苏州版画艺术研究会举办了首届"姑苏之秋版画展",邀请全国各地版画名家来苏州展览和进行学术研讨。图后排右6为杨明义。

上有什么问题?版画研究会的账目清清楚楚的,我一分钱也不经手。"是,我们已经全都弄清楚了,你绝对没事。"尽管如此,我还是气得要命,管理画廊要花很多时间,白天要去上班,画廊的事情只能忙里偷闲,晚上还要画画。当时家里住的地方不大,只有二十平方米的一间,天亮我儿子下床都没有办法走路的,全是画,他抬起腿,假装要踩我的画,"爸爸,爸爸",我赶紧哄他"噢,儿子,不要踩",几乎每天都这样不分白天黑夜地工作。当时,我已经开始尝试在宣纸上画水墨江南了。

# 新水墨画探索

- 一个"水"一个"墨"一个"乡"一个"梦",陈丹青说"比较适合你"。什么是艺术,很难讲清楚,但有一点是肯定的,一定要不断探索新的语言。

- 真正的江南就是这样的,比真的更美,更集中,更典型,更有概括性,也更能激发人的想象力,只有这样,才是真正的艺术。

- 我跟他(吴冠中)都是江南人,骨子里头是江南人的血,我们的画追求诗情意境,但是我跟他的风格完全不一样,我是块面的,追求大块的水墨效果。

- 陈逸飞当然是最好不提到我,提了总归有抢他风头之嫌的嘛,我很理解,也毫无怨言的。但采访我,谈到谁先发现周庄了,我就如实说,是我发现周庄,是我带陈逸飞去的。

## 师百家成一家

**马** 您业余时间从事的版画创作获得大家认可,苏州版画也令人瞩目,您又那么忙,为什么想尝试水墨画的创作?

**杨** 60年代末我开始画水墨画,因为我不甘心啊,我是学中国画的,我当然要画中国画。念书时主要学习传统的中国山水画,画山头、房子、树林、芦草这一类。但是,时代在变化,这些绘画语言不足于表现火热的现实生活,另外,许多人都在探索中国画的创新,黄永玉、吴冠中他们也都在探索。1973年,黄永玉来苏州时到我们家,我看他在宣纸上画水墨画。当时我住楼上,没有自来水,我弟弟从楼下端了两盆水上来,黄永玉用画笔沾水刷几下,不好,洗干净又刷几笔,还是不满意。我弟弟就不停地楼上楼下换水。画到深夜两点一张都没有画成。那时他刚开始探索中国画。"杨明义,我今天不画了。"因为第二天还要早起去画画,"我带走这卷好一点的,路上画好了再寄给你"。吴冠中是画油画出名的,他写信给我说也在画水墨了。大家都在探索,如何将中国画和西洋画结合起来,挺难的,不像一把钥匙开一把锁那么简单。我受到他们的启发,觉得要走自己的路。我从小生活在江南苏州,发自内心地喜欢小桥流水人家,有着得天独厚的条件,为什么不可以画水墨江南呢?有了这个想法,我就不断地尝试。当时,也正好在业余版画小组里刻木刻,就思考能不能将木刻的技法运用到水墨画中去。

**马** 水墨画中融入木刻的技法,当时还做不到吗?

**杨** 做不到。这样的想法当时是很奇特的,想都不会这样去想。就这样,我画出来的东西好多人都喜欢,也经常有发表的,我记得《羊城晚报》一位编辑特别喜欢,发表了不少我的水墨作品。不过,苏州本地圈子却不接受,认为这不是中国画,甚至有人在政协会议上提出,杨明义画的不是中国画,就应调离国画院。

马　为什么有人会认为您的水墨江南不再是中国画呢？

杨　因为不是那种传统中国画形式了。

马　两者区别在哪里？

杨　区别太大了。我将点线放进去，将块面放进去，将浓重的色彩放进去，将那种江南活生生的自然风光放进去了。有一次，我去乡下，看到大雾，眼前什么都看不到。一会儿，房子露出一个尖顶，突然旁边又跳出一个屋顶，我就把这样的动态过程画出来了。这样的画法从来没有，传统中国画最多表现一座山在雾里，变化没有这么多的。我想江南水乡的风物结构也可以用这种表现方式，船可以只画半只，前一半清晰可见，后一半在烟雨云雾中，虚了。这样的感觉给我打开了一个新的境界。我们做水印木刻时往纸上喷水，我画画也往纸上喷水。喷湿后，开始作画，但画出来什么样子自己没有数的，要根据水墨晕染的走势去画，意在笔先，因势利导，可能画成一个山头，一座房子，一片竹子，直至一个新的意境出现。我找到了自己的绘画语言和绘画题材，我是第一个追求用水印木刻的拓印效果去画江南，第一个成功地在宣纸上用水墨画江南的。我就是跟着这种感觉走，将生活的感受自然地表现出来。现实的、自然的生活很重要，我会专门去看月光下小街小巷的样子，秋天墙壁上枯藤破砖的样子，冬天的枝干线条和块面的房子的结构对比是什么样子。遇上下雪天就更不用说，我会冲到山塘街、平江路去看雪景。为了画水乡真的花了不少工夫，虽然画得还没有想象中的好，但是只要努力总归会有收获的，我又不是太笨的人。这样子就慢慢慢慢地画出属于自己的水墨水乡来了。陈丹青有一篇文章《水墨水乡》就提到跟水相关的两个字，一个是"水墨"，一个是"水乡"。江南的建筑很单纯，就是黑和白，墨也是黑和白，就是用黑、白、灰之间的变化来表现江南的建筑。资深电视人刘郎认为我是用墨在做梦，所以他拍我的电视片称为《水乡墨梦》。"水墨水乡"、"水乡墨梦"都是别人提出来的，感觉蛮恰到好处的，一个"水"一个"墨"一个"乡"一个"梦"，陈丹青说"比较适合你"，有点意思吧！

马　一种新的绘画语言诞生了，您绘画创作的题材和风格也提炼出来了。

杨　语言对于绘画的重要性，就像独特的语言对昆曲的重要性一样。改革开放之前，昆曲不行了，《十五贯》适合当时的政治运动的需要，重排了，周恩来说"一个《十五贯》救了一个昆曲"。后来昆曲又要死了，没有人爱听，年轻人更是逃得远远的，怎么办呢？白先勇很有想法地排练出了《青春版·牡丹亭》，这就跟上时代了。

1974年杨明义在"五七干校"某个休息日清晨所作的水墨写生《雾中水田》。

1978年,杨明义创作中国画《水乡节日》,在写生过程中发现了保存完好的周庄水乡古镇。

杨明义访谈录

专访

水墨《云中大壑》,创作于 1976 年。

70年代末,杨明义开始探索用新风格水墨画表现江南,这是当年他创作的作品。

艺术一定要不断地向前走。所以,什么是艺术,很难讲清楚,但有一点是肯定的,一定要不断探索新的形式和语言。当代艺术如此受大家追捧,为什么?看不懂啊。毕加索的作品到现在大众都看不懂,他的艺术感觉走得太前了,可能我们五十年以后,一百年以后才能全面理解毕加索。艺术还要从生活中来,真实的感受加上熟练的技巧和浓厚的生活基础三者结合起来,才能产生新的艺术,新的变化。如果我是吴㲀木的好学生,张辛稼的好学生,完全跟老师画的一样,甚至超过他们,比他们画得还好,那又怎么样呢?吴㲀木当年说:"我什么都能画,只要你点出来,像唱戏一样,只要你点得出,我就能唱出来。"他是都能画,但是最终没有形成自己的风格。

**马** 都能画,点谁的画就能画出谁的风格吗?您是说模仿难以成就自己的风格?

**杨** 吴㲀木也不是在模仿,他本事太大了。但是,他们的作品缺乏对现实生活的感悟,对历史文化的感悟,尤其没有将自己对生活的追求表现在画中。人总是有局限的,有的画家生活在苏州本地的时间长了,没有能行万里路读万卷书。我现在每年都会去全世界游历,参观博物馆,看展览。

**马** 当年您也没有现在这样的条件吧?您如何去接触外部世界更多的信息?

**杨** 没有现在这样的条件,但我已经设法去寻找了,外国画册、印刷品看过许多,有些外国朋友将资料寄给我。林风眠的绘画作品,我收集了很多。林风眠是法国留学回来的,他将法国学到的东西和中国民间传统的东西结合起来形成了自己的风格,这对我启发很大。他画江南的风景,有自己的意境和情调,但是一般人都看不懂他的画,只知道一笔一画的好,不知道整体,更不懂得他对艺术的追求,对灵魂的追求,那就很吃亏了,很用功地学了好久,最后不能形成自己的风格。我觉得我有自己的基础,有对苏州水乡的感情,对苏州风景园林的感情,我就想去表现,让全世界的人都知道我家乡的美。我到美国去,可以画点美国风景、静物以及人,但我开头坚决不去画,我不让自己忘记该追求、该表现的东西,家乡的水乡风景是我创作的主题,从来没有放弃过。虽然现在江南都是高楼大厦了,这是经济发展和老百姓追求物质生活的必然趋势,我能做的就是让江南在艺术作品中得到永生,让下一代人能知道我们曾经有过怎样的江南,就像《清明上河图》那样,大家一看,噢,北宋时期汴梁是这样的繁华,桥是怎么样的,人是怎么样的,街市上的商店是怎样的。

**马** 您认为纪录也是艺术作品的功能之一?

**杨** 当然。汴梁现在没有了,只有挖土挖出来的地基,有什么办法呢?真正的江南在我们心里,但人不能永生,人的记忆留不下来,这时候艺术作品就能帮助后人了解和想象过往。苏州跟威尼斯是友好城市,有一次博物馆举办威尼斯展览,展出了一个意大利摄影家拍摄的老苏州,50年代初的苏州。在放大的照片上,可以看到横塘的亭子桥、大运河、水上人家,充满了生活的气息,我很感动。现在这一切都没有了,很可惜!我们只能在拍卖行里看美国人、日本人拿出来的老照片里当年的虎丘山、瑞光塔、万年桥、文庙是什么样子。我不计成本地收集这方面的资料,一个是我心目中最重要的苏州印象不是现在的,而是上世纪五六十年代的。现在的苏州当然也可以画,一些水乡保留下来了,比如周庄的面貌总算没有完全破坏掉,但整个气息不对了,河里都是游船,人来人往,很喧闹,不是我第一次到周庄去的样子了。1978年,我第一次去周庄,河里没有什么船,偶尔一两条外面进来的小船,装满了从城里买来的东西。这种印象深刻地留在我的脑海中,是一个时代的痕迹,一个时代的记忆,是我梦中的江南,真正的江南,我觉得现在的江南已经走味了。我就画我最熟悉、感受最深的江南。

**马** 陆文夫在您的《近日楼散记》题序中用了"师百家成一家"的说法,那么,除了黄永玉、林风眠先生对您的影响外,在您的江南水墨探索中还受到其他人的影响吗?

**杨** 上海的大画家唐云,画花鸟为主,山水画得也很好。我19岁的时候第一次到唐云家去,因为我小舅舅跟唐云的大女儿是同事,困难时期,她问我舅舅借过五块钱,由此两人关系就近了。唐云女儿听说我在学中国画,就让小舅舅带我去上海见她爸爸,让唐云指点指点。我小舅舅写明信片寄给我,我还记得,背面是一张俄罗斯油画,正面一半写着地址,一半写着:几月几号到上海什么地方,唐云老师在等你。我收到这张明信片,太激动了。在约定的那天,我带了一卷画去拜访唐云。唐云坐在藤椅上,肚子还蛮大的。他说:"你是谁啊?我今天在等一个苏州来的小朋友。"我说就是我。唐云就很热情地给我让座。当时他住在沿街的一幢小洋楼里,我把带去的画一张张打开,有临摹的,有自己瞎画的。唐云手里摇着扇子,端着茶壶,笑呵呵地说,"你的画倒是有自己的风格,就照这样子画下去很好"。

**马** 那时您应该刚刚从工艺美专毕业吧?已经开始有自己中国画的风格了?

**杨** 毕业后到了工艺美术研究所工作,在水印木刻组里。他说我有自己的风格。

**马** 您意识到有自己的风格吗?

**杨** 一点不懂，真的不懂。唐云家里挂了不少名画，郑板桥的、金冬心的、罗两峰的，都挂在那里。他说，"你看，罗两峰有他自己的风格，郑板桥的一看就是郑板桥的。画画就是要有风格"，并且当场拿了一张裁好的纸，"给你画一张看看"。一笔，竹子的竹竿就画成了，又一笔，兰花的形状就生动地跃然纸上。一幅《兰竹图》画好后，唐云再题字"明义小同志嘱画，一九六三年夏杭州唐云"，盖了个章送给我。那是我第一次见名家，又得了他的示范作品，激动得不得了，"就照这样子画下去很好"的嘱咐我一直记在心里。

**马** 唐云先生跟您强调艺术创作一定要有自己的风格，您如何理解？

**杨** 他就这样说的。1993年，整整30年之后，我儿子从美国回来，那年他也是19岁，我们父子俩一起去上海看望唐云。老人家很高兴地跟我们聊天，拿他收藏的作品出来欣赏，还打趣地问我儿子"看看这个美国卖多少钱"。我儿子喜欢去拍卖行转悠，懂点行情的，他告诉唐云应该有几十万了。我们一起吃饭，喝了我们带去的有50年的法国葡萄酒，席间充满欢声笑语。饭后，唐云给我儿子书写了"欢天喜地"四个字，我儿子名叫"杨焕"，"焕"的谐音是"欢"，欢天喜地，多有意思，多珍贵！

**马** 1966年您创作的《月夜》，通常被认为是您水墨江南风格的开篇之作，您认同这样的说法吗？您是不是比较有意识地去进行探索了？

**杨** 《月夜》的创作比较有意思的。在我们马医科的家里，当时弟弟妹妹还没有下乡，他们和爸爸妈妈住在一起，我因为要画画单独住一间。"文化大革命"第二年，苏州的武斗很激烈，那天，半夜枪声又响了，我被惊醒，睁开眼睛一看，哎哟，月亮透过窗户照到房间里，漂亮极了！我一下子就获得了创作的灵感。急忙起床，摊开纸张，倒点墨就开始画，画月光照进来。画完倒头又睡觉了。第二天，爸爸问我："你昨天半夜里在做什么啊，叮零哐啷的。"我说我在画画。"唉，你不开灯怎么画画？"这时候我才意识到，昨天晚上我没有开灯就画画了。当晚，我又试了一次，当月亮升起来洒满房间，我开灯，再看，那种明暗对比全都没有了。月光照耀下房间里的黑白，是没有办法表现的，只能用水墨。这张画是画在铅画纸上的，多少时间过去了，现在已经褪色变黄了。从此之后，对水墨画越来越感兴趣，我喜欢用水墨去画荷花、画房子、画小桥，画了许多。

**马** 您是在创作了《月夜》之后才开始画水墨画的？

**杨** 不是的，我早就画水墨了，我记得还用水墨的笔法临摹过许多外国人的插图，

创作于 1966 年 7 月 8 号深夜"文革"枪炮声中的《月光》,在之后的流传中被称为《月夜》,是杨明义早期无意识探索水墨画的代表之作。

《月夜》之后，觉得这条路走下去挺有意思的，不是纯传统的中国画法，有自己的特色吧。

**马**　看您的照片，发现您胸前挂着相机的概率挺高，您特别喜欢拍照片吗？

**杨**　拍照片是搜集资料，有时候来不及画速写就只好拍照。我很早就开始拍照了。"文化大革命"中间借过一个莱卡相机，拍了很多照片，后来我自己买了一个比较差的小相机拍照。那个时候都是胶卷相机。胶卷太贵了，21锭的买不起，就买8锭、6锭的，黑白的，便宜一些，质量差的胶卷冲出来缺乏层次感的。

**马**　照片都是您自己冲印的？

**杨**　都是自己冲印的，去照相馆太贵了，哪里印得起？我先去借红卫丝织厂的暗房，后来自己弄个暗房，买点药水就可以冲印了，有的时候一印就是一天一夜，一直处在红灯下面眼睛都吃不消了。我不仅印自己的照片，我们画院的照片也全是我印的。我曾经有过一大塑料袋已经冲出来的胶卷，全是我拍的。1978年陈逸飞到美国，替一本美国杂志画中国风景的插图。他问我："除了画颐和园、长城、八达岭、天坛，还可以画些什么？"我马上回信给他，让他画水乡，还对他说"东方威尼斯外国人一定喜欢的"。陈逸飞就问我要水乡资料，我把拍的周庄照片，还有其他江南水乡的照片，用一个小盒子装了航空寄到美国给他。你知道当时特快寄东西到美国是非常贵的！陈逸飞后来画周庄一举成名。有一次在美国陈逸飞家里，我问他当初寄给他的那些水乡照片还在不在，我想去复印。陈逸飞说都在的，在他工作室里儿子临时住的床下。他自己进去拿。不到一两分钟，父子两个人打起来了，"你个小赤佬！"陈逸飞开始骂儿子，他弟弟陈逸鸣进去劝解。"这个小赤佬，这些东西全部被他扔掉了。"他儿子从英国留学刚刚回来，工作间暂时归他使用，他又不知道床底下一个盒子装的是什么，当垃圾了。美国人最喜欢扔东西，从楼道垃圾箱内"哗啦"往下一倒，就都焚烧了。陈逸飞暴跳如雷，"多少东西都给他丢掉了，都在盒子里"，陈逸飞的离婚书都在里面，全部都没了。我心想完了，我第一次拍的周庄都没了。后来，我苏州家里搬家时发现有一沓照片，居然没有发霉，从中还找到了那时拍周庄的胶卷，总算保留了一点，本来还要多的。

## 独特的绘画语言：水墨江南

**马** 您拍这么多的江南水乡照片，各种各样的风物，您觉得摄影和您的江南水墨创作之间有什么样的关系？

**杨** 摄影是形似，画画是神似。对着照片依样画葫芦不可能画出打动人的作品，画画要画出它的灵魂，就要有画家的灵魂在里面。对我来说，所谓的灵魂就是对江南的理解，对江南美的意境的追求，这很重要的，所以，不管是对着我拍的照片，还是别人拍的照片，都必须经过处理，有些地方要加强，有些要弱化。照片起到的只是保留大致形态结构和气氛的作用。照片也是作画的参考，可以画得抽象一点，但不可能画得太离谱，要在写实的基础上去想象，去变化。

**马** 从这个意义上来说，照相是帮助画家积累素材，提供再创造的物料。

**杨** 对，所以我不担心我这个作品是参考照片来画的，我可以把画和照片放在一起比较，看两者的区别。中国画的好处是，我可以根据自己的想象去创造独特的意境。我画的江南水墨作品，老实讲，在现实生活中不可能找到一模一样的。

**马** 都是似曾相识，却又跟自己看到的不完全一样。

**杨** 真正的江南就是这样的，比真的更美，更集中，更典型，更有概括性，也更能激发人的想象力，只有这样，才是真正的艺术。大家喜欢我的画也与此相关，他们一看我的画就是"我小时候江南就是这个样子的"，"你的画勾起了我对江南的回忆"，这就是艺术。

**马** 您的江南水墨被认为是"我记忆中的江南就应该是这样子的"，那么在您的创作和想象中，您采用了哪些典型的符号或者元素来表达您心目中的江南？

**杨** 江南的符号很简单，一个是水，一个是江南的滋润。水乡，水乡就是水，水的乡，不管是城市还是农村都在水的包围之中，是"东方威尼斯"。古镇甪直有七十

枫桥因唐代张继"月落乌啼霜满天,江枫渔火对愁眠。姑苏城外寒山寺,夜半钟声到客船"而闻名。上图为无名氏摄于20世纪50年代的枫桥,下图为杨明义创作的水墨画《枫桥夜泊》。

几座桥,周庄的桥少一些,也有二三十座。为什么有桥?因为有水。桥那么多,造型重复了又不好看,所以千方百计要与众不同,有拱桥,就有平桥,有圆洞桥,就有方洞桥,再加上造桥工匠的智慧和对美的追求,江南水乡的桥就千变万化、千姿百态了。劳动人民给我们创造了这么多美的东西,我作为画家就占了个大便宜。当然,江南的桥也不是每一座都好看的,就等于出土文物也不是每个都有价值的。有雕得艺术性很高、好极了的,也有一般般的;有工匠雕的,也有艺术家雕的;即使是工匠,也有艺术感觉好和不好的差别,不可一刀切。我觉得毛主席讲得对的,就是要将生活中最典型的东西表现出来。江南最典型的元素是什么?一个水一个建筑一个桥,还有一个是江南的天气变化,这是最重要的。大晴天、下雨天、刮风天,风物全部不一样;起雾时,春天的雾、秋天的雾、冬天的雾,风物差异也很大。日常生活中,从家里的窗口看园区的金鸡湖,每天的变化都不一样,有太阳时的变化,阴天时的变化,大雾的时候什么都没有,白茫茫的一片,一会儿天好了,高楼、桥梁、湖面、化阜一点一点慢慢地露出来。这种变化能体现在画面中,那才能真正生动起来,才能让看画的人感到亲切,产生情感上的共鸣。

**马** 您在版画创作中还会将江南的人物作为主体加以表现,在水墨画中人物都是缩小版的,只是点缀,有什么特别的考虑吗?

**杨** 江南,在我的印象中人物不应该是最典型的,风景是最典型的。画花鸟更不行,江南花鸟和东北花鸟有什么区别?只有江南的风景是最典型的,最能打动人的。多少古诗词里面都描写江南,描写江南的风景。所以我到美国去之后,这里有人学我的风格,学的比我还水乡了,宣传得厉害,那我怎么办呢?我痛苦得不得了。想去画人物吧,从头开始,人物要画出风格多难!江南风景以前是空白的,我用心去画,创造出一套特别的画江南的办法。

**马** 画家用心作画,有自己独特的风格,画出来的东西才能真正地感动人。

**杨** 一张画如果愿意挂在家里,忙碌了一天,回来看一看,感受一下,这就是好画。不少人都觉得,在眼下喧闹的城市生活中,挂上一幅江南水墨画,看看小桥流水倒影,看看天蒙蒙亮时的日光,或者是晚上月光朗照的样子,心就会安静,人也舒服起来,这就是艺术的魅力!不管你是什么人,只要你对江南有所了解,有所向往,就一定会打动你,我的画有那么多人喜欢,就是沾了这个光。那年,我在美国,有两个日本女孩子来买我的画,她说:"我到过周庄,我父亲带我去的。"她喜欢我画的水乡,一定要买我的画,但留学生打打工的,哪里有钱?画廊老板给我来电话,我赶过去,一是她们要见见我,一是问我同不同意分四期付款。我心里想她们那么喜欢我的画,送给她们都同意,不要说分期付款了。

**马** 分期付款买你的画?大概是真心喜欢了。

**杨** 对,第一期付400美金,一共2000美金。真心喜欢。我还跟她们一起拍照、聊天,挺高兴。所以江南水乡是个滋润的地方,养人的地方,智慧的地方,有文化内涵的地方,我沾了这个光,就有责任好好地表现它。

**马** 除了刚才您说的那些重要元素之外,您还画了许多船……

**杨** 船,当然更不要说了,有水就有桥有船。60年代时,我去东山席家花园的太湖畔画速写,太湖湖面上的大船都停在远处的水深处,贴岸停的都是小船,一层层停开去,很壮观。我最喜欢在小船船坞里钻来钻去,欣赏渔家在船头船尾种的小花小草,看他们撒网收网,做饭炒菜,当时画了好多东西,一直到现在都喜欢画。脑海里的渔船多了,随便画画就出来了。

**马** 您画船,同时您的船上还经常出现渔网、鸬鹚这些江南元素。有些元素,比如鸬鹚,我小时候见得多一些,现在已经看不到了,而您还在画它们。

**杨** 现在还有的,周庄、同里都有,个子很高大,有桌子这么高。渔夫用绳子往它脖子里一扎,让它叼到的大鱼不能咽下去。鸬鹚抓鱼太厉害了,当年买只鸬鹚很贵,一千块钱。为什么画鸬鹚?这也是一个典型的江南元素。看到鸬鹚,就知道是水乡渔民的生活,另外也是画面构图的需要,它的黑点,在淡淡的水乡画中很好看。江南水乡的元素还有许多,春夏秋冬都有,但绘画总是要比真实的更简练更概括,我画东山只画一排房子,后面几座山,几棵树,不会照搬实际的东山风景。

**马** 艺术创作从生活中来,但又高于生活,是生活的艺术化表达。

**杨** 对,源于生活,高于生活,绘画比真实更具典型性,也更富代表性。

**马** 您的创作中很多典型的江南元素都来自自然,您写生、拍照就是跟自然进行对话交流,那您怎么看待这个对话对象的?

**杨** 自然就是很鲜活的东西,但凡我出门去,见到鲜活的东西总是会很激动,本来这次回苏州准备起早去拙政园看荷花的,很遗憾没有抽出时间。艺术创作需要不断地有鲜活的东西,如果没有,也可以画,但没什么感觉。自然也很神秘。我们到美国大森林里去,花两天时间在密密麻麻的原始森林里穿来穿去。有一次,我太太穿了黑衣服,她往深处走过去时就像幽灵一样的,我抓拍到了,照片太动人了。我觉得原始森林的气氛和背景下,应该有这样幽灵似的人。所以说,懂得艺术一

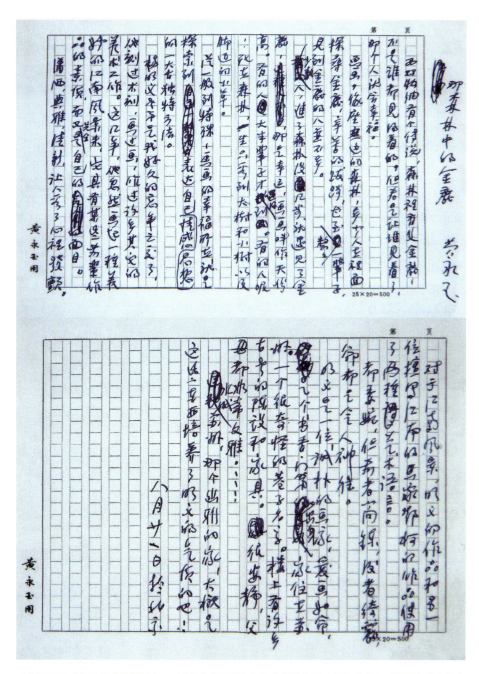

黄永玉是杨明义最尊敬的师长之一，两人有着深厚的友谊和艺术交往。图为黄永玉对杨明义艺术探索的肯定和赞美："这几年，他忽然画起一种美妙的江南风景来，它具有某些苏辈作品的素质，而又完全是自己的面目。潇洒、典雅、清新，让人看了心里发颤。"

辈子都是很幸福的,随时随地都会被美刺激,看到新荷会激动半天,看到一个漂亮女孩子就更不要说了,想看看正面长什么样,侧面长什么样,真是一种艺术享受,也激活你的灵感细胞。如果难看的我最好不看,不要留下不好的印象,影响我的创作,哈哈。

**马** 黄永玉先生在《那森林中的金鹿》一文中提到去西双版纳采风遇到金鹿的故事,这是传说还是真实的事件?您跟他们一起去采风的吗?

**杨** 没有一起去,当年我哪有这个资格。只不过是比喻而已,也不是说真的遇见了金鹿,而是说绘画就像进了一片大森林,如果发现金鹿,那你就幸运了,就有天赋了。有些人,一辈子在森林里看到的只是小草小树,最终死在森林中也没有得到什么。

**马** 用"金鹿"来比喻绘画风格,不太容易让人理解,我以为真有其事呢。

**杨** 那时候(1984年)上海电影厂的《美丽的西双版纳》正在上影,我收藏了当年的电影海报,后来送给黄永玉签名,他就借用了"金鹿"指我一下子就找到了自己的绘画语言和风格,蛮有意思的。我的《江南百桥图》出版时,他写道"看明义的画,上了桥忘了下来"。多好的评语!看一遍不够,再看一遍,竟然"忘了下来"。黄永玉老师这个人太聪明了!艺术真是好玩的东西,文学也好玩。

## 画品即人品

**马** 除了唐云、黄永玉、林风眠之外,还有哪些当代的艺术家对您的创作产生过影响?

**杨** 我的一生蛮幸运的,改革开放之前经历了不少政治运动,但我一直都没有放弃自己的专业,不管政治运动来了也好,生活艰苦也罢,也不管到美国遇到多少困难,我有一个基本的信念,那就是,我是一个画家,我是画画的,我一辈子就要把这件事情做好,把美好的东西记录下来。我觉得一个画家要成功很不容易,用功画画是第一,但仅此还不够,还要人品好。人品好画品也好。一个人品很不好的人,我觉得他画出来的画也是投机取巧的,油腔滑调的,浅薄至极的,不会有深刻的意义在其中。我一生中最幸运的就是碰到两个人品好、画品好的老师,一个黄永玉,一个吴冠中,他们对我一生起的作用太大了;还遇到一些好朋友,比如陈逸飞、陈丹青。陈逸飞对事业坚贞不拔的毅力对我启发太大了,他的大气,不是我们苏州画家可比的。我觉得跟这些大家在一起,胸襟也开了,眼光也看得远了,不再为眼前一点点小利益去纠结,而可以将自己的目标放得很远。放得远了就明白得失的关系,有失才有得,对吧?陈丹青更不要说了,他的智慧,他的独特见解,他分析社会问题的理性精神,不是一般人做得到的。所以一个人的一生很不容易,要有好的朋友、好的老师指导,要有自己坚韧不拔的毅力,我就是在与他们的接触过程中慢慢受到启发,得到鼓励和帮助的。

**马** 您与吴冠中的交往很早就开始了吗?您一直尊称吴冠中为"老师",你们是如何结缘的?

**杨** 吴冠中是我喜欢和崇拜的人。他是宜兴人,也是江南人,我们血管里流着相同的江南人的血,他在 2008 年最后一次到我家里来,给我本子上留了三个字:江南人。我很感动,我们都是江南人,都在北京,都代表了江南人到北京乃至到国际上做一番事业。当然,我不敢跟吴冠中老师相提并论,但他的这种精神是我需要永远学习的。我记得最早接触吴冠中的作品是20世纪50年代,一本名叫《文艺》的杂志上面刊登了一幅他创作的下雪天的北京胡同,哎哟,我觉得那么简练的几笔就把北京的气味合着江南的诗情意境表现出来了,特别亲切。当时我年纪还小,不知道吴冠中是什么人,但是我很喜欢。那时候条件不好,知道了画家的名字也找不到他们的作品,不像现在打开电脑,需要的东西就可以查出来。我的习惯是去旧书店的报纸堆中找,成了苏州东中市的几个杂货店、废品收购站的常客。杂货店往往是将廉价收购来的旧杂志折成纸袋卖给人家装东西,那些杂志的封面封底一般都印着绘画作品,我就从中找有名家作品的买回家,一分钱一张,花一毛钱可以买十张,一块钱可以买一百张了,很便宜。我收集了许多名家的作品,林风眠、黄永玉、吴冠中的都有。

**马** 通过这种方式,您收集名家名作,用来欣赏和研读?

**杨** 我最初就是通过这种方式学习绘画的。现在的青年学生多幸福,名家名作很容易就能看到,打开电脑可以一幅一幅作品仔细分析,哪个我比较喜欢,哪个我可以吸收,哪个画画构图可以参考,太方便了!我去看电影,看到好的构图就会记在脑子里,回来立即一张张画出来。这个画面是如何结构的?头在前面,还是在后面?前面虚的后面是实的,还是前面是实的后面是虚的?如何处理虚实关系、线条和块面的关系、点线面的关系、轻重缓急的关系?就是这么学习的。那时我们老师教得很传统,跟现实生活的距离比较远,所以课外的自学非常重要,我所喜欢的几个画家,黄永玉、吴冠中、林风眠等都是从撕下来的杂志封面封底上看他们的画开始的,当时真的是如饥似渴,一张画有时候会研究半天。1973年,"文化大革命"期间,吴冠中他们来苏州了,我太兴奋了,睡不着觉,像做梦一样的,我真的可以每天跟他们在一起,听他们讲话吗?当时我30岁,他们已经近50岁了,背着很重的大画箱到处跑。他们在苏州的十几天里,我陪着去园林写生,去光福司徒庙画"清奇古怪",去山顶画俯视的光福镇,在那样的政治环境下,很多事情不敢问也不敢讲,所以更多交流的是画画的事情。我从中学到太多东西了。

**马** 当时吴冠中还在画油画吧?那他什么时候开始水墨画创作的?

**杨** 他1973年回去之后,一两年之内吧,他写信给我,"我在开始画水墨画了……"这封信我可能还找得到。他说:"我在画水墨,但是我不知道怎么托裱。"他身边接触的都是画油画的,油画不需要托裱,拿出去请人托裱又没有钱,"杨明义你是画中国画的,能不能教教我?"我收到信后就给吴冠中寄了一把刷裱的刷子,在信里详细地教他如何操作。吴冠中收信后很快就回信:"杨明义,我那个托裱画学会了,我能在家里自己托裱小画了。"这封信里附了一张水墨画新作《野花》送给我:一块石头横在前方,石头后有不少野花野草,春意盎然,还有题字"送明义"。

**马** 吴冠中开始水墨创作跟他1973年下江南有关系吗?

**杨** 他在杭州艺专就学过中国画,跟潘天寿也学过,临摹过好多人的画。后来,他觉得要中西结合,他打比方说,东方和西方等于爬山,你从两边爬,一边东方,一边西方,到时候你就到一个山顶上,就可以爬得很高。他的水墨画是用西方的方法,但线条、意境是东方的,那是吴冠中的水墨画境,任何人都代替不了,这就很厉害了。他又吸收了不少现代的元素去画中国画,形成了自己独特的风格——"吴家作坊"。

**马** 既然您对吴冠中先生崇敬有加,高考制度恢复后有没有想过成为他的弟子?

**杨** 吴老师在中央工艺美院教书,他和袁运甫老师当时把讲义都寄给了我,还写上"请明义同志指正"几个字。我到现在都保存着这些讲义。讲义对考试很有帮助,他们都希望我去报考。中央美院的李桦,版画系的系主任,中国最德高望重的版画家,他写了一封信叫我去考。浙江美院的赵宗藻也写信给我,让我去报考。结果三个地方我都没有去,蛮遗憾的。我本来想考中央工艺美院的,这个地方思路比较开阔,可是,复习备考期间,我前妻的母亲因癌症住院,没有几天可以活了,需要整天陪在身边。后来我得到机会,去中央美院版画系进修,学习了半年。

**马** 吴冠中先生从事水墨创作后,对您产生过什么具体影响吗?

**杨** 当然有影响。吴冠中典雅、秀气的江南韵味对我启发很大,但我坚决不能像他。我跟他都是江南人,骨子里头有江南人的血,我们的画追求诗情意境,但是我跟他的风格完全不一样,我是块面的,大块的水墨效果,我重中国画。我以前临过许多中国画,我临的中国画可能比吴冠中老师还要多,有比较深一点的认识,这是一方面。另一方面,我又不拘泥于传统,敢于抛开传统的束缚和禁锢。传统是个坑,如果你掉下去之后爬不出来了,那就一点意思也没有了。我觉得苏州好多画家,他们的传统技法都很扎实,但是缺少自己的风格,没有自己的意境,不够强大,往往很容易给别人俘虏和同化。那有什么意思呢?艺术创作就是要表现一个人的故事,一个人对社会的看法,一个人对美的追求,这些东西如果能在作品中表现出来,你肯定就有独特的东西,你的作品才有存在的价值。我觉得我的作品,受到吴冠中等老画家影响的,倒不是他们的技法,而是他们的思想高度、美学趣味以及生活态度,这个太重要了。作为一个江南人,我为什么画江南的建筑?我觉得江南杰出的建筑,古人也好,当代人也好,都没有去好好表现过。20世纪60年代,我第一次登上苏州的北寺塔,70年代又登了一次,2000年上去过两次,站在塔顶一眼望过去,哎哟,迷迷蒙蒙一片都是旧式民居,白墙黑瓦,大块大块的黑,大块大块的白,壮观得不得了。我现在画大场面的气氛,就是当时从北寺塔顶上看下去的印象,但是,这个场景古往今来有谁画过?

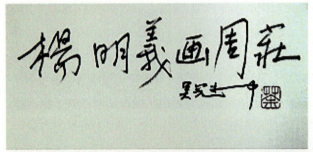

上图为吴冠中为杨明义画册《杨明义画周庄》题字。下图为吴冠中1983年寄赠杨明义的水墨画《野花》。

杨明义 1985 年陪同吴冠中夫妇前往周庄途中，摄于船上。

摄于上世纪 70 年代的照片，登高远眺苏州古城的建筑群，白墙黑瓦，颇为壮观。

**马**　2000 年之后，城市改造，房地产业兴起，古城苏州也已经面目全非了。

**杨**　现在看过去都是房地产老板改造过的新城了，我拍的照片里那些房子格局都像是用尺划出来的，整整齐齐，过去那种歪歪扭扭很好看的线条布局已经没有了。北寺塔前面的一个楼盘整齐得就像是搭的积木一样，虽然也是白墙黑瓦，也是苏州风格，但是意境完全不一样了。我经常说，我们没有办法改变世界，我们只能在创作的作品中保留对世界的看法，什么是最美的东西，什么是人文的东西，什么是祖宗留下来的好东西，这是我们的权利，也是我们的义务。如果，我能把自己的审美倾向和对美的追求在绘画作品中保留下来，那一辈子就没有白活了。白墙黑瓦、小桥流水是我一辈子都忘不了，一辈子都在追求的意境。现在到处都是高楼大厦的现代化建筑，满大街都是汽车，一个停车场望下去有成百上千的车辆停在那里，人和人的拥挤啊，这个怎么画，我是没有办法画的。

**马** 现代大都市和江南水乡是两个完全不同的世界，您如何做到生活在大都市，又创造着江南水乡呢？

**杨** 追求便利、舒适的生活是人的本能，我们不可能要求自己或他人都过那种古人式的简朴的生活，保留以前那些乡土的东西。苏州与上海之间，本来是一片片农田或湖泊沼泽，现在逐渐都是高楼大厦，慢慢地两座城市就连接起来了。日本也一样，从东京到大阪沿途全部盖满了房子，没有空地。我最近看美国伯克利大学教授高居翰写的一本书，他发现了明代人画的一个园林——止园，画得非常详细，他也找到了止园的所在地，准备根据明代这套绘画恢复止园，但是，后来通过航拍，发现那里已经变成一个大型购物中心了，他很痛心。人对物质的贪恋，对生活的追求是无止境的。

**马** 除了吴冠中之外，像李可染那种创作……

**杨** 李可染是我从小就崇拜的。我从工艺美专毕业那年，听我们学校的杨公毅老师说李可染到苏州来写生，住在他家里。李可染不停地到全国各地写生，誓为祖国山河立传，可那时的画家都很穷，怎么办呢？他就找杂志社认识的编辑，先预支一点稿费，然后带着一百块钱，穿个布鞋子，夹个画夹就出门了。这么一点钱怎么够花？所以，每到一个地方，就得想法找一个认识的人，住在人家家里，李可染到苏州来就借住在我们杨老师家。杨公毅花鸟画画得相当好，留学日本，他们可能通过朋友认识的。李可染在苏州画了不少风景，包括东山的千年银杏、光福的"清奇古怪"、一望无际的太湖——在虎丘山的冷香阁上望过去，层层叠叠的老房子，一条小河通向远处的太湖，相当有意境。后来，这些作品都发表了，我剪报贴了起来。

**马** 您当时还不认识李可染？

**杨** 当然不认识。那时，我还在水印木刻组工作，偶然听杨公毅说的。李可染写生结束后，在苏州文联进行了展出。展出的画都没有托裱，拉根线，一张一张挂上去的。苏州的画家们都去看了，一看怎么画得黑乎乎的，没有传统中国画的形式啊。没一个人喜欢的。其实，李可染的传统中国画的功底很好，又有扎实的写实功夫，笔墨非常好，苏州画家比较保守，看不懂李可染的创新，因此，这个画展得到的批评比表扬多得多了。李可染在杨公毅家住了十几天，临走画了张画给他留作纪念。杨公毅因为不喜欢李可染的画，推辞说"不必了，不必了"。李可染画了两头牛，两个小孩子，还有一棵黑乎乎的树，树上还挂了一个草帽，坚持送给杨公毅。杨公毅当年还拿出这张画给我们看，上面已经都有斑斑点点的水迹了，可见他多么不重视。我们水印木刻的老师沈彬如说"我来临一张"，我也想临摹的，但沈老师拿走了，我就没敢吭声。我很崇拜李可染，后来他出了一本写生集，我很认真地一张张临摹了。当然，我不是用毛笔临的，而是拿钢笔勾下来的，一张一张，订了一大本，我特别喜欢他的画。1974年，我利用去北京参观画展的机会去看望了苏州同乡、著名人物画家卢沉和夫人周思聪。当听说我非常崇拜李可染后，周思聪就说："你要不要去拜访李可染？我带你去。"那是一个寒冷的冬天，我穿了两件棉衣，周思聪戴了口罩，我们转了三辆公共汽车，到城西三里河李可染的住处，蹬蹬蹬爬上七楼，见到李可染，我心情激动得不得了，恨不得跪下来了。李可染的儿子叫李小可，生了一个女儿，三四岁的模样，李小可问周思聪"能不能给我女儿画张像"。周思聪肖像画画得太好了，李小可就带她去了另一间房。我就跟李可染先生聊天，灯光蛮暗的，李可染先生当时心情似乎并不愉快。他跟我讲："我想早点退休，到苏州弄个房子住住，度晚年。苏州多好啊！"他还说："我爬到虎丘冷香阁上面，望下去，一条河直通太湖。"李可染是中国山水画唯一的现代大师，我许多张画追求的意境都受到他的影响。我们聊得很开心，快结束时，我说："李先生能不能给我写几个字？""好呀，你要写什么？"我说："随便你。"一张册页纸这么大小，他提笔写下"正道沧桑"四个字。这是第一次去。后来，我又多次去李可染先生家。有一天，上午十点多去的，李可染先生正在翻阅《富春江画报》，封面就是我的一张水墨画，"杨明义，你画得不错"。哎哟，得到大师称赞，我真不敢相信。我说："李老师，这个画印得太差了，下次我带几张原作请你指教指教。"再去北京时我带了十几张画给他看。他很鼓励我："你这个墨韵用得真好。你这个意境也好。中国画就要讲意境，我跟你的画都是讲究意境的。"意境就是一个人意念的境界。这个意境哪里来的？生活中来，还要比生活更高更美。李可染先生画的江南就做到了这一点，我太喜欢了。他可以站在高处去画绍兴一条街，很秀丽很诗情，很有现代感，像电影镜头一样，同时，他吸收了许多艺术种类的长处，如油画中的光影，山石的光影，一条瀑布闪亮地从黑乎乎的山林里明亮地流下来，这种手法历史上是没有过的,他是凭自己的感觉去画的,我觉得这开辟了中国山水画的新境界,引领了中国画的发展,对我们后辈有很大的启发和帮助。

**马** 您称自己是后辈,那么你们的交往可以称得上是"忘年交"了?

**杨** 真是忘年交。李老师对我一直都很好,我挺感动的。我告诉他:"我要到美国去开画展,你能不能帮我题张字,题大一点。""杨明义画展",他就给我题了很大的一张,感动吧!他说以前自己认为国外的印象派是吸收了中国画的语言,现在才知道印象派画家不是学中国艺术,而是学了日本画。日本的浮世绘绘画很早就传播到国际上去了,日本式的东方线条、东方颜色被凡·高、莫奈等人吸收了,"所以杨明义,你到美国去一定要宣传我们中国真正的艺术,尽自己的力量去宣传,让外国人了解中国艺术"。听李可染先生这么说,我很感动。我有机会到美国去,一定要尽己所能地把中国优秀的文化艺术介绍出去。在美国,我就坚持一要宣传中国,二要宣传我们江南水乡,中国和家乡优秀的、美的东西要让全世界人民知道。现在苏州园林、水乡周庄等都成了世界文化遗产,这是大家努力宣传的功劳。可以说,周庄的今天都是我们画家画出来的,如果没有吴冠中、陈逸飞,包括我,去周庄,去画周庄,宣传周庄,周庄的今天是怎样的,不好说。

**马** 您先认识傅小石,两人之间有着亦师亦友的关系,那您跟傅抱石有过交流吗?

**杨** 傅抱石当时是江苏画院院长,傅小石是我们水印版画创作班的后勤工作人员。傅小石人物画画得太好了,我崇拜他。我们认识后,星期天放假我下山去就会去傅家,有时傅抱石先生就坐在客厅里。我说我找傅老师,他就问:"是不是小石啊?"然后就朝楼上喊:"小石,苏州有个杨明义来了。"

**马** 您把您的作品给傅抱石看过吗?

**杨** 没有。那时候我还不画中国画,就画版画。

**马** 您后来的水墨江南创作受到"抱石皴"画法的影响吗?

**杨** "抱石皴"是傅抱石创造的。当年,他带着三个孩子生活在四川金刚坡下一处破房子里,每天在一张小饭桌上画画,条件非常艰苦。后来在徐悲鸿提携下,得到南昌临时政府的资助去日本留学,学到许多东西,逐渐形成自己的风格。他的画非常整体,每一笔每一划都气势蓬勃,我受到他的影响,但没有像他。完全像一个人那就没意思了。我可以将黄永玉的画临得惟妙惟肖的。黄永玉曾经给我们院长张辛稼画过一张像,他的两个学生让我复制两份,我利用黄永玉给张辛稼作画时多余下来的皮纸,依样画葫芦临了三张,张辛稼给每张题了一首相同的诗。一

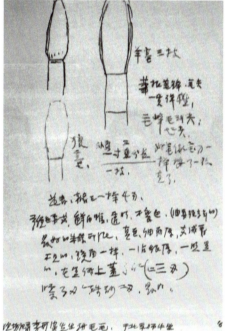

李可染先生曾经为得不到一支好毛笔而苦恼，杨明义听闻后，记录下李先生对毛笔的要求，至苏州寻访到制笔高人，了却了李先生的心愿。左上图为两人合影，其余为李可染讲解毛笔性能时，杨明义当场所作记录。

张我保留,两张给了张辛稼的学生,后来这两张画流入市场,都被人认为是真迹,我写文章说明也不管用,因为张辛稼的题诗是真迹。我自己举办收藏展时,保存的这张画也一并展出,没有注明是临摹,文联主席来问我,"黄永玉给张辛稼画的画怎么到你这里了?"那口气好像是不是被我骗来似的,哈哈。以我的功力,以及对黄永玉线条的理解,我能画得非常像的。黄胄来苏州,带了不少他的画。他借给我一大卷,有十来张吧,都是四尺整张大小的,我临了两个通宵,还给黄老师时给他看我的临摹作品,"哎哟,杨明义,想不到你画得这么好的,这么像"。对我的笔墨功力很是赞美。

**马** 也就是说,以您年轻时练就的临摹功力和理解力,要临摹那些您熟悉的大家的作品是很容易的,但要创新就不容易了。

**杨** 创新太难了,尤其要形成自己的风格,不得不把以前学到的东西丢掉。

**马** 具体而言,傅抱石的创作对您的启发主要表现在哪些方面?

**杨** 我后来有机会到四川去之后,就觉得傅抱石的山水完全是从生活中来的,特别是雨后丛林中的山沟,雨水瀑布似冲刷下来,大大小小的岩石、树木和傅抱石画里的感觉一模一样。新中国成立之后,傅抱石担任南京国画院院长,带了一批人走两万五千里长征去写生,画新中国的大好河山,这完全符合毛主席的伟大思想,获得了很大成功。后来,他开始不断地画毛主席诗词,"江山如此多娇"等,又达到一个新的高度。傅抱石对家里、对生活都很有感情,他的创作跟日常生活是密切结合的,他喜欢两个女儿,在外地写生创作时,一个女儿生病,他就画张画,把两个女儿画在里头,还写道,不知小女儿现在身体怎么样了。艺术家的感情、人品和画品是分不开。大概是1964年年底或者1965年年初,我去南京开会,在"总统府"旁边的梧桐树下,我最后一次遇到傅抱石。他抱着一叠书回家,看到我,主动叫我"杨明义,杨明义"。我跑过去。"你在南京啊,这次怎么没有到我家里来玩?下次来呵。"我说下次一定去。结果,1965年他因病去世,"文化大革命"中,骨灰都被挖出来了,有什么办法呢?当时一个画家,算什么?

# 因画结缘周庄

**马** 媒体现在称您是"发现周庄第一人",这属实吗?您是在什么样的情况下发现周庄的?

**杨** 周庄是个小镇,它的规模不能与其他大的古镇相比,但周庄是第一个被发现,第一个拿"水乡"这个概念进行宣传的。不敢说我对此有多大的功劳,但有关联。我一直在水乡写生,一直画着水乡,"文化大革命"结束后,我越发坚定了自己的想法,就是要画具有地方特色的江南水墨水乡,要尽力而为地呼吁保护水乡的资源。我去甪直、吴江同里等古镇,发现小企业发达,建了不少水塔,工厂的污水乱排,我就给这些古镇的党委写信反应情况,但从来没有得到过回应,大概因为落款是"苏州国画院杨明义"的缘故,苏州国画院算什么,一个画家算什么,可能一眼不看就被丢掉了。

**马** 主要是对古镇的价值缺乏足够的认识。

**杨** 写信不见效果么,我就开始画,画苏州的古镇,也画浙江的古镇。上世纪70年代末,周庄还鲜为人知,我发现它也是巧合。那时候,我们文艺创作室借了苏州老博物馆楼上一间很大的房间,近十个人同在一起画画。有一次,我在别人的办公桌的玻璃台板下看到一张很小的照片。因为时间久了,照片模模糊糊,还粘在玻璃上拿不下来。不过,水乡的画面很典型,非常吸引人。怎么办呢?我就拿了速写本很认真地画下来了。出去写生时我带上这个速写本,见人就问知道不知道这个地方?没有人知道。有一次坐船去浙江,坐着无聊就乱画。有人要了我的速写本去,大家围着看。一个老头子,50来岁,听我问这张速写是什么地方的,他说"像周庄"。我第一次听到这个名字,就很详细地问在什么地方,我能不能去。"当然能去,就在苏州南门轮船码头坐船去。"回苏州后,我找地图来查,发现周庄在水的中间,没有公路可以到达,心想这肯定是个好地方。第二天,五点钟,天还没有亮我就在南门坐上小火轮去周庄了。一路上,轮船不停地在沿线各小镇停靠,挑着米、鸡蛋的农民上上下下的,很有意思。到周庄时,已经是下午一点钟了,乘客也没有几人了。

**马** 乘客沿途慢慢地都走光了?

**杨** 镇上见不到人,不知道去哪里了。两岸全是老房子,没有一间新房子,如拍民国电视片都不要搭布景的。兜了一大圈,感觉就是一个世外桃源。我一边兜风,一边一反常态地疯狂拍照,很快三卷胶卷拍完了。晚上,找了个小旅馆住下来,吃点饼干当晚饭。旅馆的走廊里挂满了一个名叫许南湖的人画的黄宾虹风格的画,每张画下面都放着一个马桶,当时我如果拍张照片就好玩了。

**马** 许南湖的画?马桶?

**杨** 那时还用马桶,每个房间一个马桶,晚上拎进去,白天拿出来洗干净,盖子翻开,放在那里晾干,上面挂着许南湖的画。许南湖,周庄人,是黄宾虹的学生。我那天找到他,他一看我拿个照相机,又拿个画夹子,就跟我打招呼:"你也是画画的?"还说"这里风景不错吧?"我说,太好了,我第一次来。"没有人来的",他说,"交通太不方便了,我以前在上海教画画,年纪大了退休回老家画画。"

**马** 也就是说,在您到达周庄之前,许南湖就在周庄画画了?

**杨** 他退休后回到周庄,免费给镇上人画画。后来,吴冠中去周庄,在许南湖的要求下题了"许南湖画集"几个字。许南湖逝世后,出版他的画集时就用吴冠中的题字作了书名,我写了序言。

**马** 发现周庄后,您将这一个画家眼中的"天堂"介绍给了许多画界师友吧?

**杨** 我抑制不住兴奋之情,写信告诉了吴冠中老师,告诉他我新发现一处水乡古镇,保存完好,邀请他有空来写生。我也写信给黄永玉、郁风、黄苗子,向他们推荐周庄。我还告诉了苏州市原文化局局长钱璎,告诉我们画院的画家们。1985年,吴冠中回信说:"我相信你的眼光,我五月份要到黄山参加全国油画会议,会议结束之后我就下山,从安徽直接到苏州来。"

**马** 这是您第一次陪画界师友到周庄?

**杨** 是第三次。第一次是1982年陪陈逸飞到周庄,第二次是1984年陪华君武先生,这是第三次,应该是1985年春天,吴冠中老师、安徽芜湖版画家倪建明到苏州,住在乐乡饭店。我们先去吴江黎里参观柳亚子先生的故居,吴冠中题字"来访

杨明义 1984 年陪同华君武先生探访水乡古镇周庄。上图摄于前往周庄的小轮船上,下图摄于周庄古镇。

水乡,又遇前贤",再去莘塔水乡小镇,然后由莘塔坐小汽艇到周庄。周庄原汁原味的、朴素的美一下子就感动了吴冠中,他说:"杨明义,这地方好,我要住下来多画几天。"通常我们到一个地方,转一圈,拍两张照片也就走了,但这次吴冠中说,"我要住下来,你不用管我了,有事情你先回去好了"。是夜,我们在小旅馆里欣赏吴冠中带来的台湾地区出版的《雄狮美术》,里面有专题介绍吴冠中的艺术,还有他画苏州园林的作品。虽然我知道吴老师已经很累了,但不想放弃这样难得的请教机会,我请吴冠中谈谈中国水墨画的创新问题。他讲了大概一个小时,我都记下来了,具体内容在《近日楼散记》的《周庄夜话》中有记录,主要精神有:中国画比油画有前途,中西需要结合,要相互吸引,互相靠拢;懂得了西洋,就更容易看懂我们自己的传统;一定要懂毕加索,不懂西方艺术的中国画家艺术上一定是没有

杨明义通过表哥吴健很早就认识陈逸飞。1982年,陈逸飞留美后第一次归国,3人一起去苏州郊外的木渎游玩、写生。此为赴周庄前在苏州马医科杨明义画室"近日楼"内留影。中间为杨明义,左为陈逸飞,右为吴健。

前途的;写生学到的只是图录,如何去构成水乡情趣,用墨白、线条来构成大的关系是要旨。第二天早晨吃完早饭,我们到街上走走,吴冠中送我到轮船码头,让我先回苏州。十多天后我去周庄接他们,拍了不少照片,其中有一张是吴冠中站在一堵老墙前,老墙已经残破,上面有一棵很大的仙人掌,非常有感觉,我对吴冠中说,这个地方好,你可以画一张。回去后,吴冠中果真画了张国画,捐给慈善活动,拍了两百多万。现在,在周庄还能找到老墙的所在地,但墙已经没有了。我曾经建议周庄,可以根据这张照片恢复破墙,像凡·高画的吊桥[①],"二战"时被炸了,现

---

[①]《吊桥》是凡·高创作的一幅名画。吊桥原型位于法国亚耳市(Arles)以南3公里处,第二次世界大战时被炸毁,1960年重建,虽然与凡·高画中的桥有一些差异,但基本样貌得到很好保持。此桥原名PontdeLanglois,为纪念凡·高改为PontVan-Gogh,即"凡·高桥",现已成为亚耳的一处旅游观光景点。

在恢复得一模一样,成为吸引人的旅游景点。

**马** 破墙和木桥一样,隐藏着故事。

**杨** 有故事,而且还是跟文化艺术有关的故事,有意思!我陪吴冠中在周庄的街上闲逛,周庄南边一些石桥上开始搭建铁皮房子,卖布,卖颜料,卖的确良,哎哟,太难看了。吴冠中说:"真的是乡下人,蛮好的风景都给他们破坏掉了。我回去要写一篇文章,拔掉这些眼中钉。"回到苏州后,吴冠中在旅店写了一篇《周庄的眼中钉》。"杨明义,你说寄到哪里去啊?"我说,你交给我,我寄给上海的《新民晚报》吧!我贴了邮票,寄走了。不久,他从北京写了封信给我:"杨明义,你帮我寄到《新民晚报》的一封信退了回来,没有刊用。我改寄《中国旅游报》,现在登出来了。"随信还有这篇文章的剪报。

1983年杨明义再次陪同陈逸飞在太湖湖畔写生。

杨明义和陈逸飞再次一同游周庄。摄于 1999 年。

马　这封信和剪报您还保留着吗?

杨　保留在周庄的档案里。吴冠中寄给我之后,我写了封信寄给昆山的市领导,附上吴冠中的简介(全国政协委员等)和文章,最后署名还是"苏州国画院杨明义"。昆山收到这封信后倒当回事情的,让周庄把铁皮房子都拆了,"周庄的眼中钉"就拔掉了。

马　艺术家眼中不只有艺术,还特别富有社会责任感!

杨　1984 年,也是在我写信推荐周庄之后,华君武先生回信说:"我从上海到周庄去一下,你陪我去。"他问:"能不能骑自行车去?"我说自行车不行的,周庄在水中央。"我不要特殊化,我要和老百姓一样。"结果,华君武先生来苏州后,我买了到周庄去的轮船票。船上挤满了人,靠船舱的长条板凳很窄,一个老先生,要坐几个小时,怎么行呢? 根据我的经验,我带了两包香烟,我从父亲那里偷拿来的,到船的后舱去,把香烟塞给掌舵人,跟他说有个北京来的老画家,能不能照顾他一下。"你们到后舱来,我这里有两个小板凳。"小板凳比较宽一点,坐得舒服,也不

杨明义创作的《周庄双桥图》。

挤。船开稳后，我说："华老师，我们到上面去看看吧！"我们上到轮船的平顶上，正好是下午时分，秋天的太阳照在两岸的芦苇上，太美了！华君武很高兴，我给他拍了好几张照片，这些照片都刊登出来了。晚上上厕所，哎哟，那个公共厕所蹲的地方就一条木头，很危险，我就用手拉着他的手，防止他掉下去。后来，他写信给我："周庄倒是很好，就是饭店差一点，亏得有你们保护我。"

马　陈逸飞是最早随您一起去周庄，画周庄，并一举成名的吗？

杨　我发现周庄的第一时间，就写信给了陈逸飞，当时他已经在美国留学。他是在我寄给他的照片上接触到周庄的。

马　前面提到过，您把自己拍摄的周庄照片全部寄给陈逸飞，这是您的创作素材，您舍得？

杨　陈逸飞跟我不是一般的关系，只要他需要，我愿意帮他。收到这些照片后，陈逸飞对照这些黑白照片进行创作，在黑白的基础上增加一些颜色。作品完成后放在画廊，马上卖掉了。他又来信说："你赶紧给我拍些彩色的。"那个时候，我到哪里去弄彩色胶卷，都要兑换券买的，我又没有兑换券。他说："你去找卡林，问他借些，我在美国开支票给他。"卡林当时从美国来，在苏州大学义务教英文。我自己也想办法在园林里换了一部分兑换券，买了彩色胶卷。陈逸飞又说胶卷千万不要在中国冲印，那时候彩色胶卷苏州本地还没有办法冲印，要送到上海去，所以我就直接将拍好的胶卷寄到美国。陈逸飞让我去拍中国的帆船，拍江南水乡，他的要求很多，我就尽量帮助他。

马　陈逸飞最初是按照片去画江南水乡的啊？！那他什么时候去的周庄？

杨　1982年，陈逸飞出国之后第一次回国。

马　那时候他已经因为画周庄出名了？

杨　还没有，只是刚开始尝试创作水乡油画，主要还是在画肖像。陈逸飞的肖像画画得好，但美国画肖像的人太多了，油画水乡——东方威尼斯，美国人没有见过吧？所以陈逸飞的作品放进画廊后，卖得意想不到的好。这次回来，陈逸飞主要是为自己在哈默画廊的第一次画展收集创作素材的。刚到苏州时，我们先去了周边交通比较方便的地方，像甪直、吴江、木渎，包了汽车开来开去很方便。正是盛夏，一动就是一身汗。陈逸飞穿了件白衬衣，一本护照放在口袋里，全身汗湿后深色的护照在白衬衣的口袋里很清楚地就可以看到。他再三地提醒我："给我看好这本护照，掉了，我就回不去了。""给我盯住，这个（护照）很重要！"见到卖棒冰

《周庄春雨》,创作于 2000 年。

《周庄之晨》,创作于 2000 年。

的,我们就一下子每人来三根,吃个爽。跑了三天,拍了不少胶卷,他还说:"杨明义,我美国赶回来还没你拍得多啊,我要多拍一点了。"他拍得很认真的,每拍一张要想想画面、构图。我拍整体,拍局部,中国画跟油画的差别在拍照片时就表现出来了。虽然累死了,但他还不满足,说"还有什么地方,好像还不过瘾"。我说还有一个地方是周庄,但是很难去。"周庄在哪里啊?"我说在几个湖的中央,要乘船去。"那肯定是好地方,我们去!"我说现在没有船了,要等到明天清晨五点了。"我们能不能包一个船直接去?"我一想,对啊,南门码头有的是船,只要有钱船夫肯定愿意去的。我那时很穷,工资低,又不能卖画,但陈逸飞有钱啊,哈哈。我们马上打的到南门码头,说我们要到周庄有没有人愿意去?"二十五块。"那时候,二十五块很贵了。我说能不能便宜点?"不行,去了周庄今天我们回不来了。"陈逸飞说:"不管多少,去去去。"他跳到一个铁皮机帆船上,船马上就开了。到周庄时已经快天黑了。夕阳余晖下,古镇的美震慑人心,但是,很快因为光线不足,按不下快门了。第二天,一大早我们出去拍摄。先到双桥——两顶桥,一顶圆的,一顶方的,多好看,"哗哗哗"地拍。后来,陈逸飞创作了《故乡的回忆》,画的就是双桥,哈默从画廊买去之后送给了邓小平。

**马** 《故乡的回忆》是陈逸飞的成名之作吧?

**杨** 对啊。我领他去双桥的。那时候,周庄唯一的新房子是一家邮电局,邮电局二楼上的平台可以凭高远眺,但没有楼梯通上去,只预留了一个透气孔。我想办法去邻居家借了一架竹梯,搁在洞口,我们爬了上去。登高望远,可以一览无余地看到周庄古镇,风光无限好。我们拍了很多照片。"哎哟,太美了,我真想把这条街买下来。"陈逸飞说。我开玩笑说,你只要卖一张画就够了。那时,他的一张画已经可以卖几万美金,现在要卖几百万了,对吧?那天晚上,我们还去看了一场露天电影。那次去周庄蛮好玩,也蛮成功的。

**马** 可以说,周庄是陈逸飞的福地。

**杨** 陈逸飞是最早我陪去周庄的,后来是华君武,再后来是吴冠中。吴冠中去的时候,周庄的商业化已经开始,而且很无序,所以就提出了如何保护的问题。我第一次去周庄的时候,遇到了庄春地——当时是文化站站长,后来担任过镇长。那时,天冷,他穿了件棉衣,手里拿了张报纸,在看两个人下棋,我上前打招呼才知道他是文化站站长。当听我说周庄是个好地方,每个角度看上去都很美时,他不屑地说:"我们这个地方还好啊?"后来央视采访他,他说"当年杨明义说我们这里每个角度都美。我说有什么美，我们这里又穷又苦的"。在吴冠中之后，我又带美国朋友去，带日本朋友去。周庄看到外国人还得了啊，小孩子跑着追着看，庄春地也很激动，他终于认识到周庄是美的了。后来，他做了镇长，恰逢上面批示要改造周庄，还拿了两三千块人民币的拨款。这样，周庄就开始做古镇旅游了。

**马** 您以及陈逸飞、华君武、吴冠中，先后到过周庄，都被这个水乡古镇打动过。那么，周庄到底有哪些东西能让艺术家们激动、兴奋和难忘呢？

**杨** 原汁原味！周庄的原汁原味是别的地方没有的。如果周庄也像其他一些古镇那样，拆掉了重造一个，完全可以，很容易，但是古镇原汁原味的东西就没有了，破墙没有了，坑坑洼洼、高低不平、人工凿出来的石桥没有了，一切都是精心规划，整整齐齐的，就像古装电视剧里那样用布景搭出来的，就不是周庄了。当然，周庄也有一些老桥，年代久远，历经风霜，快要塌掉了。每天还有那么多的人在桥上走来走去，"哗啦"一声倒掉了，那是要出人命的！如何修理，我们认为要修旧如旧，不能修旧如新，更不能推倒重来。如何修旧如旧？周庄的管理者征求我意见时，我说，每块石头放在哪里，如何放的，都要有记录，然后完全一样去修复。后来，他们在修复其中一顶桥时，采取的方法就是将水抽干，做了一个钢架，从下面撑住这顶桥，这样载重就没有危险了。民国时期的双桥，两座都是圆形的，我有照片。有一天其中一顶突然就垮塌了。周庄没有钱修复。正好有一个刑满释放分子回来，他会造桥，就把修复的事交给他了。但是，圆形的桥太难造，要撑起来，功夫大，也花钱，后来就用一些废石材进行改造，变成了现在的方形桥。

**马** 无数的古镇在旅游开发的大潮中都未能保存那份原汁原味！

**杨** 原汁原味不能失去，不然就不是周庄了。可是，当周庄成为热门旅游古镇后，我们的愿望一点一点变成了失望。本来的周庄，一条街，一条小巷，格局非常自然，非常美，现在一家家全部打通，租掉，开店了，为了一年几万块的收入。周庄全部变味了！吴冠中说"周庄像盆景了，高楼大厦中间的盆景"。这有什么办法呢？周庄现在是"中国第一水乡"，如果没有画家们创作的周庄作品的传播，尤其是陈逸飞的作品，没有哈默送给邓小平双桥一画的故事，以及媒体的宣传，就没有周庄的今天。

《临水人家》,创作于 2000 年。

# 《近日楼散记》：深切的思念

**马** 您在《近日楼散记》里写了很多文章纪念您交往过的画坛名家，非常感人。这些文章当初是在《姑苏晚报》上面连载的？

**杨** 对，我刚从美国回来时，整理行装，整理书画以及信件等，觉得自己出国前的经历很丰富，到美国后又遇到了王己千、王方宇等大收藏家。王方宇收藏的八大山人的作品就有两百多件，多了不起啊。苏州市文化局局长钱璎女士和她在《姑苏晚报》当总编的儿子凡晓旺来访时，我就讲好多故事给他们听。凡晓旺说："你能把这些故事一个个写出来么，《姑苏晚报》每天登一篇。"我觉得蛮有意思的，就答应了。因为在报刊上用，每个故事我写得都不长。

**马** 很朴素，但很真挚，非常好的。

**杨** 《姑苏晚报》一篇一篇发表，反应挺好。江苏美术出版社觉得这个题材有意思，可以引发其他画家也写写东西。其实，我以前接触到的名画家有四五十个，这样的经历不是每个画家都有的，对吧？《近日楼散记》出版后，首发仪式上就有很多人买，这本书还得了奖。

**马** 《近日楼散记》装帧做得很漂亮，内容也特别丰富。

**杨** 第一本是黑白版的，后来北京荣宝斋看中了这本书，重新印了一版彩色的，又增加了一些内容。

**马** 在《近日楼散记》中，您撰文纪念了许多人，包括您就读时的老师，敬仰的师长以及朋友们，但有一些人您没有写，像中央美院版画系的系主任李桦，您的同学和朋友褚铭等等……

**杨** 因为我主要是从事中国画创作了，所以与版画有关的人物就没有涉及。如果写版画，我也可以写很多，故事太多了，在《水墨之旅》一书中有一些，但我始终没

杨明义著《近日楼散记》,由江苏美术出版社出版。

有作为重点,以后或许会写。褚铭在《水墨之旅》中写了篇关于我的文章,我也写了篇关于他的。有些人没有写,有些人写了一点,不能太多,不然就冲淡主题了。

马　那么,您在《近日楼散记》中写到的人物,具体有什么选择的标准?

杨　一是对我影响大的,二是中国画的,还有就是比较有名的,有一定知名度的。对我影响很大的,在苏州就选了四个人,费新我、张辛稼、吴䍩木和许十明。

马　我们多次提及陈逸飞,在《近日楼散记》一书中您用了两篇文章纪念陈逸飞,真情实意特别打动人。您认为陈逸飞是当代艺术家中比较成功的人吧?

杨　不是比较成功的人,而是相当成功,他将永远留在历史上,留在美术史上,留在中国现代史上。

马　陈逸飞涉猎许多领域,画油画、拍电影、经营时装等,他的多元追求和您的专事水墨江南有比较大的差异,这是性情上的,还是志向上的?

杨　都不是。我也喜欢陈逸飞从事的这些事情,只是我的能力没有他强,如果我也有这样强的能力的话,我可能也会走他的路。我也是个见异思迁的人,我也喜欢电影,如果我有能力拍电影,我也会去尝试拍出些很好的电影。

马　您也喜欢电影?

**杨** 我跟陈逸飞一样,从小就喜欢电影。我认识陈逸飞比较早,那时大家都很年轻,我去上海,陈逸飞和我,还有我表哥,经常去看电影。我们在苏州、在纽约都一起看过电影。其实陈逸飞心中的梦想就是拍电影,电影是比较综合性的艺术,人物的美、故事的美、风景的美都可以融合在一部片子里,多有意思啊!画画只能局限在一个场景,一个角度,虽然可以争取找到一个最美的角度表现,但总归有不少遗憾的,电影就可以多方位、多空间地表现。

**马** 是不是可以说,你们心里的世界要比画出来的世界大得多得多?

**杨** 陈逸飞到美国以后,我动员他来苏州拍部江南题材的电影,我一定帮助他,他回复说"我要拍的,我会拍的"。现在,却永远不可能了。

**马** 您自己有没有冲动去拍一部有关江南的电影呢?

**杨** 我不可能呀,我没有这个条件。虽然一直到现在我还想拍电影的,但是我的精力和时间各方面都不够,也没有接触到电影界的人。能不能拍电影,那是要看缘分的,陈逸飞油画出名后,在上海、香港接触了不少制片人和演员,这是他的机缘。我比较局限,能力也有限,所以我就牢牢抓住自己的专业不放,画画挺开心,也能卖钱,卖了钱还可以做不少自己喜欢的事情。

**马** 我刚才用了一个词"比较成功"评价陈逸飞,您立即纠正说不是"比较成功"而是"相当成功"。我很想知道您认为一个艺术家、一个画家,怎样才能算得上成功?

**杨** 成功?每个人对成功的看法都不一样。胸无大志的人觉得吃饱穿暖就成功了,有些人觉得有个好的家庭也很幸福,事业心强的人希望事业不断发展壮大才是成功。我觉得一个人要有个性,能将自己的个性发挥出来,并且有益于社会才是成功。有些人很有成就,但公众不一定知道,我们不能说他的一生就不成功,当然,如果能成为公众人物,对社会能有更大的贡献,那是更大的成功。另外一方面,人无完人,每个人都有不为人知的一面,有隐私。毕加索的女儿写了一篇《我所认识的毕加索》,毕加索的孙女写了一篇《我的爷爷毕加索》,披露了好多以往不为人知的故事,比如这么有名的大画家居然对自己的儿子这么刻薄,对自己的家庭这么不负责任,这在我们国家是要被千夫所指的,但他是一个伟大的艺术家,人们原谅他了,他的智慧,他发挥的社会作用是不可估量的。还有罗丹,把自己的情人卡梅尔折磨得发疯,在疯人院度过晚年生活,但不因此影响世人对罗丹艺术成就的好评。在我们国内,老百姓评价一个人往往要求形象正面、完美,在这个尺度下,艺术家得分都不高的,哈哈。

**马**　人的需求不是单一的,人的性格不是扁平的,相反,往往是丰富的、多元的。艺术家作为一个异于常人的群体,情感是不是特别丰富?

**杨**　没有办法的,人有情感,艺术家也有情感,比常人更丰富的情感,所以也更容易犯错误。人生也是捉摸不透的,成功,怎么样?有些人很成功,像傅抱石这样的艺术家;但也有人莫名其妙地犯了政治错误,倒霉一世;有些人谈不上成功,倒活得很开心。我们不要刻意去做有成就的人,伟大的人。我的小学成绩一塌糊涂,我就喜欢画画,一直坚持走到今天,我很清楚,我是一个平凡的人,如果我不是生活在江南这块风水宝地,而是生活在山区、边疆,也许就没有条件坚持去做自己喜欢的事情,更不会有机会到美国去,再到北京来,很可能一生都过碌碌无为的日子。命运真的是捉摸不透的,命运也真是很好玩的,有些很有才华的人,比如褚铭,他能力很强,画画、编剧、戏曲样样精通,画画对他来说就不是一条非走不可的路。我也很喜欢戏剧、电影,如果我去做戏剧也可能会成为一个导演、一个编剧,可以活得很生动、很有色彩,但不可能获得画画带给我的快乐和成就,这一点我很清楚,因为,我喜欢画画还是远远多于喜欢戏剧、文学的。

**马**　您在纪念陈逸飞的文章中这样写道:"一个人如果能把自己的一生都献给热爱的艺术应该是幸福,如果这句话是对的,那么逸飞应该是幸福的。"您为什么要

左图为杨明义与陈逸飞合影,摄于 1982 年。陈逸飞赴美留学第一次回国后,重新前往美国时,杨明义去上海为他送行时留影。右图为陈逸飞 1974 年创作油画《占领总统府》时,路经苏州,在"近日楼"画室商讨构图,由杨明义随手画下的草稿。

用"如果这句话是对的"？您不能确定陈逸飞是幸福的吗？

**杨**　有些人不愿意将一生献给自己感兴趣的一件事，陈逸飞不一样，虽然他尝试很多艺术种类，但他的志向是很确定的，就是要做世界上有名的大画家、大艺术家，拍部电影也要能在世界上产生影响。为了他自己的目标，他可以不顾一切地、坚决地往前冲，意志非常坚定，不为小利而动。上海复旦大学曾经想聘他去当校长，他思来想去，还是坚辞了。这是聪明人的选择！

**马**　您是发现周庄的第一人，但是在很长的一段时间里大家只知道陈逸飞与周庄的关系，并且认为周庄的出名是陈逸飞的功劳，您作为幕后英雄，有过怨言吗？

**杨**　周庄的出名与陈逸飞《故乡的回忆》一画密不可分，如果没有这个作品，周庄当初就没有更好的宣传平台。陈逸飞功劳不得了，而我只不过是周庄和陈逸飞之间的一座桥梁，如果当初陈逸飞不问我除了甪直、木渎、吴江外还有什么典型的水乡古镇，我也想不起来带他去周庄，那接下来的故事就没有了，没有《故乡的回忆》，没有石油大王哈默送画给邓小平，也就没有周庄的保护，那么，或许今天的周庄就是被拆了重建的周庄。当然，像我这样愿意将自己第一次拍摄的周庄照片全部寄给陈逸飞，这在艺术界是少见的。有一次我陪几个画油画的去周庄，其中一个画家听说我把照片全部寄给陈逸飞后说，"画画的人最重视的就是资料了，你愿意把自己的资料送给人家，这么大方啊！我是不愿意的"。陈逸飞是我的好朋友，没有什么不愿意的。做人就应该真诚，你帮助别人，人家也会帮助你，感情就是这样建立起来的。所以，陈逸飞画周庄出名后，我替他高兴，他是我们这代画家的一个标杆，我从来不会说，是我带他去的，直到中央电视台因为要拍《发现周庄》，来采访我。

**马**　中央电视台拍摄《发现周庄》采访您？他们知道是您发现周庄的？从哪里知道的？

**杨**　陈丹青对媒体说的，"你们去采访杨明义，他跟陈逸飞有好多故事"。陈丹青也鼓励我说出原委。其实，中央电视台是先采访陈逸飞的，他说"我一个好朋友带我去周庄的"。

**马**　陈逸飞没有指名道姓地说是您带他去周庄的？

**杨**　陈逸飞当然是最好不提到我，提了总归有抢他风头之嫌的嘛，我很理解，也毫无怨言的。但采访我，谈到谁先发现周庄了，我就如实说，是我发现周庄，是我带陈逸飞去的。这不是为了争风。我太佩服陈逸飞了，这种人才，中国没有几个的，现在的画家哪个可以跟他相提并论？我为他做点事情是完全应该的，他叫我做什么我都是愿意的。而且，我觉得周庄是幸运的，周庄不比乌镇、甪直这些水乡古镇大，也不见得更美，但周庄是第一个被宣传出来的，拔了"第一水乡"的头筹。陈逸飞因为画周庄出名，这也是他的运气，《故乡的回忆》是在哈默画展之前赶出来的，画还没干就挂在画展中了，这不是运气是什么？

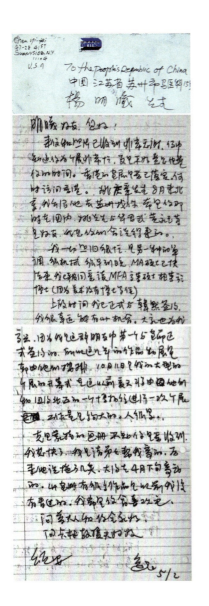

为筹备在哈默（韩默）画廊的第一次个展，在陈逸飞的请求下，杨明义寄去了自己第一次发现周庄时所拍的全部照片。左图为陈逸飞收到照片后给杨明义的回信。

**马** 陈逸飞遇到周庄是陈逸飞的幸运,周庄遇到你们这批画家是周庄的幸运。

**杨** 如果我没有发现周庄,就没有后来一系列的故事,但我不能认为陈逸飞是因为我的关系成名的,你把周庄介绍给一个人,如果他不认为周庄很美,如果他画得不好,诸如此类,又怎么样呢?革命成功了,大家都去争功,我觉得这是不对的。革命成功了,就要避功,你说对不对?如果我去争功,陈逸飞早就不理我了,怎么会跟我这么好呢?!那天我从车前子①那里得知他的死讯,忍不住在家里大哭了一场。在追悼会上向他的遗体告别时,我又没忍住,抱着陈逸飞的弟弟哭,直到他弟弟推开我,因为后面还有很多人。我很失态。我真是不舍得陈逸飞就这样突然离开我们了。

**马** 您与中国当代画坛诸多名家交往,有师长辈的,也有晚一辈的。陈丹青说他不知道您有何种法术,总能赢得前辈名师的忘年交。我也很好奇,您有什么魅力?

**杨** 魅力就是勤奋工作,坚持不懈地工作,他们给过我的很多影响中也包括了"一件事不做则已,要做就要认认真真地去做"。他们对我的言传身教太重要了。我争取接触他们,自己创造条件去找他们,"文化大革命"最困难的时候去找黄胄,去找黄永玉,去找好多画家。"文革"后期,林风眠放出来了,我就一定要去拜访林风眠,我最喜欢林风眠的画了。哎呀,总算见到林风眠,激动得不得了。好多故事,《近日楼散记》写了一下,供报纸发表,不能写得太长,很多细节都忽略掉了,如果现在来写的话,还可以加入更多的细节,能更生动。但总归有局限嘛,因为写作不是我自己的长处。

**马** 我觉得文字表达虽然很朴素,但感情非常真挚,特别打动人,还有丰富的图片史料。

**杨** 好多珍贵的东西。1998年黄永玉到我家里来,看到70年代他给我随便画的东西还保存着,特别感动。他对朋友说,杨明义这个人真的不容易,有心人。我很崇拜黄永玉嘛,真的崇拜他。我出版《近日楼散记》的时候,缺一张赵无极②的画,我就给他写了封信,告诉他我要出本回忆画家的书,问他能不能画张小画给我,印

---

① 车前子,苏州人,当代诗人、作家。
② 赵无极,著名华裔法国画家。1935年入杭州艺术专科学校,师从林风眠,1948年赴法留学,并定居法国。

1985年,赵无极先生来到苏州,杨明义陪同前往游览了吴江、同里等水乡古镇,此为两人合影。

在书里。他马上从法国寄了一张画给我,多不容易啊!

**马** 您跟赵无极先生是什么时候开始交往的?

**杨** 1985年,赵无极从法国来苏州,我陪他们游览了吴江、同里等水乡,还请他到苏州听枫园举办艺术讲座。几天之后,我去浙江美院参加他讲习班学生的作品展览,我还记得他当时说的一段话,大意是艺术最重要的是真诚,绘画应该是画家心灵和画面的接触,无论人体还是静物,对象提供的只是抒发胸臆的启示,只是表达情感的依据,重要的是培养独到的观察能力,组成自己的画面。我到美国之后,要办绿卡嘛,找律师,律师说你一定要有五个有名的艺术家来推荐你。我说到哪里去找?一个王己千,一个陈逸飞,最后还缺一个,我想找赵无极吧。我写了一封信给赵无极,寄了我作品的黑白放大照片给他。很快他就回信给我了,并附上用法文写的一封推荐信。"我在苏州遇见杨明义,他是个很有才华的画家,希望我们大家一起帮助他的成功。"我去找法文老师翻译。翻译的人又不知道赵无极是谁,还到图书馆里找赵无极的资料。我把赵无极的推荐信交给律师时,律师说,赵无极的推荐信的分量可以给八个人办绿卡了。

**马** 赵无极的影响力可见一斑了。

**杨** 后来赵无极给我写了好多信。晚年的时候他很孤单的,他说:"我的朋友,我的同学,老的老,死的死,就剩我一个人了。但是我不灰心,我要坚持生活,坚持工作。"

**马** 比较乐观。

# 美国十年：以东方的身份在西方

- 虽然陈逸飞、陈丹青他们能力都比我强,但我有自己的专长,我的水墨画可以吸收西洋艺术的精华,从而更丰富多彩地来表现对象。
- 如果我同意和纽约出版社签约,每月就可以领5000左右美金的薪水,每天西装革履,夹个公文包,开着车去上班。
- 一个人一生可以遇到很多机会,有些机会适合你,有些不适合你,哪些应该抓住,哪些应该放弃,自己应该弄清楚,这一点我觉得我做得还可以的。
- 中西结合是将两个差异性的东西放在一起,我就喜欢这样杂交的艺术,吸取各自的优点,但许多传统的中国艺术家不愿意这样去做。
- 我的家乡太美了,我创造了一套绘画语言,一系列的符号,一个新的形象。

# 放下名利，重新开始

**马** 1987 年，对您来说非同寻常。当时您在苏州画坛已是执牛耳者，获得了很多奖项和荣誉，担任很多重要职务，一切都是顺风顺水的，为什么突然想离开苏州去美国呢？

**杨** 我实话实说，有两方面原因：一是，我这个人不是一个安分守己的人，喜欢新鲜事物。当时，国内虽然已经开始改革开放，多少能看到一些国外的绘画作品，但不满足。可以说，通过杂志、画展等了解得越多就越不能安心，特别想出去看看世界上的艺术到底发展到什么程度了。二是，虽然我是画传统中国画出身的，但我喜欢西洋的东西，而且像傅抱石、林风眠、吴冠中等我崇敬的艺术家都出过国，不同程度地吸取了西洋艺术并和中国传统绘画结合在一起，创作出了更符合时代精神的优秀作品，我也想出去看看，但是一直没有下定决心。有一天，陈逸飞很兴奋地告诉我除了公派留学生外，也可以自费出国了。因为他最初想考公费留学生的，英文不过关，没有考上。他说"自费留学开始了，我要第一批出去"。他通过各种关系，果真第一批出去了，那是上世纪 70 年代末。他走成功了，而且不断给我们写信，大家都很激动。陈丹青受此鼓励，每天晚上都苦读英文，不久也出去了。

**马** 那是 80 年代早期吗？

**杨** 陈丹青应该是 1981 或者 1982 年出去的。陈丹青出去后，也给我写了大量的信，告诉我美国的情况，说虽然在国外很苦很寂寞很孤单，但出来跟不出来大不一样。当时，我虽然心向往之，但是已经有家庭，有小孩了，所以尽管在学习英文，但下不了决心。父亲知道我的犹豫，临终前说："明义，你要按照自己的路去走，如果我身体好的话，我可以教你英文。"他很鼓励我出去，但其实，阻力还是很大的。当时市委周书记善意地提醒我："你不要以为在中国混得好，到外国就吃得开，我的儿子在澳大利亚要靠洗碗养活自己。"

**马** 您妈妈也不同意您出去吗?

**杨** 我妈妈已经退休在家,但身体还不错,父亲死后她还照顾弟弟妹妹一个大家庭,顾不上我的事情,再说,我这个人,向来做事不和家里人商量的。真的,我要做的事一定会去做,再劝也没用的,我就是这个样子。

**马** 出国之前您应该还没有离婚,您前任太太支持您吗?

**杨** 我不管她支持不支持,我要走就走。我想,我这么多好朋友都去国外了,大家都想把我们民族的艺术介绍给世界,也将世界的艺术融合进我们民族的艺术中,我要学习他们的精神。虽然陈逸飞、陈丹青他们能力都比我强,但我有自己的专长,我的水墨画可以吸收西洋艺术的精华,从而更丰富多彩地表现。我坚持要走。1987年1月,我终于要走了,国画院请我吃饭,张辛稼院长还说,"你早些学成回国啊"。

**马** 国画院没有反对您出去?

**杨** 开始有些人不理解,觉得苏州那么好,出去干什么,但我主意拿定了,说什么也没法阻拦我的。

**马** 出去之前,您对国外的生活有过思想准备吗?

**杨** 当然没有,想得太周密了还敢走?!这跟一个孩子的成长是相似的,如果知道人生就是由不断的挫折和困难组成的,谁还愿意长大?我想都没有想就这么去了。一踏上美国的土地就傻眼了吧!先是海关不让我过关,因为签证上入关的时间已经超过,学校是1987年1月2号开学,我4号到,过了2天了。怎么办呢?我又听不懂他们在说什么,觉得天都要塌下来了!

**马** 当时您的英语交流有困难吗?

**杨** 根本不能交流的。我出国前请了苏州大学外语系一个研究生来教我英语,她星期六晚上和星期天上午来教我,当时我非常忙,各地不断有人来找我,公事私事都有,还要自己画画,刻制版画,画中国画,单位里的、研究会的事情都很多,还要办理出国的各种手续,所以坐下来开始学英文,就打瞌睡。她说:"杨老师,你怎么又睡着了?"我太难为情了。初到美国时,ABC刚弄清楚。美国海关一通质疑,我就完全傻掉了。幸亏中国民航的两个空乘拉着箱子出来,帮助我解释是因为身体不好,迟到了2天。我是这样过关的。旧金山艺术学院一个中国老师来接我,是我表哥的老师,英文很好,他开了一辆蓝颜色的旧汽车,铁锈斑斑,一侧的门都拉不开了。见到我，也没有欢迎，更没有拥抱，表情都没有地说"跟我走吧"。这让我太惊讶了。

**马**　跟您想象中的美国差距太大了吗？

**杨**　他在上海是一个蛮有名气的画家，居然是这种生活状态，我百思不解。上了车，他说："你来美国干什么？来找苦吃啊?!"我说要吃什么苦？我来留学是想开开眼界，学习西方艺术。"你真的不怕吃苦啊？"他又说，我的心一下子就沉重起来，很难过。他用车把我拉到中国领事馆，就走掉了。领事馆有给中国人提供短暂停留的房间，几十美金一天，比较便宜。我昏昏沉沉地到了一个小房间，里面有一张床，因为时差，我太困了，什么也不想，想不动了，倒头就睡。一觉醒来，不知道自己在哪里，当感觉到自己不是在苏州而是在美国时，心情紧张得要命。怎么办呢？真是够呛！我给在旧金山的担保人打电话。他来看我，立即说："杨明义，你在这里是不行的，明天到我家里去吧！"第二天，到他在山上的别墅去。很大的一套房子，有许多房间，太太带小孩子去溜冰了。下雪天要给汽车装防滑链。哎呦，这些事情对我来说太新奇了。担保人跟我说："我明天带你去找房子。我家里是可以

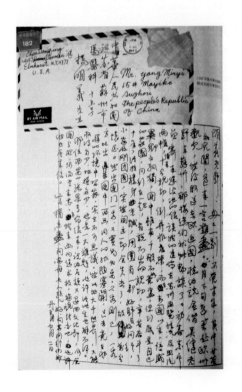

陈丹青与杨明义的通信始自20世纪70年代，往来不绝。左图为陈丹青甫到美国后给杨明义的来信，陈丹青写道，"然出国门一看，又实为必要，不看则已，一看方比出国中西画同人的孤陋寡闻，过去竟在那样的环境中习艺，实在不可思议。然此地大千世界，又能取得多少，把握多少，也是一大难题，也许终此生也解不得"。也许，此信终成点燃杨明义出国之心的火种。

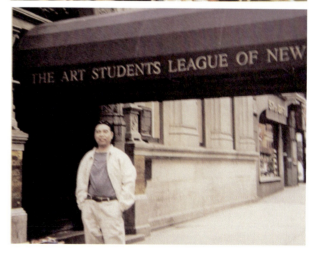

上图为杨明义在旧金山艺术学院学习期间与老师、同学合影留念,摄于1987年。中图为杨明义在纽约青年艺术同盟的写生教室上课。下图为杨明义留学纽约时在青年学生同盟艺术学院门口的留影。

住的,但离学校太远了,你每天怎么去?"

**马** 担保人是亲戚朋友吗?

**杨** 不是,是一个中国台湾人。他在网师园的苏州版画廊里看到了我的画,非常喜欢,买了几幅,还跟我爸爸攀谈。我爸爸就介绍我们认识了。他请我吃了顿饭,很欣赏我。当时,陈逸飞先为我担保申请纽约州立大学,但学费太贵了,一年要两万美金,天文数字,我就是倾家荡产也付不起!陈逸飞鼓励我,先出去了再说,总归有办法的。我还是不敢,学费太贵了!我就去找那个台湾人,他说旧金山的学费很便宜,只要二三千,他可以替我担保。就这样,我办理出国还是很顺利的。但到了国外,两眼一抹黑,不知东西南北了。有朋友请我吃饭,得知我的情况后,替我张罗在一个美国收藏家家里举办了一个我的小型画展。

**马** 都是您从国内带出去的绘画作品?版画,还是中国画?

**杨** 版画、国画都有。出国时,我带了2卷画,一卷是吴冠中、黄永玉等艺术家送给我的画,我全部带出去了,一卷是我自己的作品。来参观画展的都是美国的有钱人,家里挂得起毕加索的画。我有一张小小的版画,刻的是日本风景,有个人挺喜欢,问我什么价格,准备买下。我初到美国,哪里知道行情,想了想,国内卖100元一张,一美金等于8块人民币,我就要了50美金,他说:"Too cheap,太便宜了,给你100块美金吧。"我太高兴了。陆陆续续的,张三买一张,李四买一张,有200美金一张的,有300美金一张的,也有400美金一张的。

**马** 这个小型画展是您到美国之后多久举办的?

**杨** 没有几天。这次画展卖画所得有两千多美金,解了我的燃眉之急。

## 苦学西方绘画艺术

**马**　您在旧金山哪所学校学习？

**杨**　旧金山艺术学院。去学校报到之前，去机场接我的老师看了我作品的全部幻灯片，然后说："你能不能拿出两幅画送给学校，这样可以免掉 400 美金的学费，我替你去说情。"我当然愿意啊，出国时按规定带了 60 美金，又在鞋肚里偷带了 300 美金，要吃要住，哪里交得起学费！他就挑了两幅画，先抵交了两个月的学费。当年，旧金山艺术学院一个学期的学费是 1600 美金，所以卖画得了 2000 多美金，我太高兴了。在旧金山租房子也很巧，因为朋友介绍，租到了美国政府提供给低收入人群居住的廉租房，一幢楼总共四层，房子的租户是上海人，每月租金总共只要 400 美金，他们拿出第四层的房间出租以贴补家用，每月 300 美金。这是违规的，如果美国政府知道了，是会取消廉租房资格的，所以他们非常谨慎，不是熟人介绍是不出租的。我去时，正好一个中国台湾学生毕业退租，房主听说我是苏州人，就毫不犹豫地租给我了。

**马**　您运气很好啊！

**杨**　这还不是最重要的。房主是从上海移民到美国来的，生活挺艰苦，男人在医院、饭店打工，老婆帮人家带小孩做饭，挺不容易。但是房子特别好，敞亮开阔，还有一张适合画画的大桌子，我暗自高兴，又很好奇，普通人家里怎么会有这么大的桌子。房主告诉我，他妈妈曾经教外国人如何烧中国菜，这张桌子就是操作台。房主的妈妈不简单，是王己千的秘书。王己千是我们苏州东山人，出身世家，是明代宰相、大学士王鏊的后代，毕业于苏州大学的前身东吴大学法学院，后来师从大画家吴湖帆学习书画和鉴定，是中国最早出国的艺术家之一，长期居住在纽约，在书画界和收藏界都非常有名。1999 年他将自己的收藏品捐给纽约大都会艺术博物馆，成立以他的名字命名的"中国古代书画收藏陈列馆"——"CCWangFamilyGallery"，这是世界四大博物馆内第一家以中国人名字命名的艺术陈列馆，非常了不起。

**马** 您认识王己千是通过房东的关系吗？

**杨** 是的。我去美国时，身边带了三封师友写给王己千的推荐信，包括张辛稼院长写的一封。但是，王己千在纽约，我如何能见到他呢？有一次聊天，提到这事，"哎哟，要见王伯伯太容易了，明天就可以见"。啊？怎么回事？"他刚到旧金山。"冬天一月份很冷的季节，王己千会从纽约到旧金山度假，房东的妈妈负责王己千的饮食起居。

**马** 您在旧金山停留的半年时间都是住在这里的？

**杨** 我租住了半年，与房东一家结下了深厚的友谊，一直到今天，房东已经过世，他的儿子毛毛、女婿跟我一直有联系，最近，我太太带着女儿去旧金山时还看望了他们。我们真的不是一般的关系。毛毛的姐姐烧得一手好菜，每天做三菜一汤，喊我下楼跟大家一起吃饭。我难为情不去吃，他们就送到楼上我的房间里来。我很感动，时不时地画张画送给他们。房东也很领情，他说，"杨先生的房租我们一定不要收了"。当我离开旧金山准备去纽约时，我拿了2000美金给房东。他们坚决不收，还反过来用信封装了200美金给我，"你到纽约就没有这么好的条件了。你拿去买个大的办公桌，200美金应该够了"。后来，我在纽约真的买了一个大的办公桌，不是新的，是二手货。我很感动，他们租金都不肯收，我怎么能要这笔钱呢？"你给我们画了这么多画。"他们与王己千走得近，很清楚绘画作品的价值。他们甚至还帮我办了个画展卖掉了一些作品，给了我很大的帮助。第二天早晨临走前，房东又跑上楼来，送我一双皮鞋。我推辞。他说："这是在上海最好的皮鞋店定做的，我带了两双来，小了一点，但是你能穿。"房东是上海很有名的外科医生，但是英文不好，到美国后不能做执业医生，只好在医院打杂工，擦地擦玻璃，侍候病人。"最好的牛皮做的，我一次都没有穿。你一定要带过去，在纽约，你第一次开个人画展的时候希望你能穿这双皮鞋。"我听了这番话，感动得眼泪都流出来了。盛情难却，我就收下了。后来，我在纽约第一次开个人画展时真的就穿他给我的那双皮鞋，小了一点，脚很痛的，但是我坚持穿着它参加了个人画展的开幕式。

**马** 您在旧金山艺术学院的时候去听课吗？选听了哪些课程？英文交流有困难，

如何去克服?

**杨** 去的,每天都去的。选择专业时,我挑了水彩画,觉得水彩画跟中国画之间关系密切。全英文讲课,一点也听不懂,但老师提到的绘画作品,无论是世界名画,还是中国传统名画我都了解。课堂讨论时,轮到我发言,我无法用英文表达,但中文可以的,就请了一个同学给我当翻译。这样当然不是长久之计,所以选了一个补习班,每天学英文,三四天就要考试一次,我紧张透顶了!真是累啊,手心里写满了英文单词,一边背英文,一边画速写,非常辛苦,但是很充实。到纽约之后,继续在补习班里学了一年英文,才勉强可以结结巴巴地与人交流。

## 不打工，不画像，决不放弃艺术创作

马　为什么半年之后就从旧金山去纽约了？

杨　刚到美国时，为了省钱，跟家里说好，打电话就听铃声，不要接。

马　相互不接听电话？

杨　是啊，不接通就不要花钱，有电话来往，听到铃声就是双方都平安无事。有一次，楼下喊"杨先生，侬个电话"。我很诧异怎么会有我的电话？下楼去接。"杨明义，我是陈逸飞。你到美国来了，要吃苦头了。"哎哟，我的眼泪立马流下来了。

马　像委屈的孩子一样。

杨　真的呀，哽咽得话都说不出来了。陈逸飞说："如果你觉得在旧金山不行，就到纽约来，我在纽约总归有办法的。"到美国的第一个电话，是陈逸飞打来的，太触景生情了。我不比一些小青年，我是有家庭的人了，到这里来做什么，画画可以在家里嘛，为什么要到异国他乡？

马　是因为陈逸飞的这句话您去纽约的？

杨　一学期结束，我去了纽约，陈逸飞亲自到机场来接我，之后，他和陈丹青都积极地帮助我寻找画廊。我在旧金山结识了王己千。王己千也让我到纽约去，"你住在我家里好了"。初到纽约，我就住在他家里，每天跟他聊天，看他收藏的各国名画和古董，大开眼界。如果没有王己千，我可能还会留在旧金山。旧金山的生活跟苏州一样好，甚至比苏州还要好，有吃有喝，还省钱。纽约这座城市又脏又乱又差，可以说是乱七八糟的，但是纽约的艺术发展空间大啊。后来，我搬到王己千的另一处别墅里，一住就是一年半，每个月都付房租，还替他裱画，刷墙，负责管理房子，冬天要扫雪，秋天要扫落叶。他还有一条小狗，踩坏我的画，撕破我的衣服，有一种寄人篱下的感觉吧。王己千的儿子对我心存戒心，认为我是中国共产党派

1987年5月,杨明义由旧金山前往纽约留学,陈逸飞到机场迎接。第二天,两人游览纽约,此为游船上的留影和合影。

去的特务,偷着拆我所有的信件,这是旁人告诉我的。他儿子还比较势利,整幢楼有七八个房间,但他只让我住在地下室。地下室多潮湿啊,冬天还特别冷。为了防止水管冻裂,他来开暖气,只开到零上三四度,对我说"保持这个温度,不然水管要爆裂的"。太冷了,我手上生满了冻疮。在纽约生冻疮,是不是很可笑啊?!我想到地下室有一小间是锅炉房,里面一定会暖和些。我将裱画的板子摊平在地上,就睡在上面,的确感觉暖和不少。那条狗大概也觉得这里暖和,就躺在我身边。

我暗自高兴,今天可以好好睡觉,不冷了。大概一刻钟还不到,"呜、呜、呜"刺耳的声音响起,小狗"哗"地就窜到外头去了。原来是锅炉放气的声音,二氧化碳是毒气,我也赶紧逃了出去,不然会昏死在里面的。但是,通过王己千我接触到不少人,有名画家、名收藏家等,我的画也可以到拍卖行去拍卖,他给了我很多很大的帮助。这样的机会不是谁都能得到的,我很感激。

马　在王己千家里看过不少名画?

杨　看过不少古代国画名作,收获蛮大的。在博物馆只能隔着玻璃看,这么近距

杨明义深得王己千先生信赖,在王家博览名家名作。图为两人在王己千位于纽约的寓所"溪岸草堂"谈书论艺。

1987年杨明义留学美国,初到纽约时借宿在王己千在皇后区新购别墅的地下室中。

杨明义曾为纽约 Dial 出版社创作过三部人物插画,图为《贝壳姑娘和皇帝》的封面。

离地反反复复欣赏是从来没有过的,感觉很幸福。王己千的寓所名称是"溪岸草堂",来源于五代董源的《溪岸图》。《溪岸图》原来是徐悲鸿的藏画,张大千用金冬心的《风雨归舟图》换得。1953年,张大千想出卖这幅画,经过反复考虑,王己千用12张近代画作去换了回来。在他的收藏中,传世孤品为数不少,《朝元仙仗图》(绢本墨笔)是北宋时期人物画家武宗元的唯一传世之作,是标准的北宋高头大本卷,保存完整,墨线勾勒,略加淡墨薄染,现在想起来好像就在眼前。还有一套宋代马远画的12张山水精品册页,他刚从苏富比拍卖行拍到就拿给我欣赏。零距离欣赏到了宋元明清历代大家的真迹,比如郭熙、董源、巨然、马远、刘松年、赵子昂、倪云林、文徵明、唐伯虎、徐青藤等,不计其数,这在别处是看不到的。袁运甫老师说过,王己千那儿的东西,除了杨明义,中国还没有一个画家能饱览十多年之久。

**马** 这也充分说明王己千对您的信任和厚爱。您在纽约青年艺术同盟学院学习时,主要选修了什么课程?

**杨** 继续学习英文、速写课、人体写生课、插图课,还有创作课。创作课有老师辅导,可以自由地画各种模特儿,我们通常是几个同学一起用一个模特儿,一星期换一个。教插图的老师是梅恩,对我很鼓励,他说:"杨先生,你的水墨水彩画和素描已经到了很高的境界,我建议你可以吸收西方的色彩概念去学习一点油画。"我家里楼梯墙壁上挂的那幅插画就是梅恩老师上课时示范后留给我的,我请他签了名。

**马** 您给纽约Dial出版社的美国中学教科书画中国民间传说故事的插画是梅恩老师介绍的?

**杨** 不是的。那是一位朋友介绍的。Dail是美国的权威出版机构,他们曾经请意大利、德国、英国、西班牙、日本、印度等许多国家的知名画家到纽约来画书籍插画,反映自己国家的民间故事,但中国民间故事一直没有找到合适的人选。朋友推荐之后,我用张铅画纸勾了线条,涂上颜色,带去给他们看,不满意。后来,我邀请他们来参观我的画展,他们很喜欢我那些风景作品,让我在这个基础上增加人物。就这样,我比较顺利地和出版社签了合同,画《孟姜女的故事》,酬金5000美金,先拿一半,完成后再付另一半。画到第三本《长发妹》时,我的酬金已经提高到9000美金,跟意大利等国家的画家一样的待遇。唉,现在讲来很轻松的感觉,其实挺不容易的,翻译要自己请,翻译费要自己出,交稿时还要带本中英词典,遇到"光影"这类听不懂的词,赶紧查词典。在 Dail 出版社先后画了四本插画,出版社很满意,《贝壳姑娘和皇帝》还获得过全美优秀插画奖。我有很好的速写功底,又接受了西方绘画中的色彩,比较能把握住美国人的审美趣味。完成了这次插画任务后,出版社开始让我做封面,还要跟我签合同,让我留在出版社工作。

**马** 这是一份体面的工作。

**杨** 是,有多少人想得到啊!如果我同意签约,每月就可以领 5000 美金的薪水,每天西装革履,夹个公文包,开着车去上班。但是,我儿子对我说,爸爸你不要再去画插画了,你快要忘记你的水乡了。我觉得儿子的话有道理,不管这份工作有多体面,总是在替人打工,尤其是我不可能再有时间去画我热爱的水乡,热爱的水墨画了。我就很坚决地推掉了这份工作。出版社感到很遗憾,我自己也觉得可惜,因为只要我有新书出来,美国各个图书馆总会在新书栏里陈列展出,很自豪的。但是,一个人一生可以遇到很多机会,有些机会适合你,有些不适合你,哪些应该去抓住,哪些应该去放弃,应该弄清楚,这一点我觉得我做得还可以的。

**马** 如此说来,您在旧金山艺术学院,在纽约青年艺术同盟学院先后学习过不少西方艺术的课程,水彩画、人体写生等,您觉得这些课程对自己的艺术创作,产生了什么样的影响?

**杨** 画画是一个熟能生巧的过程,不断练习,就像磨刀一样,会越磨越快,同时,艺术家的敏感性和想象力很重要,同样一处风景,不同人看到的是不一样的,有的人觉得大美,有的人没这么觉得而忽略掉了。画人体写生,画速写,最能锻炼一个人敏锐的观察力和想象力了,这是画家最基本的能力,需要不断锻炼,就跟京剧演员每天要吊嗓子一样的,就是这个道理。

**马** 中国画不是也强调观察力吗?

**杨** 传统中国画跟西方绘画完全不是一回事。中国画讲究的是老老实实临摹,不需要多少想象力。中西结合是将两个差异性的东西放在一起,我就喜欢这样杂交的艺术,吸取各自的优点,但许多传统的中国艺术家不愿意这样去做。其实,近亲繁殖质量只会越来越差,艺术也是一样的道理,吸取了国外艺术的长处,回头再看中国传统的艺术,我们会有更深更新的理解,所以一个艺术家不能闭户不出,一定要有开放的姿态,乐于去吸收不同的东西。

**马** 除了生活上的压力,内心缺乏安全感外,自己的水墨作品不再像之前国内创作的版画作品那样受欢迎,会增加您的压迫感吗?

**杨**　中国画家到美国去，只有极个别的艺术家会让美国人大吃一惊，像我们的作品，在国内看来已经是很现代的了，到了美国都变成传统的写实主义作品了。还有，中国人对绘画作品的喜爱是不正常的，买了房子了，要挂个画；有钱了，要收藏几幅画，这是中国传统。美国没有这个传统，在他们看来，为什么我要花这么大的代价去买幅真迹？花几美金、几十美金买张印刷品挂挂就可以了，有这些钱还不如满世界去玩玩。许多美国人住的房子都是租来的，汽车也要分期付款，过一天是一天，只要活得开心。中国人的观念跟美国人完全不一样。所以有人说："杨明义，你跑错地方了，你应该到日本，日本人喜欢水墨画，美国人怎么懂水墨画？"

**马**　美国人对中国水墨画感觉到陌生，他们更熟悉也更喜欢油画，您有没有想过改弦易辙，换种风格去创作呢？

**杨**　没有，我坚持我的风格。但是，我也吸收了一些国外艺术的创作元素，比方说，线条的结构我有点变化，更重要的是我画得更沉下来了，改变了以前的轻浮感，因此画面有时会有一种忧郁感，一种孤独感。克劳斯·雷萨尔称我的作品有"永恒的忧郁"，评论说一只孤独的乌鸦停留在一条被遗弃的小船上，小船飘浮在一条小河上，天空是阴郁的，有一种飘零感。这可能是当时我思想情感的流露，艺术作品是自己内心的反映，不然就是工艺品了。

**马**　在纽约，卖画能维持生计吗？

**杨**　在旧金山时通过卖画我有了9000多美金的积蓄，这已经不容易了，王己千的孙子陪我去银行转账时，说自己到美国四年了还没有这么多钱。另外，学校每个学期会举办一次展览，每人有一张画的位置，卖掉一张可以换另一张。我在纽约画廊里一张可以卖到三四千美金，当然画廊要抽取近一半的佣金，还要扣掉镜框钱，挺烦的。学生作品展览嘛，卖得很便宜，300美金一张，不要交任何费用。我舍不得拿水墨画，就拿版画去展出，谁知道一下子就卖掉了。老师看到了，催促我再去拿一张出来。那个老师也画得很好，还介绍我去他的画廊打工，负责做镜框。我去一看，这画廊很破旧，老师的画就挂在墙壁上，只卖800~1000美金，还没有我的卖得贵。美国的艺术家生存很困难的，有时我的同学突然有半年不来上学，没有钱交学费，就去开半年出租汽车，挣了钱再来念书。那真的是因为热爱艺术，才来念书、画画的。

**马**　当年出国留学的学生不比今天，都洗过碗、端过盘子，日子比较艰苦。您除了画插画挣钱养家外，还有其他打工经历吗？

**杨**　我到美国一年之后,我前妻终于答应出来了,我心里一块石头放了下来。当时,因为没有钱买房子,苏州的一家老少都住在马医科15号。再后来,儿子的签证也办好了,来了美国。一家人的生活不比一个人,负担很重,去超市买东西只能挑快过期被扔在一边的便宜货。有一次,看到一个美国老太太,推着满满一车子东西去结账,一共70多美金,心里就想哪天有钱了,也这样买很多东西。很傻的想法吧?!尽管如此,我还是不愿意去打工,更愿意带个馒头、拎壶水去美国的博物馆学习,整天整天地画速写。

**马**　您主要去博物馆画速写吗?

**杨**　不是,我随身带着速写本,走到哪里画到哪里,去博物馆,去展览会,还去地铁、公交车、公园、饭店、快餐店等地方。每一张速写我都复印了,厚厚的几大摞,拎也拎不动的。1998年在苏州市文联艺术家画廊举办"杨明义旅美速写画展"时,

杨明义从4000多张旅美速写中挑出400多张,出版了《旅美十年——杨明义速写集》。

上左图为杨明义赴美留学第一天在虹桥机场所画的速写。上右图为纽约公交车上吹泡泡糖的女孩。下图为人体写生课中教室里的速写。

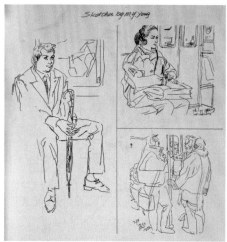

上图为杨明义的老师梅恩先生速写。下两图为纽约人速写。

我从 4000 多张速写作品中挑出了 700 多张，挂满了一个大厅，分成十个部分：第一个部分是到美国去，从虹桥机场画起；第二个部分是在美国的教室里学习；第三部分是在地铁中……很多人来参观，觉得我非常用功，没有浪费在美国的时光。展览结束后，我又挑选了 400 多张，编辑成书，交给苏州古吴轩出版社出版了《旅美十年——杨明义速写集》①。我的心思全部都在画画中，老婆对我不出去打工挣钱意见很大。当时，在学校，经过三位教授的联名推荐可以获得奖学金，免掉 80% 的学费，但前提是一星期必须到学校的餐厅打工三天，几点到几点，规定得很死，不能迟到早退，这样我哪里还有自己画画的时间呢？这个奖学金我不要了。

**马** 在美国时代广场，我见到过许多艺术家替人画头像挣钱，据说这里绝大多数是中国艺术家，这是他们的生存之道。您当年去画过人像吗？

**杨** 我没有画过，我坚决不去画。

**马** 为什么？

**杨** 画头像不是我的长处，而且一旦去画头像，别的事情就不想做，做不成了。每天你要很早去街头抢位子，只有好的位子才会有生意，回来通常是半夜之后，凌晨两三点、三四点钟是家常便饭。知道你是画画的，身上有现金，还常有黑人持刀抢钱。这还都是小事，主要的是开始替人画像，画家的精气神也就没有了。我表哥在纽约就是替人画像的，每天都出去画。他说每次跨出家门都很艰难，怕去呀，但到了街上也就无所谓了。画家之间还明争暗斗的，有些会说英语的招揽客人时说"他画得不好，我画得好，他要十五块，我只要十块"。因为街头设摊是非法的，警察经常出动来抓捕。有一次我表哥被抓住了，工具被没收了，人还要跟着去警察局，幸亏他机灵，在过一个地铁站时，乘警察不注意，逃跑了。

**马** 您说您带了中国当代艺术名家送给你的全部画作到美国，这其中有些已经非常值钱了。在生活困难时，有没有想过卖掉一些作品？坊间也曾经传过您把老师们送的画都变现了，不再从事艺术创作，去做古董生意了。

**杨** 老师们送我的 200 多件作品我全部带在身边的，如果卖掉的话，不要说买幢

---

① 《旅美十年——杨明义速写集》由古吴轩出版社在 1999 年出版，内收十个部分，依次为"在旅途中""纽约印象""在美术学院的画室里""长岛""在纽约的地铁里""异国风情""人物速写""宝岛台湾""生活小品"以及"在艺术博物馆里的摘记"。

别墅、买辆车安居乐业了,就是再贵的房子也能买了。但是,老师们送给我的画,我怎么舍得卖掉呢?"文化大革命""破四旧"那么厉害,我冒着生命危险也要保留下来。每当我翻看这些画,老师们作画的情景就会浮现在眼前,他们对我那么信任,那么鼓励,那么厚爱,我怎么能将记录我和老师们交往的作品出手呢?我做不到。回国时,我经日本转机,拎着装满画的大皮箱千辛万苦,不远万里,将200多幅作品完好无损地带了回来。

**马** 一个画家在异国他乡,克服经济上的困难不容易,文化和生活方式上的适应恐怕更难吧?

**杨** 我去美国时已经44岁,不比年轻人,适应起来快。我儿子到美国后去中学念书,一开始要上厕所都不知道怎么说,担心得要命,一个星期之后,这些困难都迎刃而解了。

**马** 那么,在语言交流有障碍、文化适应有过程的环境里,有没有觉得很孤寂?

**杨** 那是免不了的,尤其是过年过节的时候。那时,有个好朋友,一位名律师,时不时会举办party,请很多画家去聚会,大家在一起吃烤牛肉、喝啤酒、聊天,很快乐地过一个晚上。

**马** 跟外国人有比较好的交往吗?

**杨** 在国外生活压力比较大,交流是有的,我的老师都很喜欢我,但因为语言啊、生活习惯啊,不会如中国人之间那样熟悉。我喜欢收集各国的古董之类的,外国人来我家里看到这么多东西,会认为我很有钱,其实都是我省吃俭用,或者卖掉一张画去偷偷买回来的。

**马** 为什么说卖掉一张画偷偷地去买古董?

**杨** 老婆不让买的呀。我看中一套非洲木雕,没有钱买。刚好从日本寄来了一笔钱,是卖掉了好几张自己的画获得的,大概2000多美金。我思想斗争了好长时间,要不要拿出来交给老婆呢?后来还是没有拿出来,去买了喜欢的那套非洲木雕。很精彩的木雕!买回来不能说得太贵,不然老婆不相信的。那时候生活压力太重,这些东西都是无用的奢侈品,可是我太喜欢这些东西了,怎么办呢?只好把一套木雕藏在门背后,隔几天再一个个拿出来欣赏欣赏。现在,我到北京后,经济上没有负担了,就可以买许多自己喜欢的艺术品了。

**马** 人在异乡,生存是第一要义。

**杨** 不同的人活法不一样,对生活的看法差异也太大,所以,出来的人,离婚率很高,百分之六七十吧,大家普遍缺乏安全感。

**马** 您是说从中国到美国的夫妻离婚率高?您前妻是学艺术的吗?

**杨** 我前妻不是学艺术的,普通的一个仓库保管员,家里出身不好,母亲身体也不好。我看她长得挺漂亮,就挺喜欢,她也就糊里糊涂嫁给我了。人是一个好人,但是我们之间真是讲不到一起去,思维方式不一样,看事情的方式就完全不一样。后来我回国了,就离婚了。

**马** 在美国经历了这么多的不易,有没有后悔过,早知如此,就不出去了?

**杨** 后悔倒没有,我只是想,如果我在苏州南门二村的一套六十多平方米的房子在美国就好了,我不需要去租房子住,也不需要买房子,可以安安心心地画画。在美国租房子很麻烦,刚到纽约时我的那个房东,不许我在墙上钉钉子挂画。那怎么行呢,墙壁不让挂画那多没有意思。好说歹说,他最终答应了,但是要求我们搬出去时要重新粉刷,不见钉眼。外国人的房子喜欢一间红、一间蓝、一间绿的,我不喜欢,出去买了白的涂料来,自己拿滚筒把墙壁全部刷白,我儿子也来帮忙。后来,房东来一看,"这个房子什么人刷的,刷得这么好"。我说我们自己弄的。"唉,我还有一套房子,你能不能帮我刷一下,给你 300 美金。"我跟我儿子两个人就去了,累死累活的,挣了 300 美金。

**马** 那时候您儿子多大了?

**杨** 很小,10 多岁吧。他有多大的力气啊,咬紧牙关在干活,一个不小心还摔下来磕破了头皮,我心疼得要哭出来了。刷好后房东很满意,还额外送了我儿子一大包从信封上撕下来的邮票。我们很高兴!

## "艺术家无法逃避政治"

**马** 中国留学生林林被黑人无辜打死是哪一年发生的事情?

**杨** 1991年吧。林林是浙江美院的学生,到美国留学,创作现代艺术,没有钱,就去大街上画人像,是在时代广场(TimeSquare)画头像的中国画家之一。有些黑人非常懒惰,晚上在广场闲逛,看到中国画家画个头像很快,一下子就能挣15美金,眼红得不得了,他们又不会画。林林的英文还比较好,跟黑人交流绝对没有障碍的。那天,林林在画画,黑人没事找事,拿橘子水倒在他的脖子里,两个人吵起来。林林将自己的一瓶水往黑人身上泼过去,那个黑人就气愤地回去拿了把枪出来,往林林身上"嘭嘭"两枪,就这么打死了!警察抓住了杀人犯,最终却说这个黑人有精神病,不能判刑,这是什么王法?中国留学生气不过,就组织游行进行抗议。

**马** 你们之间认识的?

**杨** 不认识。

**马** 游行是自发还是有组织的?

**杨** 自发的。当然,总归需要有人出面联系安排的,大家游行,也是为了抗议不公平,为了中国人的尊严。

**马** 但是您好像做得更多一点,是不是?

**杨** 也没有。当时,有些画家到街上去画画,一个晚上大概能得到100美金,就捐给林林的太太。我没有上街去,捐了一张画,拍到600美金,也给了林林太太。

**马** 当时这个事情影响很大,后来呢,不了了之了?

**杨** 后来这个黑人被判刑了,判了几年。

**马** 据说,您还有一张画被布什夫妇收藏了?您如何结识布什夫妇的?

杨　我到纽约后，陈丹青带我去有"美国前卫艺术圣地"之称的苏荷（SOHO）区的卡罗琳·希尔画廊，亲自给我当翻译，把我的画介绍给画廊老板。这个老板原本是联合国乐队的指挥，是个钢琴家，还是布什总统的家庭教师，教布什的女儿弹钢琴。

马　就是这个老板帮助您联系上了美国前总统布什？

杨　是。他从联合国乐队指挥的位置上退休后，教钢琴，开画廊。陈丹青看中的是这个画廊的国际性，不仅有美国人的画、法国人的画、西班牙人的画，还有日本人的画，唯独没有中国人的，这对我是个机会。后来，画廊老板对我说："杨先生，虽然你的画是水墨作品，但我从画面上看得出有音乐的节奏。"他的买家中有许多音乐家，唱女高音的、男中音的都有。我的作品在他画廊里展出有四年，他每年为我举办一次画展。

马　画廊老板评价您的画有音乐的节奏感，您认为这个评价恰当吗？在他这个评价之前，您意识到自己的画有音乐节奏感吗？

杨　要是我作画时有意识地去注意到节奏感那就坏事了，这只能是自然的流露，本质的流露，在疏密之间，留白之间，黑白之间，点线面之间，刻意地去制造音乐节奏，肯定是不行的。艺术是没有虚假的，我要装腔作势地表现音乐节奏感，表现我人格的伟大，怎么表现啊？

马　您也说画如其人，人如其画，一个对音乐没有兴趣，听不懂旋律和节奏的人，他的绘画作品如何能表达出音乐的节奏呢？

杨　我同意你的看法。我和我的家人都偏爱古典音乐，尤其是小提琴和钢琴，到美国之后也接受了不少黑人现代音乐。我儿子最喜欢黑人音乐了，常常一个人赤了膊一边听音乐，一边在地上写字。

马　您喜欢黑人现代音乐吗？

杨　蛮有意思的。一个人吃得太偏没有什么好处，营养太单一，所以什么都要去尝试尝试。美国是个多民族的、包容性很大的一个国家，就像今天的北京一样，全国各地的人，甚至是全世界各地的人，歌星、演员、画家、作曲家、音乐家、工程师，都愿意来北京发展。跟纽约一样，北京有许多私人博物馆，慢慢看很有价值的。

马　让我们回到您给布什送画这件事。我很好奇，画是您直接送白宫的吗？

杨　那是1989年，非常时期。SOHO画廊的老板对我说，你的画很好，但是缺一个重要人物的收藏，外国人很讲究这个的。我说我又不认识什么重要人物。他说：

杨明义创作的水墨画《月夜古桥》于 1989 年设法送给时任美国总统的布什,希望布什能像桥梁一样接连起中美人民的友谊。

水墨画《星夜》,创作于 1989 年。

"你愿意不愿意送一幅给他？画你送,镜框我送。""谁啊?"我问。"布什总统。"哎哟,我还有什么好犹豫的呢？马上画了一张《月夜古桥》,画面是一轮满月,一座长桥。我写了一封信,大意是"我是中国在美国的留学生,你是中国人民长期的友好使者,你做过我们中国的大使,你在天安门广场骑过自行车,大家对你印象很好。现在中国处在特殊时期,希望你不要做有损中美两国人民利益的事情"。我还说,我寄上我的新作《月夜古桥》,月夜中间的一顶桥,古老的中国桥,它是中美友好的桥梁,希望你继续做中美友好的使者。写好之后,叫人翻译润色了一下。画廊老板用很高级的银色镜框装了画,包扎好,也写了封信,一起放进去,通过 UPS 寄往白宫。没过几天,布什总统的回信就来了。

**马** 写给您的信?

**杨** 是的。这封信我还保存着,白宫寄过来的,信封是用过的旧信封,反过来再写的。

**马** 您的意思是,信封是别人寄给布什的,他再二次利用?

**杨** 是啊,白宫很节约,但是信纸很讲究,有美国鹰的暗纹。信上写道"很高兴收到你在特殊时期下寄给我们的画",说了几句我的画如何如何好,"谢谢你创作了如此珍贵的艺术品,希望你在美国的努力能赢得更多的崇拜者"。如此而已!

**马** 您写信的那些诉求,布什不便直接表态吧?

**杨** 就是呀,当时形势很紧张,我们都凑在一起听英文消息,心跟北京连在一起。你无法想象留学生们是多么爱国。纽约只有领事馆,大使馆在华盛顿,逢年过节的时候,领事馆请我们去吃一顿饭,都能让我们温暖得掉眼泪,仿佛回到了祖国一样,所以领事馆有什么任务,吃多少苦我们也是心甘情愿,不遗余力地去完成的。有一年,中国为了便于开展国际事务活动,在纽约郊外买了一幢绿色的大别墅作为联合国大使的官邸。当时的大使李鹿野请我去看房子、吃饭,让我对如何布置发表意见,还问我能不能画一张大画,挂在壁炉上方？还有小会客厅里也需要挂一张小画。官邸里陈设布置很简陋,有几只大碗放在大理石上,用来喝咖啡。我看着很心疼,就建议要用垫子垫好了,不然很容易在大理石上磨出痕迹。根据他们的要求,我画了水乡的月亮、一座大山、山外青山等,都在官邸挂出来了。

**马** 给大使官邸作画有报酬吗?

**杨** 都是义务劳动。但是,我看联合国的工作人员去买画画工具和材料的时候不用缴税。美国的税很厉害,我自己去买东西时要缴 18% 的税,所以就请他们帮我办了一张免税卡,半年期的,凭卡去买东西便宜好多。

**马** 一个艺术家,像您这样的,对政治并没有兴趣,但是,在您人生的不同阶段又都无法摆脱政治的影响,那么,我不得不再次问到这个问题,您是如何看待艺术和政治之间的关系的?

**杨** 没有办法的,艺术家无法逃避政治。

水墨画《秋藤》,创作于 1995 年。

# 水墨江南的海外传播

**马** 您在美国前后一共十多年,您觉得这段经历让您的水墨江南的创作有什么改变吗?

**杨** 与出国之前相比是大不一样了,境界变得厚重、开阔。比如说,本来我总是不会画雪景,苏州冬天的雪你是知道的,一边下一边融化,怎么画?到纽约之后,尤其是当我们住到23楼之后,一下雪,放眼看,真的就是毛主席诗词"千里冰封,万里雪飘"的感觉,胸襟仿佛立即就打开了。后来,我画雪景的气派就完全不一样了,这种感觉和意境是在美国找到的。

**马** 也就是说,经过美国的学习和生活,您的水墨画的意境突破了一般画家的小家子气,表现得大气、厚重了,除此之外呢?

**杨** 这是关键。另外,我觉得我能比较好地将中西艺术结合起来加以使用。在美国,我画素描、画人体、画油画,使我的色彩感和立体感得到非常明显的提高,我随便涂两笔就是一个花盆,一看你这个脸就知道是怎样的造型,特征是什么,这些都是日常生活中坚持画速写锻炼出来的,眼光是不断地磨炼出来的。在去美国之前,没有经过这样严格的训练,到美国对自己要求是非常高的,在学校里毕竟没有浪费时间,收益很大。

**马** 在美国接受了比较有体系的严格训练。

**杨** 是的,补上了以前缺失的东西,而且,有机会近距离地看更多的传统中国画的原作,而不是印刷品。面对真迹,很自然地就能想象当时这个画家是如何画的,为什么要这样画,这是看印刷品不可能产生的感觉。

**马** 印刷品和原作给人的视觉感受和心灵感受差异都比较大的。

**杨** 现在网上能看到许多名画的印刷品,很清楚,但是要真正地感觉画家的生命,

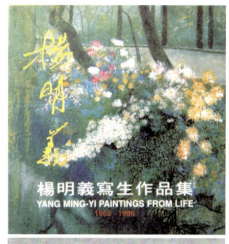

1996年《杨明义写生作品集》由香港心源美术出版社出版。上图为作品集封面，下图为陈逸飞为作品集所作序言的手稿。

画家当时画画的样子,只有看原作才能感受到。

**马** 您的水墨画经过美国学习之后,在色彩方面是不是也产生了变化?

**杨** 那当然了,现在我随便画红的调子、蓝的调子、绿的调子都挺好看的。一般没有接受过西方教育的人,只会画中国传统画的几种颜色,花青、赭石、藤黄、石绿、石青,就这么几种颜色。我对颜色的处理可以有更多的变化,蓝绿红的各种中间色都可以在水墨画中表现出来,同时,我也能画纯水墨色的画。

**马** 在水墨画中加上少许的色彩,我觉得特别漂亮。

**杨** 水墨,再加上一点色彩,绘画语言就更丰富了,形容词更多了,也更容易获得大家的喜欢。江南的春天,如果学传统,跟文徵明一样去画,那就画不出春天的精神来。我的春天色是学西方的,看着很简单的一抹红一抹绿,但是可以呈现出春天生机勃勃的节奏。一般人都弄不了,只能将天空涂蓝,地涂绿,很单调的,色彩和色彩之间没有关系,就等于一块红一块蓝一块白,这样是不行的,色彩是在空间中相互作用的。一个人站在草坪前面,他的脸不是红颜色的,是绿颜色的,因为周围的环境影响。我处理这个红绿色关系呢,绿色会有红光的气氛,朦朦胧胧地笼罩着,就有朝气蓬勃的感觉。一般没有写生经验,没有研究过的人不懂这个道理。艺术是科学,也是要去学习研究的,受的教育不全面,就不可能产生好的艺术作品。

**马** 美国十多年里,您有自己比较满意的代表作品吗?

**杨** 代表作品应该蛮多的。在美国,我的画展在华盛顿开过一次,在纽约开过五六次,都是江南水乡题材的,效果非常好。参观的人,不管是否到过中国,是否到过江南,都很喜欢这么好的地方。所以,我一直在宣传我的家乡,宣传我们国家,这是我一生中最重要的事情,要坚持到底的事情。不管是在中国台湾、在中国香港、在华盛顿、在纽约,还是在旧金山,我一直是这样想,这样坚持的。我的家乡太美了,而且我创造了一套绘画语言,一系列的符号,一个新的形象。就如同齐白石创造的"虾"的符号,黄胄的"驴子"符号,黄永玉的"猫头鹰"符号那样,我画江南的房子就是一个符号,别人看一眼就知道这是杨明义的。画画就是要有强烈的个人风格,这很重要,但是风格太简单了也是不行的,必须深入。我的《江南百桥图》每一张都画得非常认真,吴冠中看了之后说:"你画得太精致了,太认真了,怎么这么认真。"黄永玉就更不用说了,看了三次。我自己觉得要在量和质两方面都用力,作品才能获得成功。量要足,让人家知道你是表现江南水乡;质要高,每张都要很精到，我对自己的要求就是每阶段都要有几张代表作。美国回来之后，我要以新的姿态让大家知道我的存在，我的作品的艺术价值，想来想去就画了《江南百桥图》。开始画得很快，后来花了三年时间才完成，一百座江南的桥，配上一百篇文章，这是我对江南美的理解和叙述。

**马** 在美国，您的作品除了在SOHO的希尔画廊展出并销售外，还尝试向其他国家和地区推广过吗？

**杨** 台湾地区。那时候我还没有机会去台湾，因为台湾当局有规定，大陆公民出来后要满五年才可登岛。但我有好多朋友来自台湾，大概因为海峡两岸长时间分离，缺少文化交流，他们看到大陆画家的作品有些隔膜。当时我住在王己千的别墅里，那个小区还住着几个中国台湾、新加坡、马来西亚来的画家，他们都喜欢我的画，看了我的作品对我说我的画很有意思，台湾人肯定会喜欢，并且还帮助我张罗到台湾地区举办画展。我自己去不了台湾，没有关系，把画寄过去就行了。

**马** 到美国第五年后您去了台湾地区？

**杨** 是的，当时美国跟台湾地区"外交"关系紧张，但台湾驻美"经济文化办事处"等机构协助大陆公民前往台湾地区。正因为这种情势，那时去台湾地区的人还不多，1993年我第一次去时也是小心翼翼的。到了台湾地区，饭桌上我就开玩笑说，你们台湾人太小气了，你们到大陆来，我们对你们多么客气，允许你们免税带冰箱、电视机等五大件送给亲戚朋友，而我们从美国辗转到台湾地区都这么难，太不像话了。他们说，是怕大陆人太多，一下子拥入台湾地区这么个小地方，承受不了。到台湾地区，我的表舅带着他儿子一起来欢迎我，很以家族中出了一个画家为荣。表舅的儿子准备结婚，布置好的新房，让我先住进去了。接下来，就是各种吃饭喝茶的应酬。当时他们条件都很好，人手一部手机，还让我不要办画展了，我所有的画由他们买下来。

**马** 您表舅在台湾地区是做什么的？

**杨** 新中国成立前是上海远洋公司的海员。上海解放时，正漂在海上，靠不了岸，就去了台湾。在台湾娶了一个当地高山族的女孩子，成了家。一家人都非常热情，陪我去很多地方玩，所以第一次去台湾，我印象蛮好。后来经常去台湾，如果停留时间长，他们就把台北市中心的一套房子腾给我住，有张桌子，可以画画了。我先后九次到台湾，以各种目的各种形式去的，拜访过台湾地区许多高官和名人，包括台北"故宫博物院"院长秦孝仪、国民党政要陈立夫等，我还在"国父纪念馆"举办过一个画

1981年《春之晨》四屏

展,国民党的一些领导都来了。

马　在台湾地区有画廊经营您的画吗?

杨　第一次在台湾是胡念祖介绍到敦煌画廊去的。胡念祖是台湾地区有名的画家,黄君璧的学生,当时在美国大学里教书,就住在王己千别墅的后面,人很热情,我经常去他那里。

马　是教宋美龄画画的黄君璧吗?

杨　对啊。胡念祖师从黄君璧,但比黄君璧画得新一点。我们比较讲得来,他还经常开着车带我们出去玩。他把我介绍到台湾敦煌画廊举办个人画展,那时候我到美国不过两三年,自己还不能去台湾地区。在这次展出中,台湾地区著名歌星费玉清,因为非常喜欢我画的江南,一下子就买了七张。这是很少见的吧?还提出要见我。可惜我没有去,他见不了我。

马　您自己不能去台湾,谁替您张罗举办画展的事宜呢?

杨　主要由画廊张罗。画展的效果非常好,因为当时两岸的紧张关系刚刚有所松动,文化交流也还不多见,所以,台湾地区的人看到那些江南风景,太感动了。画展的情况报纸有许多报道的。

马　您身在美国不能亲临画展,心情复杂吧?

杨　画展举办期间,我在美国看台湾地区方面寄来的报纸,心里想的是等我可以去台湾,再举办更大规模的画展。敦煌画廊的这次画展,除了几张大尺寸因为价格太高没有卖出去外,其他卖得不错。后来,台北皇冠画廊也举办了一次我的个人画展。皇冠画廊的老板是琼瑶的老公平鑫涛,台湾出版界的名人,代理发行琼瑶的小说,还创办了一本杂志《皇冠》,发行量挺不错,琼瑶在上面发表小说,我的好朋友作家张曼娟是杂志的专栏作家。

马　张曼娟曾经专门撰文评论过您的江南水墨画吧[1]?

杨　张曼娟有一篇散文《江南有雨吗?》写自己第一次回大陆探亲旅游时到苏州遇雨的感受。我是在纽约的图书馆里翻台北《皇冠》杂志时读到的,可能因为思乡很重,特别容易地就被文章打动了。我很想跟她讲,江南下雨时我和她有一样的感

---

[1]张曼娟.水乡,最深情的爱恋——苏州画家杨明义先生的画境//水墨之旅[M].合肥:安徽教育出版社,2005.

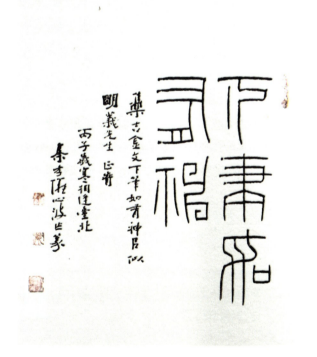

1996年，杨明义应"国父纪念馆"之邀，赴台湾地区举办个人画展。上图为台北故宫博物院院长秦孝仪接见杨明义时留影，下图为秦孝仪为画展题字"下笔如有神"。

受,我最爱家乡江南的下雨天,也最爱画江南的烟雨。我知道她是台北东吴大学的老师,就寄了张江南水墨画《江南有雨图》送给她。不久就收到她字迹工整秀丽的回信,很长的一封信,她说看到《江南百桥图》时情不自禁地惊叫了,比她在江南看到的景象更逼真,"谁能拒绝美?谁能拒绝善意?"让我挺感动的。皇冠画廊由平鑫涛女儿负责经营,画展举办时,我还是没有资格去台湾。这次画展的效果不如人意,可能宣传方面没有做好。张曼娟从日本回中国台湾,正好赶在最后一天去了画展,并且拍了许多照片寄给我,在信上说,"买你画的人,都是真真喜欢你画的人"。她还写了一篇《水乡,最深情的爱恋》配合我的画展在台湾地区多种报刊、杂志上发表,她特意把这篇文章的原稿从台北寄到纽约送给我留作纪念。

马　台湾的文化气氛是不是要比大陆好些?

杨　也不一定,要看在什么地方。台湾地区比大陆开放得早,去美国和欧洲留学的人回去得也非常多,西方的生活习惯和品位,在台北这样的城市很明显。可以说,台湾,洋气的地方非常洋气,土的地方非常土,乡土气息很浓重的。有一次,我从高雄去兰屿岛写生。兰屿岛四面环水,要坐小飞机过去的。飞机飞了大概半个小时就折回来了,说是海上有风暴,无法降落。第二天风平浪静后再去乘飞机,这次很顺利到了岛上。兰屿岛居住的大多数是台湾地区原住民,风光很漂亮,船雕得精致,有异域情调。兰屿岛的机场造得跟当地民宿一样,屋顶由两条船构成,很特别。本来我准备在岛上待两天,结果风景超出想象的好,就待了一个星期。在此期间,认识了高雄市的两个大学生,他们知道我是画家,又是经美国过来的大陆人,半是好奇、半是崇拜地跟了我几天。我打算去租辆汽车,他们劝我租摩托车,在岛上会更方便。摩托行的老板见我背着画夹子,央求我给他的女儿画张像。那有什么问题啊?!我"刷刷刷"几笔就画好交给他。他高兴得不得了,说,"杨先生,你在这个岛上的消费都由我包了,摩托车不要租了,我开车陪你"。他就开了部汽车带着我们在兰屿岛转。中午吃饭的时候,他买来了啤酒、肉、海鲜,很丰盛,请我吃饭。晚上,他邀请我们去家里看他"全岛最漂亮的老婆"。这个漂亮老婆,文着面,吓死我了。

马　他们是高山族吗?

杨　我也不知道。他有五个小孩,全部是女孩子,全家人围成一圈,睡在炕上,衣服都挂在墙上。我在兰屿岛画了不少速写,还借了摩托车开来开去,非常有意思。

# 旅美十年画展

**马** 在美国、中国台湾您多次举办个人画展,那么在大陆,您的第一次个人画展是哪一年举办的?

**杨** 是这样的,"国父纪念馆"的负责人很喜欢我的江南水墨画,1996年,他们请我去为纪念馆的贵宾室画张画,并且举办个人画展,集中展出我不同阶段的作品。我觉得蛮有意义,就答应了。秦孝仪①为画展题字"下笔如有神",台北的部分高层官员出席了画展开幕式,媒体做了许多介绍,效果挺好。展出的这些作品有不少是精品,是我舍不得卖的。记得有一个画廊一下子买了七八张画,都是非常好的作品。现在想想挺后悔的,但当时急需要用钱啊,没有办法,总不能依靠亲戚接济生活吧。有了这次展览,我就想回中国大陆开画展了。我是1987年1月出国的,掐指一算,我到美国已经十年了。十年是个整数,我就打算在1997年1月到家乡苏州举办个人作品展。想想很激动,就立即打了个长途电话到苏州,"蛮好,蛮好,欢迎你回来开画展"。

**马** 您电话打到哪里的?

**杨** 苏州文联。当时,吴作人艺术馆刚刚造好,还没有开馆,我就希望开馆后的第一个画展是我的,多好啊!但后来却遇到了种种困难。那时,我已回到国内,画展的请柬都设计好了,却找不到主办单位。我打电话给陆文夫,他是文联主席。陆文夫一听很爽快地说:"你的画展由我们文联来主办好了。"我挺感动。定下举办

---

① 秦孝仪(1921—2007),台湾地区著名学者、政治家,曾担任国民党副秘书长、台北"故宫博物院"院长等职,主持台北"故宫博物院"工作长达18年。

时间地点，印好请柬，送到吴作人艺术馆。可是，离开展还有3天了，请柬一张都没有送出去。我问为什么不发请柬？他们让我再等等，说上面领导有安排，要等省公安厅批复。画家开个画展跟公安厅有什么关系？后来我知道了，理由是要审查画展是否有黄色内容，反共产党的内容。怎么办呢？我马上打电话到省里，说明原委。很快，就是当天，省公安厅就将批文传真过来了，一行字"请苏州公安局审查"。

**马** 画展的主办方是苏州文联，具体经办是吴作人艺术馆？

**杨** 对。

**马** 吴作人艺术馆认为要报省公安厅的？

**杨** 对。省公安厅的文件我保存着。当年的苏州市市长章新胜知道我要在苏州举办画展，说"你的画展我一定要来"。听说时间后还说"那天我在杭州，赶回来参加"。结果，我的画展不能如期举办了。我打电话给他，他很惊讶，问了情况，对画展送省公安厅批准表示不解。省公安厅的批示下来了，原定的画展举办时间也错过了。

几经周折，"旅美十年——杨明义画展"终于如愿在苏州吴作人纪念馆举办。图为开幕现场。

王己千先生为在家乡苏州举办个人画展,1993年专程从美国回来。虽举办画展未果,但他接受邀请担任苏州国画院名誉院长。上图为王己千先生拿到聘书时在纽约"溪岸草堂"的留影,下图为在纽约欣赏杨明义新作时留影。

**马** 画展延期举办了吗?

**杨** 只能延期到春节之后了。画展开幕式那天,当时的市长章新胜、市委副书记周治华、文联主席陆文夫都来了;江苏省文化厅副厅长赵绪成来了,江苏省美术馆馆长吴俊发来了;我的好朋友陈逸飞也专程从北京飞上海然后再开汽车来了;还有许多画坛朋友从四面八方来了。很热闹,有一两千人参加吧,把吴作人纪念馆挤得水泄不通。来自全国各地的贺电贴满了一面墙,很感动的。章新胜市长发表讲话,陈逸飞接受电视台采访,晚上章市长出面在南园宾馆宴请外地来参加画展的客人,其乐融融。我很开心,但我躲到一边去,哭了一场,想想我在美国、中国台湾地区开画展大家都对我挺友好的,为什么回到自己朝思暮想的家乡开个画展就这么难?

**马** 您自己回家乡举办画展虽然受挫,但最后还是很隆重地举办了,1992年到1993年间您替王己千先生筹措在苏州举办画展是不是也很令人失望?

**杨** 王己千老先生虽然出去得早，但一直有颗拳拳报国之心，他历经数年收藏了许多有价值的中国画，就想把这些画，再加上自己创作的作品在苏州举办一个画展。这是多好的事情啊！王己千还有一个想法，他想成为苏州国画院的画师。我说，你是台北"故宫博物院"、上海博物馆的顾问，在家乡的画院起码可以担任名誉院长吧！为了王己千的名誉院长，我打电话给市委书记。经过一番折腾，终于等来了省里的批文，然后请马伯乐写了张证书，让裱画师托裱好了，交给我带给王己千。

**马** 什么证书？

**杨** 聘请王己千担任苏州国画院名誉院长的证书。我把证书带到美国，交给王己千，他高兴得不得了，拿了证书跟我一起拍照，还配了个镜框挂在家里，很得意。

**马** 在他看来，这是家乡人民对他的一种认同。

**杨** 有很强的荣誉感。王己千亲笔写了一封信给市委书记，几易其稿，最后用毛笔抄写的，字里行间都是对家乡的感情。筹备王己千的画展，那么，展品在国外裱，还是在国内裱呢？国画院很冷淡，什么也不管。怎么办呢？我又写信给市委书记，他说，"国画院有裱画师傅，拿回来裱"。王己千很高兴，在自己的收藏作品中挑选了30件让我带回到国画院，件件都是精品！原定五月初举办画展，我三月底特地赶回来安排和处理这些事情。我去看裱画的进展，结果还没有裱。都这个时候了，我怎么跟王己千交代啊?！我只好连夜请了几个师傅来赶工，赶在王己千到达苏州之前裱出来。画裱好了，国画院却说画展不能举办，因为上面没有经费拨下来。

**马** 王己千亲自到苏州来了？

**杨** 五月初，王己千回国。到苏州的那天晚上我在南林饭店请客为王己千接风，我安排王己千住在南园宾馆。宾馆负责人听说是大名鼎鼎的王己千，就请他画张画，写几个字，然后住宿费给打了折。那时，我没有多少钱，接待王己千最终变成了我自费招待了，弄得很狼狈。王己千回到国内听说因为没有经费，展览取消了，他一腔热情也就退了下去。

**马** 就这样放弃画展了？

**杨** 在苏州时，王己千到我家里来了两次，在沙发上睡了一觉。我说，你寄来的画都裱好了。他说："裱好了我怎么带回去？我要全部带回去的。"我就自己动手，再一张一张切割下来，卷好，包扎好，让他带回美国。那时裱画虽然没有现在贵，但也花了好几千块钱的，都打水漂了。裱画的轴和框子现在还堆在我老家里。太惨了!

**马** 能想象这个过程中王己千先生和您的心情。

**杨** 我难过得不得了。对王己千太冷淡,太冷淡了,一盆冷水浇透了王己千的心。后来我们就再也没有提起过这件事情,名誉院长的镜框也从墙上取下来了。

# 江南水乡，最深切的爱恋

- 左眼患了黄疸性结膜，要瞎掉了，紧张得要死，一个画家如果眼睛瞎掉了，那不是成为废物了吗？
- 书画市场就这样的，你画得好，有特色，跟别人不一样，就能被认可。你画得好，可却是去模仿别人，那么卖得再便宜也没有人要。
- 我的江南水墨是自己创造出来，中国美术史上前无古人的，市场就很公正地接受了。
- 我觉得画画讲究意境，意境不是从照片上能直接看到的，也不是真实的现场能找到的，它需要一双慧眼，看到过去，看到文化，看到风土人情，也需要一个脑袋，能不断思考，不断想象。
- 我崇拜他们，从心里崇拜他们，他们身上的智慧、才气、聪明不是每个人都有的，在中国几千年也出不了多少个，他们是我们这个时代最优秀的画家，最优秀的人才，而我很幸运地结识了他们。

## 我从苏州出去，我要回到苏州

**马** 您举办"旅美十年——杨明义画展"几经周折，替王己千张罗举办展览又没有成功，那为什么还要在1999年回国呢？

**杨** 我就是要回国，不要我回国，我还是要回。我写信，写了六年信，写给市里、省里，最后到中央，要求回国。唉！

**马** 您所说的"回国"指的是回到您出国前的单位吧？

**杨** 对。有一年，我回国探亲，还有三天就要返回美国了，当时市人大办公室的一位主任找到我，请我给人大办公楼的大厅画一张大画。那年，苏州市政府新办公楼、会议中心刚刚造好，需要大量的画，苏州的画家们都被请去画了。我很想为家乡人民画画，汇报我在美国的学习情况，但没有机会，没有人找我，我又不好意思主动去要求画。所以，终于有人来找我了，我很激动！办公室主任说，没有什么稿酬的，顶多给个千把块润笔费。我说一分钱都不要，我只要这张画挂出来，家乡人民喜欢就行了。我问他，为什么不早点来找我，我可以有充裕的时间思考。后来，我才知道，他也是有苦说不出。在找我之前，他们先请过画师，开价很大的数目。三位画师合作，每人画了一座山，还有些花草树木、小桥、小船等。作品出来后，领导们很不满意，觉得三座山画得像坟墩头，映射市委、市政府、市人大三套班子。这当然是无稽之谈，但画得很粗糙是事实。这事就尴尬了，画不能挂出来了吧？据说，人大提出来能不能将竖着的山头修改为横着的，江南的山不高但绵延，他们不肯接受这个修改意见，还放话刺激办事的主任，让他不要挑三挑四的，他们是全苏州画得最好的。这下他生气了，跑来找我。在他看来，我虽然不一定比他们好，但也是最好的之一。当时我并不知道这些原委啊，觉得有机会尽力和表现自己的水平，太激动了，就马上开工，先弄了张大纸，很大的纸，画桌没有这么大，叫个木工过来，花几百块钱，将画桌拼接出一段。深夜两点半就醒了，睡不着，就起来画。整整画了三天，画好交给他们，我就上飞机回美国了。

**马** 您很简单地认为这仅仅是创作一张画，结果事情远远比您想象的复杂？

**杨** 这张画托裱之后在人大办公楼里挂出来了，反响极佳，所有的人都认为比原来的画画得好，市里面还给我颁了奖，在报纸上做了宣传。有些人很不开心，认为我是故意在跟他们唱对台戏。

**马** 这不是您的错。

**杨** 事先我真是一点也不知道，如果知道了，我会打个招呼，也不至于在毫不知情的情况下得罪人。

**马** 您说"不让你回国你偏要回国"，是不是有赌气的成分？

**杨** 当然有，我要争个气啊。因为别人说我在美国走私文物，犯错误了，"这种人怎么可以回国？""他有绿卡了，怎么可以回国？"

**马** 走私文物？

1997年，杨明义为苏州人民代表大会委员会大厅创作大幅画作《江南春雾》。作品受到苏州人大常务委员会嘉奖。

**杨** 那是他们栽赃,我有什么办法呢。我给市里写了好多封信,没有回复,我不甘心,就往省里写信,最后给江泽民、朱镕基、李瑞环、李鹏都写了信。信是复印了签名盖章寄出去的,不管他们收得到收不到。后来,据说是朱镕基总理批示给了江苏省省委书记陈焕友,陈焕友又加批了几个字,要求五天之内一定要解决杨明义问题。我的想法其实很单纯,就是可以将在美国学到的东西带回来,到苏州大学、苏州工艺美院教教学生,还可以利用在美国建立的人脉关系,带大家一起出去写生、办展览。我在美国吃了多少苦,积累了多少东西啊,我要发挥。所以苏州大学请我去做客座教授,在教室里,我说的第一句话就是"今天是 2013 年 5 月 4 号,我是 1987 年 1 月 3 号到美国去的,我一直在盼望今天,盼了 20 多年了,我要将我学到的东西全部给你们",就是这样的心情!

**马** 学有所长,学有所用,何况您又那么爱苏州。

**杨** 我学到的东西总是要带回来的,我要发挥我的能量,我又不是没有能力的人。当时,美术馆馆长刚好退休,空出了位置,让我去接替。我回了一封信,表示坚决不去。我还说,我是共产党培养的画家,我到美国去的目的也是为了让我的艺术生命能发展得更好,不是为了要留在美国,也不是为了升官发财。我没有什么个人的目的,我是为了艺术,为了留学回来能发挥我的能力,为了创作更多美好的作品。可是,他们不理解我这些想法。

**马** 您当初想到过回国会遇到这样大的阻力吗?

**杨** 对我回国办画展这样子,我没有想到;对王己千回来办展览这样子,我也没有想到;对我回原单位工作的事情,倒是有预感的。

# "最容易放弃的是理想，幸亏我坚持了"

**马** 您下决心离开苏州，除了这样一些不愉快的事情外，还有一些什么考虑？

**杨** 苏州这样排挤我，怎么办呢？想来想去还是到北京来吧，凌子也在北京念书了。

**马** 那时候您已经和凌子结婚了？

**杨** 没有结婚，就是彼此谈得来。挺不容易的，一步一步，没有人敢走我这条路，过程太艰辛了，要放弃已有的一切，到北京白手起家。当时，朋友帮我弄了一辆卡车，开了一天，把所有的画具、日常生活用品从苏州拖到北京租来的小房子里。

**马** 初到北京，是不是在核桃园租的房子？

**杨** 对。黄苗子也住在核桃园附近，就在我家对面。我经常去看望他，很方便，走走路就走过去了。

**马** 您选择做"北漂"，跟自己的老师、朋友相聚了，应该得到他们许多帮助吧？

**杨** 唉！《近日楼散记》里我写到的许多老先生都走了，华君武老师也老了，他对我挺好。只有黄永玉，我联系他，告诉他我到北京来发展了，他说，"好，是应该来，我年纪大了，也不参加什么活动了，就在乡下画画"。他在通州乡下盖了个大房子，住在那里，"你年纪还轻，要积极参加活动，你要在市中心买房子"。哎哟，在北京市中心买房子那得要多少钱啊？他说："花300万在市中心买房子，值得的。"我很老实，我说："黄老师，我没有300万。""啊？这么多年你300万都没有啊！"我难为情得要死，不敢吭声了。

**马** 北京的房子价格太高，买不起是正常的。其他方面还顺利吗？

**杨** 刚到北京的前两年，身体不太好，一会儿是骨刺，行动不便了；一会儿眼睛又不好了，左眼患了黄疸性结膜，要瞎掉了，什么也看不见，紧张得要死，一个画家如果眼睛瞎掉了,那不是成为废物了吗?苏州的医生让我去上海检查,上海的医生说这眼病在眼底,如同在照片的底片划了纹路,根本修复不了。幸亏凌子,她在网上查资料,找到一个留德归来的博士,专门看黄疸性结膜的,很难挂得上号。阿姨去排了几次,都没挂上,最后从别人手里买了一个号。见到那位留德的女医生,我说我是画家,眼睛如同生命一样重要,她说"什么人的眼睛都很重要"。检查过后,马上住院,准备开刀。

**马** 是哪个城市的医院?

**杨** 北京大学附属医院。开刀后在医院住了一个星期,凌子天天来陪我,大家还是蛮乐观的,我也做了最坏的打算,即使一只眼睛不好用了,我还有另一只眼睛,我还要继续画画。原先我两只眼睛的视力差异就很大,一只眼睛是1.2,另一只是0.2。

**马** 开刀的效果如何?画画有影响吗?

**杨** 开过之后,看东西的效果反而不好了,直线变成了虚线,灯光底下看出去一片白花花,太可怕了。又动了一次手术,慢慢地,看到的东西的线条才从曲的变成直的了,家里的墙壁也仿佛重新刷了一遍,变白了。真是惊喜不已!接着有一阶段又得了皮肤病,瘙痒难忍,看了多少医生都没有用。后来,我病急乱投医,从小广告上看来的药方,花几千块去配来吃,结果全身都发出来,头发里都是。痛苦,痛苦极了。这样的状态下,怎么能安得下心来画画?

**马** 是不是水土不服?是不是有过敏源?查出什么原因了吗?

**杨** 没有什么原因。一直在吃中药,现在虽然好多了,但也没有完全治愈。我读宋美龄的传记,发现她也患有皮肤病,晚上根本没有办法睡觉,她的被子只能用真丝,不能用棉的。唉,这个人也是苦了一辈子。没有办法,这么有名的人都没有办法,我算什么,只能慢慢治了。当时,我儿子也在北京,三个人相依为命,大家心情都不好。

**马** 这些情况都发生在初到北京的那几年吧?

**杨** 就是开头两三年。黄永玉嘱咐我花300万买市中心的房子,我3万块都没有,只能租房子住。凌子那个时候还没有嫁给我,我这么一个穷光蛋,还不断生病,照理早就逃掉了,她不知道怎么搞的就是跟我投缘,帮了我很多忙,我身体一有不好,就陪我去看医生,挺感动的。

**马** 这就是缘分吧,真是很不容易。但据我观察,您一直笑眯眯的,性格挺温和,看不出来经历了这么多磨难。

**杨** 我性格要是不好的话,早就得癌症死掉了。2008年,我感觉自己吃坏了东西一直不舒服。去医院检查,怕疼,不敢做胃镜,那时苏州没有无痛胃镜。后来,感觉越来越不舒服了,只能去看医生做胃镜了。做胃镜时,人是清醒的,我能感觉到一根管子戳进去、切片等等,也不害怕了。手术室出来,遇到护士长,她说"你就是杨老师吧?我在电视里看到过你的"。我把手术单号抄给她,请她帮我看看结果,打个电话给我。差不多一个星期,我正在吃中饭,护士长电话来了,"杨老师,化验结果出来了,不算大事情,但是,也是事情,你要马上到医院来"。

**马** 化验结果是什么?

**杨** 护士长说是胃癌。我真的懵掉了。她说:"没有关系,开好刀,化疗化疗就可以了。"我心想,化疗之后一个人还能做什么事情呢?我还有那么多事情要做,有

上左图为杨明义初到北京租住在核桃园时的画室。上右图为在长安街附近居住时的画室。下两幅图为现在位于扬州水乡寓所的画室。无论是在苏州、纽约,还是在北京,杨明义的画室都命名为"近日楼"。

那么多想画的东西,都做不成了?! 医生也打电话来了:"杨老师,诊断结果没有错,你打算在上海、北京,还是在广州开刀,这几个地方比较好。"我说我哪里也不去,我相信你,就交给你开刀。他说:"不敢当,不敢当的,你这么有名的一个画家。"我说今天晚上我就赶回去,争取早动手术。我在一天的时间里把别人寄存在我这里的画,请我题词的画,我妹妹放在我这里的陈逸飞的画、周思聪的画,我弟弟、我儿子放在这里的画,全部整理出来,一大包,连夜坐火车回苏州。

**马** 听着让人很难过。

**杨** 我很冷静,不怕死,但担心死了之后闹纠纷,所以,我要全部清理出来亲自交给他们,不欠他们任何东西。早上,我弟弟到火车站接我,直接送我去了医院,既然要开刀,就不能拖。在排队等候入院的几天里,我像个没事人一样,还照样请朋友吃饭,谈笑风生的;照样画画,把答应别人画的东西画好。第二天要进医院了,晚上还有朋友来请我写字,写到十一点钟,凌子急得都哭出来了。

**马** 您当时是怎么想的?为什么可以这么从容不迫?

**杨** 我就想,陈逸飞这样比我有才华的人都死掉了,我算什么,一辈子能留几张画下来已经不错了,如果老天要我死,我没有办法。我还想到陈逸飞过世后,亲朋好友争名夺利,闹得一团糟,不希望看到这样的情况,所以要处理好一些事情。

**马** 您生病动手术的事情您的朋友们都不知道?

**杨** 除了家里人,谁都没有说,一直到现在都没有几个人知道的。开刀出来,见到主刀医生,他说:"我最佩服你了,一点都不怕,有的人嘴硬,说不怕不怕,一见手术台就哭得要死。"有什么可哭的呢,一个人命该怎样不是哭可以解决问题的。儿子从美国打电话来对我说,爸爸,我跟你是最要好的,你一定要怎样怎样,说得我很心酸。我儿子太了解我了,知道我在美国是如何艰苦奋斗的。说着说着,他在电话那头哭。他一哭,我也没控制住,哭了。两人抱着电话机隔洋大哭。机票不好买,他就花大代价,买了头等舱,飞回来推着我进手术室。动手术把胃切掉了一半。一个多星期后,化验结果出来,没有找到任何癌细胞。

**马** 诊断错误了?

**杨** 不是的,诊断结果没有错。因为发现得早,大概切片取样时太巧了,正好挟到了癌细胞,其他地方还没有。

**马** 居然这么巧合?

**杨** 所以,一个人的命是不知道的。

**马** 真是不幸中的大幸,健康如初就是福。

**杨** 我休养了几个月。大家对我很佩服,死都不怕。我说我什么困难没遇到过,这个也是老天对我的考验。

**马** 经历得越多对生命的理解也越透彻。您现在身体怎么样?

**杨** 医生说不要紧,两年检查一次就可以。我一年检查一次,没有什么,很正常,动过手术之后,我还生了个女儿,今年3岁,哈哈。

**马** 您的经历特别丰富,一辈子活了人家好几辈子了。我不太理解的是,作为艺术家,您可以选择做一名自由职业者,为什么非要回到国画院不可?在体制内外,究竟有什么差别?

**杨** 我倒不是真的非要回国画院不可,我就是要争口气。市里安排我去美术馆做馆长,在别人眼里看来,这是给我一个体面的台阶。馆长也是市里的中层干部了,多风光。但我坚决不做。我这个人脾气比较怪,我不要去做行政事务,那只会让我无法画画。在国画院就不一样,一方面,一个画家如果在国画院有位置,有国家发工资不说,主要有比较好的平台,可以名正言顺地参与许多活动,展示自己的作品;另一方面,国内许多买画的、收藏画的人也未必是真正懂画的,所以他们会更多地来国画院看画、买画。后来,几经周折,我回到了国画院,但是,他们只让我陈列一张画,镜框还要我自己提供。所以,就算了,我就不送画去陈列了。

**马** 也就是说,您虽然工作关系在国画院,但与他们的联系并不是很多。

**杨** 我回到画院,拿到了一张医疗卡,还有每月一两千块的工资。老实说,那时候虽然画卖得还不贵,一两千块也不放在眼里,但是,让我觉得没有意思的是,国画院的什么活动都不让我参加,抗洪救灾全市动员了六百人捐画,我要捐一张也轮不到,还不让我知道这样的活动。我得到消息后,自己送了张6尺整纸的大画去文联,但是他们说"你迟了,今天我们已经拍卖结束了"。

# 屋漏偏逢连夜雨

马　祸不单行,听说,您被画廊骗过?是在什么样的情况下被骗的?

杨　书画市场非常复杂,被骗是常事。第一次被骗是在美国,朋友把我介绍给台湾地区高雄的一个画廊,为我举办了一次画展。那时我还不能去台湾地区。高雄有几个人知道我?画展效果不是人好,但还是有几千美金寄到美国的。第二年,画廊的老板联系我,说"第二年我们要开得更好,让更多的人喜欢你的画"。这时,我在美国生活刚满五年,有了去台湾的资格,我希望能到台湾亲手将画交给他。他满口答应,给我寄签证用的材料过来,但里面根本没有画廊应该出具的担保证明之类的文件。我问他要,他一直拖着不办理。签证办不下来,我去不了台湾。我把这批画整理好,做了目录,一共40多件,4张一套的算一件,一本册页也算一件。他打电话来,"希望你把目录先寄过来,我按合同约定马上把钱打给你"。我很高兴地把目录传真过去了,但说好的钱款一直没有收到。我又打电话去,他说"对不起,我的合伙人把资金抽掉了,现在比较困难,我重新凑了钱再寄给你,希望你能把画先寄过来"。我很犹豫,心想画寄过去,一去不复返了怎么办?不敢寄。拖了大概一个星期,画廊老板又打电话来了,"你的画不寄来,画册就来不及印了,画展就没有画册了"。那时,要印一本画册还是很难得的,而且,由台湾画廊替我印画册、办展览,还能卖钱,好事情啊,但如果不能印画册怎么办呢,很纠结。所以当画廊老板再次打电话来催画,并承诺收到画马上寄钱后,我就下决心寄过去了。我真的需要这笔钱来支撑下半年的生活费用。画寄过去了,画册印出来了,还印得不错。

马　您自己看到了画册?

杨　画廊老板寄了一些到纽约来。画展如期举办,但一直都没有钱寄过来。我就不断地打电话到台湾。电话要么不通，要么是画廊小姐接，原来负责跟我联系的那个人也找不到了。我心情差到极点！画展反应相当好，有不少人买了我的画，有朋友对我说，"喜欢你的《春夏秋冬》，买来挂在家里了"。我就问你买画的钱付了吗？朋友说当时就开了支票给画廊老板了。可是我只收到几本画册，一分钱也没有见到，画廊老板也找不到，怎么办呢？很烦，很窝囊！有一次，从电视里我看到高雄市长吴敦义在选举现场发表演讲。我就给他写了一封信，说明事情的来龙去脉，画册也一起寄过去了。一个星期后收到他的回信，他说已经安排办公室的林副主任给你办这件事了。绝望的我收到这封信真是太高兴了。结果又隔了十几天，从台湾寄了几百美金来，还说每月会寄五百美金，总计五万美金。

马　准备分期付款偿还卖画的钱了吗？

杨　第二个月收到300，唉，300就300吧。第三个月没有了，我再写信去，就石沉大海了。我一共只拿到了800美金。后来我到台北举办画展，我台湾的表弟有个好朋友在高雄，听说了这件事后，自告奋勇找到了原先那家画廊的地址和电话。我打电话过去，一个老太太用高山族语言接的。我听不懂，让表妹接了翻译，老太太说的是"他是我儿子，我管不了他的，他从来不回家"。我飞高雄，表弟的朋友陪着我，直接去画廊。画廊布置得不错，一个老板模样的人在喝茶。我问你是不是林先生？唉，不是。原先的画廊已经转手卖给人家了，这是新老板。他听说我是杨明义，很客气地称赞我画得好，说接手画廊时，唐云、程十发的画都有，却没见到一张我的画。

马　这个画廊的老板一直到现在都没有找到吗？

杨　没找到。后来我准备起诉打官司，带了画册，去找律师。那个律师翻了翻画册，问我欠了多少钱？我说大概5万美金吧。他说："为这点钱你准备打官司？付个律师费都差不多了，我劝你还是不要打什么官司了。"哎哟，气死我了。跟律师聊了半天，他说"那我尽力吧，你是好朋友介绍来的，不收律师费都无所谓，但是官司很难打赢"，这明摆着我只有输的份了。画家太苦了，真是欲哭无泪。美国SOHO区的希尔画廊又关门了，欠了我5万美金。老板写了封信给我，说因为经济形势不好，本来准备扩大规模，好好宣传我的，但现在难以为继了等等，搪塞我。我这个人就是书生气太重，按道理卖掉一张画就应该去结账的，但老板一直对我很好，又不断地问我要画，就不好意思这么做，有时候半年一年地才去结一次账，不像外国那些画家，比如一个西班牙画家，画展结束，卖掉多少画，他就等在那里要钱的。

**马** 不好意思立马要钱,这是东方人的习惯。

**杨** 嗯,不好意思,所以拖欠了我不少钱。后来,他又写了封信来说要便宜卖画,卖掉的钱全部给我,他不收雇金了。等我赶去画廊的时候,画廊已经在搬家,乱七八糟的。我的画全部卖掉了,老板人已经去洛杉矶了。好,又法庭上见了。这次我找了一个律师朋友,约好中午11点开庭的。我好不容易在曼哈顿停好车,在约定的时间赶到法庭见到律师,他说,开庭已经结束了。我被骗了。

**马** 律师骗您吗?

**杨** 不是律师,是通知我开庭时间的人。我的律师是个新手,我又很容易相信人,被骗得很惨。庭已经开过,我拿到了一份复印文件,还交了二毛五分钱复印费。文件上说,希尔画廊老板欠我5万美金,欠西班牙画家1万多,欠日本画家几千块,欠美国画家多少多少,反正就是欠我的最多。

**马** 证据确凿,欠您的钱后来还了吗?

**杨** 画廊老板宣布破产,所有的欠款都一笔勾销了,谁都拿不到。之后,我打听到老板转移到洛杉矶去办画廊,改用了他母亲的名字。因为他申请破产了,按规定就不可能再开画廊了。当时真的非常艰辛,不送画给画廊吧,生活没有着落,送吧,上当受骗的事情随时都有可能发生,尤其是在外国做画家,挺不容易的。

# 《江南百桥图》: 画不尽的江南

**马** 万事开头难,况且您又接连不断地患病,什么时候情况有转机了?

**杨** 2001年,《杨明义画周庄》在香港"一画廊"新址开展。"一画廊"的老板方毓仁是我的好友阿西介绍的,我们早在90年代中期就有合作,我在香港的第一次画展《苏州渔歌》就是在"一画廊"的旧址举办的。方毓仁先生了解我的过去和现在的处境,毫不犹豫地买了我两张画,并积极筹备我的画展。"杨明义画周庄"顺利举办,影响很大,画卖得也非常好。画展下来,再加上其他卖画的钱,我就按照黄永玉老师的要求,在市中心买了一套房子,一万多一平方米,分期付款,就在长安

2001年"杨明义画周庄"在香港举办,图为画展现场合影。左二为杨明义,左一为画廊老板方毓仁。

街上。

**马** 您对天安门有特殊的感情,这套房子能看到天安门吗?

**杨** 我们看着那个房子一层层盖起来,有20多层。就像你说的,我想站在阳台上可以看到天安门。其实,离天安门还有一段距离,看不到的,但是,每天可以看到东方的日出。原先住在核桃园那里的时候,房子虽然不大,但干干净净的,可是来人连脱鞋的意识都没有的,直接就进门了。搬到新房子后,小区安检很严格,所以朋友打趣说"你这个地方比中南海还难进啊"。小区里还住了一些名人,中国书法家协会主席就住在我对面,那个说相声的姜昆住在我隔壁一幢楼,章子怡也住过。这样,总算在北京有个立足的地方了,但每个月付八千一万也是个负担。

**马** 物业管理费吗?

**杨** 不是,银行贷款。每个月都要催我,压力蛮大的,那时候8000块也是大数字了。身体不好,又没有钱,国内市场还没有重新进入,这么多的困难迎面而来,很不容易,但必须挺住啊。好在国内喜欢艺术作品的人越来越多,我的画也渐渐被认可,可以开价5000块一尺了,但有价无市的情况又不是不存在。买房时,我只有几十万,首付都不够。苏州有个朋友,喜欢我的画,我找到他,跟他商量,我以2500元一平的价格为他画一批画,他先预支几十万给我。他很高兴地答应了,这样房子的首付才落实。接着,荣宝斋拍卖行做了我的第一次画展,很成功,一下子就给我几十万。那么,我心里就开始有想法了,我是不是可以不给画直接还钱给这个朋友了呢?因为我的画价已经超过10000一尺了,而给他的价格只有2500元一尺。说实话,心里有过矛盾的,但是我想想,做人不能这样过河拆桥的,所以,还是硬着头皮按约定给他画了一批画。其实,他并不喜欢我的画,只是觉得我的画市场看好,就收藏了。我这个人认死理,说好怎么样就应该怎么样!

**马** 不是认死理,而是守信用,人与人交往没有诚信是最可怕了。您到北京后的第一次拍卖是由荣宝斋做的?

**杨** 2005年,荣宝斋拍卖行发现越来越多的人喜欢我的画了。有一天半夜里打电话来:"杨明义,你能不能拿出六七十张画来开个展览?"我身边画不多,挑出十几张可以,但六七十张是绝对没有的。"那怎么办呢?我们挺喜欢你的画,想拍卖的时候做个展览,还准备出本画集。"人生的一个好机会来了,但是我没有准备好,临时画也来不及,画不好。正在我为痛失这样的机会扼腕叹息时,荣宝斋又打电话来,"我们收到了你的一批画,一共有五六十张,你自己来挑一挑"。我马上赶去,一看就知道是当年一个汕头人从我手里花 1000~2000 块一张买去的作品,一张也不少,荣宝斋大概花了 300 多万买回来的。我剔除了四五张,再加上我身边的十几张,一共七十几张,在拍卖前两天举办了一次展览,获得广泛好评。荣宝斋在拍卖时将我画的价格拉高到 12000 元一尺,结果全部卖光。不吹牛地说,我永远是苏州画坛的带头人,第一个开版画廊,第一个筹备全国性版画展,第一个出国深造,第一个卖出高价……在胡润百富榜的中国画家中我排到六十几名,后来假画太多了,跌到了九十几名,一百名之内吧,相当不容易。

**马** 我看到的资料上您的排名是七十几名。

**杨** 每年都在变化。2005 年,10000 元一平尺说出来难怪他们不相信,因为一般画家的作品顶多卖一两千元一尺,有的还只能卖 500 元一尺。一尺就这么一点点。现在我最贵的可以卖到 100000 一尺,便宜一点的也要 50000 一尺了,有人求幅画求了 3 年,我一直腾不出手去画。书画市场就这样的,你画得好,有特色,跟别人不一样,就能被认可。你画得好,可却是去模仿别人,那么卖得再便宜也没有人要。我的江南水墨是自己创造出来,是前人没有的,市场就很公正地接受了。

**马** 经历了这么多,您依然执着地画江南水乡,有什么新的感悟吗?

**杨** 到北京之后,我很冷静地思考如何将我在美国学到的东西融入水墨创作中,

上左图为 2012 年杨明义《江南百桥图》首展在苏州博物馆举办时,陈丹青作为《百桥图》策展人出现在现场。上右图为 2013 年《百桥图》在北京展览时的开幕式。下图为 2012 年 12 月份为《百桥图》在浙江绍兴博物馆举办展览的外景。

如何将江南水乡画得更充实、更耐看、更典型。我去绍兴写生，只有一小块是水乡了，旁边都是高楼大厦，周庄、吴江、同里的情形也差不多。陪我写生的是绍兴街道委员会负责人，他告诉我说，这边准备开个卡拉OK厅，那边准备开个咖啡馆。我就请他别瞎折腾，修复修复保持原样是最好的。现在的社会，大凡有点文化的人，一方面追求高质量的物质生活，另一方面也都非常珍惜人文传统、民俗民风，这是我们民族的灵魂和精神，如果没有了，只剩下住洋房，用抽水马桶和空调，还有什么意义呢？我很清楚今天的老百姓在想什么，文化人在想什么，领导们在想什么。我曾经跟章新胜探讨过，我觉得做市长很不容易，既要让老百姓过上舒适的好日子，又要保护好古城风貌，太难了。章新胜说："我做市长没有办法，你有办法啊。"画家的办法是什么？我想就是要将美好的江南水乡永远保留在艺术作品中，现代社会越是高楼林立、汽车横行，人们越是需要精神和灵魂的慰藉。我是宣纸的主人，我有责任画得深刻些，更深刻些。苏州世界文化遗产博览会的时候，苏州的画家们都在画百物图、百草图等，我不想去赶潮流，不想去参加展览，我就想画我熟悉的江南水乡，画我梦里出现过无数次的小桥，慢慢地、用心地去画。

**马**　您的《江南百桥图》最初的创意是因为世遗会？

**杨**　哎，苏州的画家都在画，但又不告诉我，等我知道的时候，他们画的东西已经出版了。有人就说了："杨明义，怎么没有你的东西呢？"我也奇怪，当时我已经回到国画院了，不管怎样都应该跟我打个招呼吧？！我很生气，开始偷偷地画百桥图。后来画着画着，气也没有了，觉得只要自己能真正将江南各式各样的桥画好，就是最大的成就和幸福。我放慢了速度，还到同里、甪直、周庄、木渎、平江路以及浙江的许多古镇去写生，实地去感受，捕捉新的感觉，我的《江南百桥图》之所以能打动人，就是这个道理。《江南百桥图》完成后，在苏州博物馆举办展览，这个过程也是几经波折，非常不容易的。

**马**　那么转机是如何出现的？

**杨**　我的朋友实在看不过去，将情况汇报到文化局，一位副局长听说后，赶到我家里来。我们并不相识，他说，看了我的《百桥图》非常感动，"这样的展览不在苏州博物馆举办，还要到哪里去举办？"后来，文化局的一把手也出面调停，问题才得到解决。2012年《江南百桥图》画展在苏州博物馆举办，我做了"江南桥的魅力"的艺术讲座，没想到反响这么强烈，老百姓这样喜欢我的画。我去面馆吃面，一个普通老百姓，对着我深深地鞠了一躬，"你是杨老师吧？你为我们苏州人民做了一件最最重要的事情,你让我们苏州的桥都留下来了"。听到这样的评价,我真是太感动了。

**马** 江浙一带,人家尽枕河,小桥也特别多,《江南百桥图》只画了一百座桥,您是怎么选择的?

**杨** 江南的桥到处都有,但有些适合画,有些不适合画,有些造型相似的我只要选一种,有些修复得很难看的我就不选了。如何选择?我完全是自由的,没有人让你画这座还是那座。但是,我希望能比较全面地反映出江南一带,尤其是苏州小桥的特征,比如"月落乌啼霜满天"的枫桥是一定要画的,宝带桥也一定要画的,大凡很有代表性的、很重要的桥我都画了。浙江的桥我随便选,只要自己喜欢的就都画了。后来绍兴市市长说:"杨老师,你能不能画一画我们的八字桥、太平桥,还有换扇桥(题扇桥)——王羲之在那里写字换扇子的,太有名了。"我就加了四座

《江南百桥图》选作。上图为《望尽天涯路》,是城市通往郊区路上的一顶小石桥,画家将桥后的石驳岸做了夸张处理,深处是一位待渡的苏州姑娘。下图为《被遗弃的纤桥》,这是一座古老的纤桥,以前的航道已改道,不再需要纤夫,纤桥自然而然地就被遗忘了。

桥，一共 104 座桥。八字桥太复杂了，都是宋代雕刻的栏杆，多难画，仅这张草稿就画了将近一个星期。

**马** 这 104 座桥，您是重新命名它们，还是沿用了原来的名称？

**杨** 都是原来的名称，只有一座桥，"母亲的桥"是我命名的。这座桥比较有特点，桥边上有一处小房子，一堵墙是用捡来的碎砖砌起来的，有青砖，有红砖，墙上还有丝瓜藤攀援而上，开着小黄花，有捡破烂的人住在里边。桥上老百姓来来往往，去买菜、上班、走亲戚。我创作的时候，满脑子都是那堵破墙和千百个母亲们在桥上走来走去的印象，我就很认真地去画，几块石头几乎一模一样，还有丝瓜藤点缀着，小黄花有疏有密。大家都很喜欢这张画，苏州电视台还做了专题节目。所以，只要你的画能打动人心，能激发起人的想象和回忆，我觉得就没有白画，就成功了一大半。除此之外，我觉得画画讲究意境，意境不是从照片上能直接看到的，也不是真实的现场能找到的，它需要一双慧眼，看到过去，看到文化，看到风土人情，也需要一个脑袋，能不断思考，不断想象。我画木渎一座非常重要的小桥，是乾隆皇帝下江南到木渎走过的，上世纪 60 年代，我去画水彩的时候，一个本地人对我说，"好好画这座桥，这是乾隆皇帝走过的"，感触很深。

**马** 《江南百桥图》还画了苏州最小的一顶桥，是吗？

**杨** 那是网师园里的小桥，引静桥，应该是苏州最小的桥了，一步就能跨过去。它横跨在一条小溪流上，背景是一堵白墙，开满了木香花，清香扑鼻，特别古老，特别好看。这顶桥因为在园子的边上，不容易发现，我陪黄永玉、吴冠中等许多画家去看过，都认为特别美，桥与墙处理得特别协调。桥是整块的，背景是木香花的藤条，自然地在墙上伸长开去，墙上还有两个花窗，吴冠中、黄永玉都画过。

**马** 它小，但是它高度浓缩了苏州园林的美。

**杨** 这么小的溪流，放块条石就可以了，为什么还要造座小桥呢？有道理的，粗粗一看似乎没有什么，走近了看，你能体会到苏州园林那种细腻的审美特色，能发现苏州人生活的精细、精致。所以，创作《百桥图》时，我想这座桥一定要画，我特别用心地在桥面上画了牡丹花的图案，根据透视原理，让花枝和花朵慢慢伸出去一点点，线条也勾得很准确。花岗石的桥栏经过上百年的风化散裂的痕迹很明显，桥下面是苏州园林常见的丝带草。

**马** 类似的感受在您创作《百桥图》时是不是常常令您激动和兴奋？

**杨** 是的，我很享受这种感受，也努力追求这样的新鲜感。为了画好这座小桥，写生时,我换了许多角度,力图将这座桥最完美地体现出来。一平方多尺的画面,画得很充实。很多人喜欢这张画。有一位在苏北从事园艺的老板说:"我最喜欢这张画了,能不能给我复制一张?"见他真心喜欢,我就复制了一张送给他,把他乐坏了。所以,美在我们生活中无处不在,无时不在,需要的就是你能发现发掘,画家就有这样的好处,懂得什么是好的,看到美的东西容易激动,还能表现出来。我向黄永玉学习,什么都能画,人物、风景、花卉、建筑样样能画,从江南水乡到国外的摩天大楼也都能画,我有这个基础,十八般武艺都要精通。

马　盘门,苏州人称其为水陆城门,那里的吴门桥也特别典型,特别有味道,您也画了吗?

杨　画了。《吴门桥》这张画是由两座桥套起来的,前面一座小桥,后面一座大桥,有月光照着。创作这幅作品时,我就想到那时跟凌子一起去吴门桥的情景。我对她说,我想去画吴门桥,陪我去吧!她高兴地拿了画夹陪我出门去。那时,车还到不了吴门桥,要绕过一幢小房子,走一段路的。我下车一看,一座高桥,有几个人在乘凉,上面一个大大的月亮,太美了!我激动地拿了画夹,跳下车就直奔过去。到了半桥,才想起还有凌子呢。折回去发现她生气了,懒洋洋地说,不玩了,要回去。我想我犯错误了,只能不断地道歉。所以,爱艺术,不要爱艺术家,艺术家太容易忘乎所以了。此时此刻,我眼里只有好的风景,好的月亮,好的桥。《吴门桥》我就画了两座桥,朦朦胧胧的月光,很有意境。艺术从生活中来,也只有从生活中来的艺术才有魅力。

马　艺术来自于生活,但其实我们都知道日常生活是琐碎的、平凡的,甚至是庸俗的,您认为怎样才能在日常生活中保持自己的好奇心和激情呢?

杨　我觉得生活中到处都能发现美。比如我在"五七干校"劳动时,大家集中在一间屋子里开会,听领导传达中央精神。别的人可能会觉得无聊,我不会。我拿出小本子,画几块小石头、几棵小草,挺好看。"杨明义,你画它做什么?"是没有什么,但我觉得很好看,几块石头有疏密,有空白,有的紧凑,还有几棵草,块面跟线条结合在一起,还构成对比,多美,我画得津津有味的。我坐在布店里面,两个女孩子也坐着,她们的脚交叉放在那里,穿着草鞋,太美了,我就画两只脚,没有什么目的,就是想画画。我捡了各种各样的石头,有些来自新疆,有些从国外带回来的,每件东西都很有意思,让你的生活也变得丰富多彩。

马　这是一种心态,一种对周边事物充满好奇心的心态。

《江南百桥图》——苏州园林最小的石桥"引静桥"

《江南百桥图》——"母亲的桥"

《江南百桥图》——"故乡的小木桥"

《江南百桥图》——"黄花时节"

《江南百桥图》——"夜行盘门水城"

《江南百桥图》——"梦幻般的山塘街"

杨明义在创作《江南百桥图》的三年时间里,多次请教黄永玉先生。黄永玉三次看了《百桥图》并评说道"看明义的画,上了桥,忘了下来"。

**杨** 毕加索说自己一辈子都在学小孩画画。小孩子天真,看到一根树枝伸出来都是新奇的,我们只有永远以这种心境去表达自己见到的世界,才能画出好的、美的、打动人的东西。所以,我觉得做个画家很幸福的,懂得艺术很幸福的。

## "杨明义回来了"

**马** 《江南百桥图》在苏州成功举办展览后,又在北京、绍兴展出,不久香港又举办了您的书法展。所有这些事情是您自己做,还是有团队帮助您在做?

**杨** 我的工作团队刚刚组建,还不成熟,基本上都是自己在做,凌子帮帮我忙。离开中国这么多年,又从苏州到北京,熟悉的师友要么老了,要么已经走了,新上任的领导不认识我,我也不了解他们,有段时间挺苦闷的,一切从头开始,没有条件组建工作团队,再加上一些大的计划不一定都能达到自己理想的目标,有团队也不能很好地发挥作用。我想只能自己努力画画了。好在我的绘画风格跟其他画家不一样,表现题材也非常具有典型性,内心我还是充满了信心的。但是,初来乍到,毕竟不能跟上世纪80年代我出国之前相比了。那时候大家都知道我杨明义,都喜欢我的版画和水墨画。我一走十多年,不要说圈子里的人不知道我在做什么,我也不了解他们的情况。这样想的时候,心态慢慢就平衡了。

**马** 画展的具体事务都是您自己和凌子去完成的?

**杨** 《江南百桥图》画展在苏州博物馆举办是凌子和我一起策划的,请了很多人来,由陈丹青、曹可凡主持,很成功,张玉凤也参加了开幕式,他们以前就常到我们家来玩。在北京,我的活动不是太多,但慢慢地影响就出去了。莫言得诺贝尔文学奖之前,我们就认识,他喜欢我的画,给我的一册页画题过一首诗。当时,我不知道莫言是什么人,问了才知道是作家。我不看作家的书,也没有时间看。莫言得奖之后,打电话来说,从我博客上知道,我家客厅里挂了一幅"能见大义"的字,他想了一句"可听微言"对上,送给我。那么我说,欢迎到我家里来。莫言看到沈从文先生的字,就说"沈从文如果晚一年走的话,诺贝尔奖可能就是他的了"。他说他拿奖完全是运气。他在我家里待了一天,不久又来玩了一次,很谦虚,很实在的一个人,不装腔作势。我们买了不少他的书,要他签名。

**马** 看到您和巩俐的合影,你们有交往吗?

**杨** 《百桥图》在北京爱慕美术馆举办了一个小范围的展览,主要是江浙一带的企业家和中央领导来参观。巩俐也来了,她喜欢得不得了,说自己从来不大喜欢画的,但是我画的水乡画真是好,还在我画面前跷起大拇指,一起拍了好多照片。斯洛伐克大使馆的大使也特别喜欢我的画,几次请我去展览,2014年是斯洛伐克与中国建交65周年,他又来电话说使馆有庆祝活动,请我一定要支持他们,去办个画展。我选了20多张画在他们港澳中心的瑞士酒店做了展览,就在2014年2月,很隆重的,反应挺好。好多国家的大使都邀请我去展览,还说,"你去画欧洲的桥,我们在联合国或欧盟做展览,一定能轰动全世界"。

**马** 接下来,您打算去画欧洲的桥吗?

**杨** 这要看缘分,看机会的。

**马** 您所提到的各类个人画展是不是对画家的艺术之路非常重要?

**杨** 画展分两种类型,一是学术性画展,一是商业性画展。职业画家只有依靠商业性画展卖画为生,学术性画展一般都在重要的地方,比如国家博物馆、国家美术馆等举办,中外都是如此,我们国家即使是最有名的画家也无法去国外高层次的美术馆展览。卢浮宫展览的"法国沙龙展"一年一次,其实也只是在法国卢浮宫边上一个地下室的大厅里展出,世界各地的画家都可以去申请,我的《姑苏瑞雪夜》入选,获得了法国美术家协会颁发的"特别独立艺术家大奖",这张画我捐给苏州博物馆。当时正好全国收藏家大会和世界收藏家大会在上海举办,那些世界级的收藏家都来苏州见证了我的捐赠仪式,很隆重的。

**马** 这是哪一年的事情?

**杨** 2009年。其实2008年,吴冠中先生在苏州博物馆举办展览,他很器重我,让我做一个介绍他的艺术的讲座。我打比方说,美国西部的原始森林里有许多参天大树,树身挖个洞可以过汽车,吴冠中老师的艺术就像原始森林的参天大树一样,高耸入云,望不到顶,他的艺术成就高山仰止,我们一辈子也学不完。吴冠中很高兴,他在书画展上签名,我翻到他80年代写给我的一篇文章《苏州画家恋水乡——杨明义的画境》,请他题词,他想了一下写了八个字,"又见画家,依然年轻",蛮有意思吧。吴冠中老师一直对我蛮好的,我画《杨明义画周庄》的画送给他看,他一张一张地认真看,该表扬的毫不吝啬,该提意见的也毫不客气。我写了书法

杨明义与陈丹青可谓忘年之交。上图为1981年两人在中国美术馆前合影。中图是1998年陈丹青到访杨明义苏州画室"近日楼"时两人合影。下图是陈丹青为杨明义画像的场景。

杨明义访谈录

作品也寄给他看,那天半夜里他打电话给我,"收到你的书法书了,很有韵味",表扬了几句,然后"你马上翻到一百零几页,你看看这个字,要写得更紧一点,这个松了,还有艺术感受要加强……"真的是一张一张具体指导的。

**马** 非常难得这样手把手地指导您。

**杨** 我很感动。黄永玉也是这样的,"现在你这只鸭子画好了,画对了,以前的鸭子像只橡皮鸭",很具体地教过我如何画鸭子、画鱼鹰,边说边在信封上示范给我看,很珍贵。

**马** 是在您到北京来之后这样教您吗?

**杨** 对对对。黄永玉还提醒我要刻几个图章,还写给我,真的是拿我当最好的学生,最好的朋友。一到吃饭时间他就留我,"今天有好东西,留在这里吃饭",有好吃的也想着我,我是又难为情又感激。

**马** 你们之间的师生情谊几十年都没有改变,即使您已成为名家后老先生们还这样细心地教您,真的不容易,这一代画家的人品画品都令人敬仰。

**杨** 陈丹青也一样,他比我晚一点到北京,经常到我家里来的。我的《江南百桥图》要开展览了,他同意做策展人,并同意电视台来采访他,还亲自赶到苏州参加开幕式。我的《水墨水乡》画展在南京举办,他百忙之中赶到南京去。陈逸飞2005年春天去世,5月份荣宝斋为我举办《诗画江南》的画展,陈逸飞的弟弟从上海赶来,他说他哥哥不能来了,他就来了。朋友间的情谊太感动人了!

**马** 黄永玉、吴冠中的年龄、资历都可以算是您的前辈,陈逸飞小你三岁,是同辈,陈丹青比你小十岁,是小一辈的,您自己想过吗,为什么可以和同一圈子里不同辈分的人持有这样一种友情?

**杨** 我崇拜他们,从心里崇拜他们,他们身上的智慧、才气、聪明不是每个人都有的,在中国几千年也出不了多少个,他们是我们这个时代最优秀的画家,最优秀的人才,而我很幸运地结识了他们。陈逸飞的画是不朽的,军事博物馆里《占领总统府》那张画,创作于上世纪70年代初,当时,我们还年轻,精力充沛,一边讨论一边翻书一边画图,这些草图我还保存着。陈逸飞一直跟我提起,我们三个人,还有一个是我表哥,从苏州到木渎去玩,夜里躺在我阿姨家的红木大床上,对着天花板,通宵聊天,谈理想谈人生,第二天一早去登灵岩山,望太湖,看雪花飞。那时候多开心啊,不为名,不为利,什么都不为,只为了做自己喜欢做的事,为自己理想的事业奋斗。陈逸飞去世之前,太忙太有名了,尽管那么多人围着他转,女孩子们崇拜他，但能聊得起来吗？聊不起来的。他到北京来，就打电话给我，"杨明义，你过来"。有时，半夜来电话，我就半夜赶到他住的酒店去，一起聊天，蛮开心的。我们小时候就认识了，我对他很好，很保护他，可是背后骂他的人太多了。人无完人，每个人都是有缺点的，相比之下，陈逸飞还算是比较完美的一个人，人家还要这么诽谤、攻击他。

**马** 您这样怀念你们师友之间的纯真友情，是不是有感于今日再也难以得到了？

**杨** 画家和画家之间的竞争，圈外人是无法想象和理解的。

**马** 随着市场慢慢认同您的江南水墨画，喜欢您作品的人也越来越多，画廊和拍卖行也不断会有您作品的展出和拍卖，那么您去过作品拍卖的现场吗？

**杨** 我从来不去的。

**马** 为什么？

**杨** 自己的作品在拍卖现场，就像商品在百货公司、超市里卖一样，有什么看头。别人看到你来了，会认为这个人太小家气了，来看作品卖多少钱了。有人会打电话来，"杨老师，你这张画卖了多少多少钱"。我自己不是太关心的，当然拍得掉总是很高兴的，拍不掉总是不高兴的，但是，拍掉了，就不是我的画了，是别人在买来卖去赚钱。我记得有一张画拍了三四次了，越拍越高，开始拍几万，后来拍几十万，后来拍几百万了，但是跟我不搭界了。

**马** 一个画家的作品拍卖的价格，从另外一个角度反映了画家的价值，您不这样认为吗？

**杨** 现在的拍卖市场很复杂，炒作的现象不可避免，但是，我觉得不要去弄虚作假，能卖多少就多少。尽管我的作品的价格在苏州画家中是不错的，但是和其他有地位的画家比，还是有很大距离的。拍卖会上，由市场说了算，非要拍几十万一尺，弄得自己压力很大，没有什么意思的。我觉得一个画家到我这个年纪，心态很重要，最重要的是画出好的作品来，对得起自己这一辈子的努力。以前总是说，我要感谢喜欢我的画的人，现在还要说感谢反对我的画的人，亏得他们这么排斥我，不让我在苏州有立足之地，不然，我也不会到北京来重新开始的，亏得那时候版画研究会里的人为了卖多卖少吵架吵得要死，我简直没有办法待下去，不然，我也就不会这样义无反顾、毫不留恋地去美国了。

**马** 去美国之前，您有很长一段时间从事版画创作，获过很多奖。在美国，以及从美国回来之后，您也陆续获过一系列奖项，您是如何看待一个艺术家得奖的？

**杨** 得不得奖是运气。怎么讲呢？不得奖的不一定是坏画，得奖的不一定就是好画，全凭运气。当然，一个很差的人不可能总是获奖，还有，因为获奖让本来中等水平画家得到激励，越画越好，这些都有可能。至于我自己，获奖是因为运气，我不以为自己的画有什么了不起。上次，我又有一张画参加法国沙龙展，我自己也去法国了。评奖环节，大家都很紧张，我倒无所谓的。带队的队长对我说："据说你的画有可能获金奖。"金奖？我说我运气不错呵。"如果你获奖的话，你要送两张画给我们。"那有什么问题？颁奖那天晚上，我去参观一个城市，把这件事忘了。第二天获奖名单公布出来，我的奖没有了，被另一个人拿走了，这里面可能蛮复杂的。金奖没有拿到，一点也不影响我的自信啊，我的画在美国、中国台湾、中国香港已经经受无数次考验了。

**马** 您对自己充满信心，奖项只是锦上添花，而不是雪中送炭，是这种心态吗？

**杨** 这是外界给你的荣誉，不要看得太重。莫言的心态就特别好，他说："杨明义，诺贝尔奖每一个人都有可能得到的，主要是运气，我运气好就得到了，运气不好，鲁迅没有得到，沈从文也没有得到。"莫言得了，那他的书是不是好呢？是好，中国人讲的中国的故事，能让外国人喜欢，不好吗？但能讲好故事的作家多着呢，莫言得奖了，那是他的运气。莫言说："如果美术界办诺贝尔奖，杨明义你肯定能得到的。"这是一句开玩笑的话。所以，得奖了，不要太骄傲，没什么了不起的。

**马** 您自己获奖的那些作品是不是您最好的一些作品呢？

**杨** 也蛮难讲的。我几张代表作品都没有获奖，参加展览都选不上。《水乡的节日》，是我根据周庄的不少水乡元素画的，曾经送到省里参展，全国性的展览就没选上。这是我创作中的好作品，也是一张有重要历史意义的作品，一直到现代还有评论家们认为这是中国美术史上的一张重要作品，表现江南水乡节日的场景，是粉碎"四人帮"之后人民精神风貌的写照。但是，选不上。选画的人喜欢什么，不喜欢什么，谁知道呢，有些东西真的是运气，不要看得太重，更不要有一点点成就就自以为了不起。杨明义成功了人家没有成功，可能只是你运气好一点。我这个年龄生了个女儿，聪明可爱人人喜欢。生小孩人人都会吧，生得好不好，靠运气！命运是不可捉摸的，得奖了不要骄傲，生了个好孩子，也不要骄傲，得不到奖也不是一无是处，也不是白画了。如果我当初没有去美国，按当年市委书记的说法，"你可做版画院院长、国画院院长，你为什么出去啊"？但我选择的是一条自己喜欢的艺术道路，无怨无悔的。

**马** 您现在担任的国韵文华书画院副院长、海华归画院的副院长,都是什么性质的?

**杨** 我只是挂挂名的。国韵文化书画院是文化部主管的,海华归画院是我们海归的十几个画家组织的,经常开展一些活动。当然,现在书画已经市场化,所以这些画院起到的更多是平台的作用,外地的画家要到北京发展,需要更多参加活动、借地方宣传等,画院负责组织活动,花点小钱收一些画,转手可以将画卖掉,赚点钱。大家也能理解,也很正常,不然画院怎么生存,怎么维持,国家也不发经费的。就这样子,以前到一个画家家里去,开口要张画很正常,现在不可能了。

**马** 《近日楼散记》里特别打动我的就是画家们之间表达情谊的方式,如同诗人之间以诗唱和那样,你们以画唱和。

**杨** 多纯真,多好啊!最近,我拍摄的周庄老照片准备出版了,每张照片都写了点文字,将我对周庄最初的感受表达出来。陈丹青写了序言,写的就是我跟那些老画家之间的故事,包括沈从文、黄永玉、吴冠中、华君武等。在与他们交往的过程中送了多少画给我啊,而我最多买点水果,买点苏州土特产给他们,就很高兴了。华君武在电视上看到我的江南水墨画,然后马上叫下面的人去查这个杨明义是哪里的?查到在苏州后给我写了信来,我很感动。我在中央美院进修时,一个四川画家到苏州来,"华君武最喜欢鸟了,我买一个你帮我带去交给他"。我就帮他带了一只鸟到北京,骑了自行车去送给华君武。华君武不在家,交给了阿姨。晚上,华君武电话打到美院,找杨明义,请我星期天去他家里吃饭,对我赞美有加。

**马** 老画家们都很平易待人,也很爱才,愿意提携年轻人。

**杨** 现在风气就差一点了。

**马** 画家之间现在还有这种交往方式吗?

**杨** 也有的,关系好的画家也会在一起交流。但是大家都挺忙的,一会儿他出国了,一会儿你出国了,一会儿他到新疆去了,一会儿你又到西藏去了,碰面的机会不多,但是碰到了,还是很谈得来。画坛很复杂,各种人都有,褒贬不一,所以一般的活动我就很少去参加了。

杨明义除了创作水墨江南画,在游走世界各地时,还留下了许多海外风景画。图为《意大利阳光》。

《美丽的马来西亚》

《印度印象》

《意大利威尼斯》

# "我从来没有一天离开过苏州"

**马** 北京发展的空间比较大,您也发展得比较好,还打算回苏州去吗?

**杨** 肯定要回的,我从来没有一天离开过苏州,我的心跟我的故乡是连在一起的。苏州如果有哪个重要的地方需要我画张画,我马上就赶回去了,对不对?

**马** 现在地理意义上的空间已经不是问题了,交通很方便,可以招之即来。

**杨** 发达的交通、科技、信息,让地域感不明显了,北京到苏州也就5个小时车程,车况也非常好,可以在车上办公做事。所以,现在的青年人不要舍不得离开老家,喜欢往外跑,喜欢找机会,喜欢创造机会,你的发展可能会更好一点。我们苏州人就不太愿意出来,容易局限自己的发展。

**马** 《江南百桥图》画完了,《周庄老照片》也即将出版,接下来您还有什么样的创作计划和写作计划?

**杨** 很简单,我就是一辈子画苏州,这是我的宗旨。世界上要画的东西很多,国外的东西我也画一点,但永远不是重点。比如,这次画的斯洛伐克,他们都相当喜欢,都翘大拇指"beautiful beautiful",称赞我用中国的水墨手法以西方能接受的方式创造性地表达了斯洛伐克的街道、古堡等。的确,我不是用那种传统的画法,勾勾线,上很淡的颜色,我用了很浓重的笔法,红就是红,白就是白,蓝就是蓝,这是版画的手法,比较醒目,比较打动人。

**马** 有很强的视觉冲击力。

**杨** 你到了外国就知道了,如果你再拿中国画的笔墨去表现国外的风景,一定是很淡的,好像一杯茶喝了七八遍还在喝一样,没有味道了,而我讲究原汁原味。那到欧洲去画什么?我画了个长卷,把登上高处,在塔尖上望出去看到的童话世界一样漂亮的红房子画出来,画了好几天,把壮观的红房子表现出来。我到不丹的农村去。这个村子里，每家都是用石头砌起来的，为了防潮湿，房子下面都是架空的，跟西双版纳一样。家里不锁门的，可以随便推门进去，民风太淳朴。我画村民，他们很高兴，给我们提供各种方便。在不丹，我画了许多速写，成片的苹果花，一圈一圈的，世外桃源似的，我又想画个长卷，稿子都打好了，但回来之后没有时间去画长卷，去整理写生作品，挺遗憾的。我现在已经完全有本事把我心中追求的、所想的东西在纸上表现出来了。但是，为了生计，为了这个朋友那个朋友去画画，反而自己想画的东西拖下来了。如同吴冠中说的那样，这个事情那个事情，永远是急的事情，不知道哪个是最急，把最急的事情排挤掉。我想画的东西太多了，我和我的学生给斯洛伐克的女孩子画画，花了半天时间。饭店里吃饭，一个服务员长得真好，请她到家里来当模特儿，我和我学生一起画半天，给她1000块钱，高兴死了，下次再去吃饭，对我们特别热情，送菜送水果。人生就该是这样快乐的，你快活了也希望大家都快活，这是我的宗旨。虽然自己的年纪越来越大了，但是我的老，我的大，不是人家强加给我的，是我自己一天一天活过来的。这样想，焦躁就慢慢平息了，心态也好了。黄永玉说："我怎么会这么老的，我的光阴到哪里去了？"可是，他一辈子做了多少事，画了多少画，一辈子应该没什么遗憾了。

马　绘画是您的日常生活方式，也是您表达喜怒哀乐的独特手法，甚至是您与这个世界和社会交流沟通的手段，您就是画，画就是您，一体两面。不过，我很想知道，除此之外，您还有什么特别的爱好？

杨　我不抽烟不喝酒，除了画画，还喜欢收藏一些古代雕塑类的东西，蛮有意思的。那些地下挖出来的东西真是我们想象不到的，可以从中学到不少东西。我设计现在住的这个房子，把地下室当作陈列室，比较后悔的是当初弄得小了些，应该再大一点。每天，我到地下室去看看古代的艺术，联想到几百年、几千年前的事，超越时空，很享受。我去中外各地时，最喜欢去古董店里看看，有好的嘛，就买一两件。一个好的工艺品是一个人智慧的结晶。我女儿属兔子，我特别留意收集兔子，中国兔子怎么样，外国兔子怎么样，玉器兔子怎么样，石头兔子怎么样，木刻兔子怎么样，版画兔子又是怎么样的。有一次到南非去，发现一个很特别的小兔子，头一点点，两个耳朵"哗"地竖上去，屁股和两只脚是镂空的，刻得好得不得了。很小的一个啊，要卖3000元人民币。我忍痛买了一个。这里充满了工艺人的智慧，一般人不会这么夸张的。黄永玉给我画画，很夸张，但抓住了精神面貌，就能传神。毕加索给一个女孩子画画，那个女孩子明明只有20多岁，画出来怎么这么老啊？

1997年杨明义回到阔别已久的母校马医科小学,在捐资成立"杨明义奖学金"的基础上,又设立了"杨明义美术室",致力于资助改善孩子们的学习条件。上图为杨明义回到母校,跟孩子们在一起的场景。下图是马医科小学学生们写给杨明义的感谢信。

她又不敢问。毕加索看她有点不高兴,就说以后你长长就长这个样子了。结果她到晚年,这张脸跟毕加索画的完全一样。她回忆当年作画的场景,觉得毕加索好像神仙一样的。女孩子很容易画得老的,线条稍微不对一点,就老了。儿童跟少女不一样,少女跟姑娘也不一样,姑娘跟中年妇女也不一样,中年妇女和老年妇女也不一样。老年最好画,皱纹多,人画得不像也像的。青年很难画,相差一点点都不行。人要画得夸张,把精神面貌画出来,真不容易。

**马** 您收藏的东西各个国家、各个年代、各种材质的都有,您取舍的标准是什么?

**杨** 中国的一个陶牛,北魏时期的,1200年了。捷克的一个马,简练,不是四个脚,而是两片,上下稍微弄一刀,但是把马的品质都刻出来了,这是最原始、最古老的表现办法,也是最时尚、最现代的表现办法。各种各样的艺术永远是个谜呀。我也喜欢这组五个人坐在那里的汉代乐师,各种弹琴的姿势,多好看。唐代的这个瓶子是三彩的,有橘红色、灰绿颜色,多漂亮。我们现在的茶叶罐头没一个好看的。我是属羊的,我一直收集各种各样不同的羊。做得像真的就没有意思了,反而是那些木头做的、布做的、棉花做的,很随意,挺有意思的。所以美是我选择的唯一标准。

**马** 马医科小学是您的母校,我曾经看过你跟孩子们在一起的照片,您经常回去吗?

**杨** 我捐过几千块钱给马医科小学修补坏掉的楼梯,但是他们用这笔钱设立了奖学金,我不知道,没有人告诉我。

**马** 您指的是出国前捐的3000块钱,学校将此设立为奖学金了?

**杨** 对,面向学生的,每年每个人奖几块钱。3000块钱,太少了,后来我追加了2万块。有意思的是,学校派教务科长到我家里来,说要举办一个仪式,欢迎我回母校,跟同学们见面,我答应了。那时我留着个长头发,还扎了个小辫子。他们很紧张,怕小朋友见到怪物似的起哄,让我难堪,就每天通过学校的广播站告示:下星期,杨明义叔叔要回来了,他是我们的校友,从美国回来,所以,他的穿着、他的头发跟我们不一样,你们不要起哄。结果,那天我到马医科小学去的时候,头发放下来了,没有扎小辫子。同学们本来准备从观前街那头就开始夹道欢迎的,但不巧的是前一天邓小平去世了,活动也差一点被取消。

**马** 邓小平逝世时发过通告,全国所有的娱乐活动取消,报纸版面连续3天都黑白的。

**杨** 所以，还怎么可以敲锣打鼓地欢迎我呢？学校请示教育局后，认为这不是娱乐活动，但范围要控制在学校里面，不扩散到学校外面去。所以，学生们就在门内欢迎我，给我戴红领巾，一起拍照片，很真诚，很热闹，很开心。事后，我画了张大画《春之晨》，用镜框装了送给学校，一年之计在于春，勉励学生要每天抓紧时间学习。

**马** 您跟孩子们在一起的那张照片就是这天拍的吧？很有感染力！

**杨** 后来，我又捐资成立了"杨明义美术室"，捐了一部分我的版画挂在里面，为学生画画提供一个空间。其实，给"杨明义奖学金"追加的2万块钱我还是问朋友借的，人家却以为我走私文物发大财了。有什么办法呢？他们嘴多，我只有一张嘴，而且我又在大洋彼岸，有什么能力来干涉这边的事情呢？

**马** 后来您和儿子一起在苏州工艺美术职业学院设立了奖学金，这是出于什么考虑呢？

**杨** 儿子杨焕很懂事的。他在美国逐渐收藏了许多画，把我在美国期间卖掉的一些画买回来，当然是花了大代价的。他打电话给我："我已经有你好多张画了，我想每年拿出一两张来拍卖，拍到的钱捐给你的母校。"我是工艺美专毕业的，现在改为苏州工艺美术职业学院。我不知道一张画拍几万捐给学校行不行。儿子打听到院长的电话，从美国直接打过去了。院长很高兴，他说"不管多少钱，心意最重要，你们父子合作就叫'杨明义杨焕奖学金'吧"。我们带头设立了奖学金，后来许多经济上好一点的毕业生也开始捐款，形成一股好的风气。有些是一次性捐的，我们准备每年都捐，今年我们已经拿了画去拍卖了，拍了30多万，一半捐给学校了。所以，这个主意是儿子提出来的。我对他说，我收藏了200多张当代名家的画，想传给你，这也是理所当然的，我儿子是内行。他就说："爸爸，不要给我。你在美国时，生活那么艰苦，都没舍得卖掉一张，现在传给我，我受不起的。还有，给了我，我怎么办呢？放一辈子，再传给小孩子？能保得住吗？如果流到拍卖行里去，看到'明义同志指正'、'明义同志留念'，我会多难过啊！不如捐给博物馆吧，让大家看看你的艺术经历。"我儿子心地挺善良的。

**马** 年轻人有这样的境界，很不容易。

**杨** 我儿子还说："你没有徐悲鸿、齐白石、傅抱石的画，我有。"傅抱石的一张画，现在值3000万。"我愿意贴进去，这样可以构成一个完整的中国近代美术史。"想法很好，但是得有个专门陈列的地方，苏州博物馆是贝聿铭设计的，没有这个功能。捐到别的地方,我们也不愿意。你们苏州大学的博物馆不错,但在学校里面,有局限。我很纠结。现在,我们在苏州的东美巷买了一处破房子,准备翻建一下。我不在世了,以后可以说是杨明义住过的地方,稍微陈列一些我的作品,有个回忆。我不要大张旗鼓地造美术馆、博物馆,我不喜欢张扬。曾经市里的领导跟我说起过,其他画家都在申请办美术馆、博物馆了,你是最有资格的,要不要申请之类的。我很难为情,我觉得我不够,还需要好好努力,关键是我根本不想建,我干嘛要自己造个庙让人家来拜你呢?吴冠中也说过,造个小庙要人家来拜有什么意思,真正好的艺术应该在每个人的心中。齐白石没有美术馆、艺术馆,但老百姓都知道他。

**马** 您的很多艺术主张,为人处事,很值得让青年学生来了解和学习。您在清华大学、北京师范学院讲课,在苏州大学担任客座教授,还是吴冠中艺术研究会的成员,除此之外,您还带学生吗?

**杨** 带学生的事情蛮纠结的。曾经有几个人拜我为师,也想学有所成,但是,现在成才的条件太复杂了,而且学生都不安心学习,没有我们那时候的精神了。我的看法是收学生就跟谈恋爱结婚一样,要负责一辈子的,责任重大,所以对学生严格要求。我也总是拿自己的标准去影响他们,但影响不了,恨铁不成钢,蛮失望的,最后只好顺其自然,随缘了。所以,一般我就不收学生了。我的一个老同事,要把儿子送给我当学生。我问他儿子是不是画画的?回答是不画,只是喜欢画。不画画拜我做老师干什么?"我可以帮你做事情啊。"帮我做事情?我一个月花3000块雇个人可以一天8小时帮我做事了,你能8小时帮我做事情吗?如果你喜欢画画,要拜我做老师,那还有点道理,现在这样算什么?我这个人很实在的,我不喜欢虚假的东西。收了学生,学生能真正传承你的思想和技艺吗?没有办法传承的!

**马** 但是,从您帮助陈丹青到江苏落户的事情中能感觉到您是很爱才的。

**杨** 那当然了。我希望我的学生比我画得好,如果他能让我崇拜他,那就有意思了。在这方面,我受黄永玉的影响很大。黄永玉在中央美院教书,每年有多少毕业生啊,他的学生说,"我们能不能跟你一起举办'黄永玉师生展'?"他说老虎狮子从来都是独立独行的,不要一批狐朋狗友跟在后面。多厉害!他从来不想通过学生去抬高老师,也不想用老师的威望去抬高学生。黄永玉、吴冠中是我一生最好的老师,他们做人的标准、追求的艺术目标,对我影响很大。我的一生就是为了我的艺术,我愿意在日常生活中感受艺术的美好,看看我的收藏,看看我的花园,看看我房间里的布置,哪里做得不好,再去改进,放得乱七八糟的东西,去放放好;叶子枯掉了,去剪掉,让生活更美,更充实。

**马** 杨焕在国外发展得很好,您也比较放心吧?

**杨** 很担心啊,他年纪不小了,还不结婚,女朋友倒是有不少,缘分没到。他花了几倍的价格收购了那时候我在美国卖掉的一部分画,拿给我题字签名,我眼泪都掉下来了。他觉得能够将爸爸的画重新买回来是一种光荣。

**马** 也是他表达孝心和尊重您的一种特别温情的做法。杨焕在美国做书画收藏和拍卖,他替您的作品做市场吗?

**杨** 没有,他从来没有给我做什么。他觉得爸爸力量太大了,不需要他做什么。但是,我们经常在电话里聊上几个小时,他告诉我又拍到谁的画,分享他的喜悦。一些重要的活动也会跟我商量商量。看到他现在很好,我也高兴。我们的感情不是一般的父子感情,远远超过了。

**马** 对女儿亦心您有什么样的期待?

**杨** 小亦心有她妈妈我很放心,她妈妈能力很强的。我觉得让她开开心心过一辈子就好,最好读个好学校。我的一生虽然吃了许多苦,但总算困难都克服了,我很知足。现在就是想画点好画,我要画苏州的小巷、苏州的园林,这是很大的题材;我也想画外国的风景,把那些打动我的东西画下来。虽然现代人都很浮躁,社会上也鱼龙混杂,书画市场应付之作太多,但我想好好地画,现在也有条件好好地画了。

# 他人看他

## 褚铭[1]：他是最用功的学生

**马** 您是杨明义苏州工艺美术专科学校的同学，你们的相识始于何时？

**褚** 1958年的春天，苏州市"民办美术高级职业中学"开办，我去报考了。考上了。我们就是在学校里相识的。

**马** 你们是初中毕业以后去考的吧？

**褚** 是的，初中毕业。当时苏州还是地级市，苏州地委一共办了10所大专学校，我们在高级职业中学读了半年，9月在职业中学的基础上成立"苏州市工艺美术专科学校"，是这10所学校中的一所。

**马** 你们那届有多少学生？

**褚** 高级职业中学的时候大概40名，后来到9月份的时候又扩招了一批。当时我们学校有个习惯称"老同学"、"新同学"就是因为这个，也就是说在高级职业中学的称为"老同学"，新招来的称为"新同学"，其实大家在一个班学习。"新同学"招了4个班，大概有150多人。

**马** 人数还不少。毕业之后，你们这些同学有多少人在工艺美术领域做事？

**褚** 从事工艺美术的人蛮多的，但优秀的不是很多，比较好的能数得过来的，20多个人吧，像杨明义这样的就是凤毛麟角了。

**马** 都是工艺美术领域活跃的艺术家？

**褚** 不是，在工艺美术一线做事的人比较多，我指的是在艺术创作方面比较活跃

---

[1] 褚铭：国家一级编剧，电影《小小得月楼》舞台剧原著。曾任苏州市戏剧家协会主席，现任苏州市戏剧协会名誉主席。杨明义就读苏州工艺美术专科学校的同学。

的,像杨明义这样的就没几个了。

**马** 在美专学习时,杨明义留给您最深的印象是什么?

**褚** 我跟杨明义很熟,我们在班里也是比较要好的,他家里我经常去,我家里他也经常来。当时,没有感觉到他有什么很特殊的地方,一是他学习比较认真,二是他什么事情都很有心,都放在心里的,比如一个五年以后、十年以后的想法、规划,或者当时的一个小事情,他都是很用心记的。

**马** 他有什么特别的事情或者故事让您觉得他很用心的?

**褚** 比如说他对外地来的一些画家老师,很有心地去接待,以后逐步逐步形成了一个关系网,这对学习美术来讲是很重要的,有这么多老师来这里。其他同学都没有想到这些问题,他就注意到了。还有平时学习很认真,在上临摹绘画课时,其实老师安排每个同学临摹一段古画,一张长卷中的一段,但是他基本上都去临全的。暑假里也经常出去写生,一开学就带着一大堆的画来给我们看。

**马** 从学校毕业以后你们还在一起工作吗?

**褚** 我们从学校毕业的时候是1962年,很困难的一年。我们这个学校正宗的毕业生就这一届,从1958年到1962年。我们毕业之后这个学校就撤销了,改成工艺美术研究所,留了一批同学下来。过了一段时间,大概根据工艺美术人才培养的需要,还有上面政策的调整,就又办了工艺美术学校,原来我们学校的名称是"工艺美术专业学校"。我被安排到桃花坞木刻年画社去工作。杨明义留下来在学校里当老师,"文化大革命"开始不久之后,又调到文化馆工作。那时候很多机构都是拆了又并,停了又复,流动性很大,很不稳定。

**马** 你们尽管不在一个单位,但彼此还是有往来的吧?

**褚** 经常往来。

**马** 杨明义1963年去南京版画进修班,您是不是比他还要早一届参加过这个版画进修班?这是个什么性质的进修班?

**褚** 版画进修班一共办了三届,杨明义是第二届去的,我是第一届去的。这个版画进修班实质上是水印木刻,江苏从明代十竹斋、桃花坞就有这个传统,省里想把它延续,同时培养一支水印木刻队伍。水印木刻,当时其他地方也在弄,但是不成气候,方法也不对。我们的方法是印在宣纸上的,很复杂的啦,很容易损坏,很难弄的,不知道怎么印上去。进修班有吴俊发、朱琴葆、张新予等几个老师,他们想把江苏水印木刻发展起来,所以才弄了这个进修班。我们第一期前后一共是一个多月的时间。

**马** 培训班结束了,你们就回到各地从事水印木刻工作?

**褚** 本来我可以留下来的。

**马** 留在省里?

**褚** 留在省里,我呢没去。为什么没去呢? 就是我当时的家庭有些问题吧,其实是后来也平反了不算什么,但是当时对我形成的压力很大。

**马** 当时家庭出身被定义成什么?

**褚** 反革命了。我父亲母亲都是反革命。上海市委有个潘汉年,上海公安局有个杨帆,"潘杨反革命集团",我父母被牵连进去了。

**马** 您父母也在文化这条线上?

**褚** 可以算文艺界,也可以不算。我父母当时参加国民党的抗日运动,之后很多年是共产党的地下交通员。新中国成立之后,我父亲被安排在上海公安局工作,运动一来就说不清了。

**马** 当时这种家庭身份对您的前途影响是不是很大?

**褚** 影响当然很大。小学影响不大,从初中开始打击就很致命。我初中毕业没有考上高中,只能去考美术职业高中,就是因为当时家庭的问题。所以这个问题在我心里一直是沉重的包袱。我那届版画进修班一共留了3个学生,一个是镇江的,一个是扬州的,一个是我。后来镇江那人到了省国画院,蛮好,扬州那个到了省版画院,成为省版画方面的骨干力量。

**马** 都成才了!

**褚** 当时我很痛苦的,我不知道去还是不去。去呢,到时候审查了,说你不行再退回,反而不好。那我就不去,这样审查下来不行就不会来找我,审查下来行的话还是会来找我,我心里想法就这样子。这样就回到苏州,在工艺美术研究所工作。杨明义是第二届去的,当时,第一届和第二届之间,也就是1962—1963年版画在苏州发展得比较好,杨明义有两幅作品比较突出,一是《城来乡往》,一是《进城》。现在来看,虽然刀法上比较幼稚一点,但各方面都是蛮好的。他人也聪明,你看他样子比较马大哈,比较粗犷……

**马** 但是心很细。

**褚** 心很细。他到南京这段时间,始终不放弃任何机会跟各位老师处好关系。举个例子,傅抱石——傅抱石是个大画家,他有个儿子叫傅小石,当时中央美院的一个右派学生,也在进修班里。当时我们叫他老师他还不好意思,其实他是很好的一个人。杨明义经常到傅小石家里去,两人关系很好,去着去着就跟傅抱石熟了。

**马** 杨明义陪同当代不少名画家去水乡写生,也看得出来他很善于跟他们打交道。一般画界是怎么看待这样的"陪同"行为的?

**褚** 当然有几种不同的看法。一种说法是他会抓住各种机会,也很热心地帮助别人。比如说李平凡,人民美术出版社的。他到苏州来,来我们桃花坞年画社调研年画问题。他来了之后我送他到乐乡饭店,安排住宿,等等。杨明义家就住在附近的马医科,忙完之后我就去他家玩,我顺便说起李平凡来的事情,他就记住了。第二天他主动陪了李平凡一天。杨明义当时在学校工作,时间上有伸缩性,我们当时要上班,没有时间去陪的。还有一种看法比较难听,说他家里有点钱,经常请吃请喝,会钻营。

**马** 钻营?是指会拉拢关系吗?

**褚** 唉,会拉拢关系,说他擅长这一套。其实我看也不一定。他跟很多老师,不是一个两个有名的老师接触,可能是极偶然的机会,极普通的机会,但他抓住之后就不放。

**马** 您能解释一下,什么是"抓住之后就不放"?

**褚** 就是比较谦虚,比较懂得投其所好。比如华君武,中国美术家协会的秘书长,后来当了副主席。华老一次说想吃苏州的焖肉面了,他就想办法把焖肉面带到北京。

**马** 焖肉面有汤,如何带啊?

**褚** 杨明义怎么带呢?他把焖肉单独放起来,把面汤单独放起来,面是没煮的面,一起带去之后告诉华君武家的保姆,要怎么煮,怎么煮,就这样子的。这个,他确实是很用心的。这样,他跟所有的画家关系都好了,当然可能有个别的,但是基本上都是好的。他从那些老师那里学了很多东西,包括黄永玉、吴冠中,一大批了,这一点是别人不能比的,他能有今天,也是不容易的。

**马** 80年代初的苏州版画廊,你们是不是在一起弄的?

**褚** 一起弄的。当时苏州还没有画廊出现,我们一起提出来,杨明义和我们一起商量要弄一个版画廊,最开始是在南园饭店一栋楼上的一个房间里,一小段时间之后就正式定居在网师园。

**马** 当时是不是还不允许开设画廊?

褚　改革开放的初期,办画廊是冒着很大风险的。

马　冒风险是因为你们当时都有工作单位,拿国家工资,所以不允许开画廊卖画?

褚　这是一个原因,还有一个原因是开画廊不是方向。我们当时看到全国有些地方已经搞了,才开始尝试。画廊开办之后相当成功。

马　你们开设画廊的目的是什么?

褚　一是增加活动经费,那个时候国家是拿不出钱来的;另外一个也可以增加一点个人收入,用来买资料、颜料、木板之类的。可以说画廊开出来之后对苏州的版画活动大有好处。当时我们的经营收入不是归个人的,因为挂靠在苏州市美术家协会,美协也因此增加了一些活动经费。

马　是不是有约定的分成比例?

褚　我也记不清了,好像是这种情况。当时一幅画卖 100 块钱,现在讲起来是很低很低的,当时也可以了。

马　那时的工资每个月大概才四五十块钱吧。

褚　每张画 100 块,个人可以拿一半左右吧,我记不太清楚了。杨明义筹建这个版画廊是在成立了苏州版画研究会之后,这样版画研究会活动经费有了,要买些资料也有钱了,大家的收入也提高了一些,这样积极性也高了,所以,有段时间的确搞得不错,苏州版画廊当时全国都影响很大的。90 年代,在江苏召开全国版画会议,我们去了,还做了介绍。当时各地版画组织的头头们听得都傻眼了,他们说你们哪有这么多钱的? 其实我们能做得好也是有特定条件的,因为我们苏州的外宾比较多。

马　当时你们版画的主要销售对象是外宾吗?

褚　主要是外宾,可以说全部是外宾。画廊在网师园有一间房,挂在那里的画也不多,苏州当时的外国旅游团相当多,来了以后就带过去,有的人卖得多的一个月可以卖出去几十张。

马　那相当可观了。

褚　是的,相当可观了。

马　版画廊的日常管理是交给杨明义父亲的吗?

褚　杨明义说要找个人,一是看管画廊,因为有钱往来,一是最好能向外国人介绍介绍。杨明义的父亲符合这些条件,他以前是会计,管账肯定没问题,另外他懂英语,可以简单推荐推荐。后来杨明义父亲患癌症去世了。

马　版画廊什么时候不做的?

褚　我后来主动不加入了,不送画过去就不加入了。

马　你为什么不加入?

褚　我到苏州昆剧团之后太忙了。

马　您的意思是说,您到苏州昆剧团之后,水印木刻成为业余的了?

褚　反正就是原来的主次关系反过来了。我在桃花坞木刻年画工作了7年时间,1969年"文化大革命"中我下放到苏北去了。我在盐城最北边的响水农村,很艰苦,真的很艰苦,人称江苏的兰考。那是一个完全不同的天地,在那里待了十年之后再调回来。

马　这段经历对您后来的艺术创作影响蛮大吧?

褚　当然,回来之后我就去搞编剧了。在苏北的十年间,我到公社宣传队,又到县里的文工队,经常演出,就开始写剧本。回来之后就直接搞创作去了,就这样变过来的,现在弄得两边都不沾。

马　您创作的《小小得月楼》可是闻名全国的啊。

褚　就这样一个变化过程,不然人家以为我怎么去搞编剧了。

马　版画廊和版画研究会的负责人都是杨明义吧?

褚　是的。

马　按照年资、辈分而论,苏州还有比杨明义更有名气、资历更深的人吗?

褚　有的。

马　为什么杨明义能被推举为会长呢?

褚　两方面的原因,一个是杨明义外面的关系多,活动能力强,另一个是他业务能力也很强。在苏州,就版画而言,像周伟民、劳思啊……就说我么也比杨明义早一点,我们这些人也都在领导范围里,但杨明义是主要的,他是有实力、有资历的。

马　苏州举办"姑苏之秋版画展"跟你们版画廊奠定的基础有关吧?

褚　有相当大的关系,不然的话无论如何也没办法搞的,国家不可能拿这么多钱出来。我们版画廊积累的收入就花在这个上面,我们一共是搞了好多届。

马　四届?

褚　不止四届。"姑苏之秋版画展"规模很大,在全国影响也很大。第一届是水印版画综合性展览,还有一次是日本版画专题。我们邀请国内外版画界的人来展出,这样大家都可以直接看到最优秀的一些作品,可以互相交流,互相促进。这是非常好的,开始是一年一次,后来是两年一次,最后就慢慢停下来了。

**马** 这个活动本身做得挺好,为什么会慢慢停下来的?

**褚** 是挺好的。有几个原因,一个是杨明义到美国去了,我们的工作也越来越忙,在各自的岗位上分不出心来。还有一个是后来成立了版画院,版画院对画展的兴趣慢慢淡了。

**马** 真的很可惜!苏州曾经轰轰烈烈的版画也成过眼烟云了。1989年,杨明义在国内已经小有名气了,可他突然跑到美国学习去了,苏州画界是怎么看这事的?

**褚** 我们是相当支持的,去学习是好事情而且也符合潮流,应该去的。在他的单位可能有一些不同意见,个别人或者少数人有一些不同的看法。

**马** 不同的看法是指什么?

**褚** 有些人比较保守,比较保守的思维就有点那个了……杨明义回来的时候,简直就是一场斗争啊。

**马** 杨明义是不是特别想回到苏州国画院?

**褚** 刚开始没能回得去。

**马** 主要是什么原因呢?

**褚** 主要认为他走了就走了嘛。

**马** 当初去国外,杨明义是辞职之后再走的,还是停薪留职的?

**褚** 大概是停薪留职。

**马** 停薪留职的话就不存在他回来的时候不让他进了。

**褚** 什么原因我也搞不清。哎哟,斗得很厉害的,据说惊动了朱镕基总理下面的什么人跟市里面打招呼,再硬安排进去的。具体的我也说不上来。

**马** 这样的周折是杨明义不愿留在苏州,去北京的原因吗?

**褚** 原因之一。当时,到北京去是一个潮流,是艺术界的一个潮流,他如果不去的话也不能发展到今天这样。我早就劝他去了,我说现在这样你不要去争着进苏州国画院了,北京不能去吗?但是他还是想进国画院,非常想的。

**马** 为什么那么要进苏州国画院,杨明义跟您说过吗?

**褚** 他没有解释,我猜测有些个人原因。苏州自古以来一直出国画家的,著名的吴门画派就在苏州,那么在苏州国画院里能站住了,你就等于……外面人看起来比较有光鲜感的。

**马** 您的意思是说国画院的平台对于一个画家个人的发展和地位都很重要?

**褚** 当然。其实杨明义很早,可以说从一开始在与国画院的关系上就做了很多迁就和忍让的。

**马** 杨明义和当代画家们的关系都很好,他跟国画院的矛盾好像很深,这不太好理解。

**褚** 可能有个人的因素,也有国画本身的因素。

**马** 国画本身的因素?据说苏州国画界觉得杨明义画的不是国画,是不是有这种说法?

**褚** 这个可能也有吧。杨明义实际上借鉴了国外的水彩画,他把水彩画的技法融通到国画里。国画里讲究衬色、勾勒什么的,但是他的衬色不多,他都是渲染,大片的渲染手段,而渲染就是水彩画一个主要手法,这跟他学习阶段长期练习水彩是有关系的。杨明义的画是他创新的,他始终走在创新的前列,他不愿意跟着人家老一套的东西,他形成了自己的风格,这样可能就被人家说画的不是国画。但是,是国画不是国画,不是一个人说了算的,而且我们应该提倡百花齐放,国画的种类应该要有创新突破。杨明义这方面确实是做得比较好,别人可能有些说法也不要去管了。杨明义和国画院的关系还牵扯到一个画风,其实,这种画江南的风格是杨明义创作出来的,但是画院在开始走向市场的时候有一些画家,因为当时也不讲究其他的了,就去模仿杨明义的风格。

**马** 当时有很多画家模仿,还是只有个别画家模仿?

**褚** 大概……有几位吧。这一模仿以后,就形成了一种争斗。

**马** 当时杨明义出国去了,据说当时他开创的风格,被人模仿,市场风生水起的,有没有这种说法?

**褚** 这种说法肯定是有的。当时斗争也蛮厉害的,杨明义那时候有些心急,他刚开始进入市场,他也不愿意被人家(模仿),就去找了一些著名的画家,画过、写过或者提法上称"杨明义创作了这种风格"。这样做的结果对模仿的一些画家形成刺激,当时争得很厉害的。后来逐步不争了,因为人家也画不过他。

**马** 画风之争跟杨明义能不能进画院也有关系?

**褚** 总之,画院里头具体什么情况我也不太清楚,但是肯定也有关系。

**马** 您写过一篇杨明义的画评,提到他从美国回来之后风格产生了一些明显的变化,您具体指的是哪些变化?

**褚** 一个是画得细致,有颜色,原来是水墨的比较多。这不奇怪,与他人在国外有关系。在国外，如果没有颜色，或者颜色很少，或者画得很粗犷，卖不掉的。外国的观众就是这种欣赏习惯。但是，我看杨明义现在逐步又有点恢复到原来的风格了。

**马** 杨明义的水墨画，颜色大多是用来点缀的，比如在黑白灰的画面中画一个穿着红衣服的人，再比如黑白的荷塘里画一抹绿绿的柳树，这种画法是受到国外的影响？

**褚** 他的审美就是这样淡淡的。他还有一个特征就是比较好学，千方百计地向各位老师学习。我举个小例子，晚上，我有时候会突然接到他从美国打给我的电话，问我一个字怎么写的，他说"我想来想去想不起来怎么写"。我告诉他之后问还有什么事儿，他说没有事了。就为一个字，打越洋电话来，这不是一次两次啊，所以从这个上面也可以看出来他比较好学的。

**马** 杨明义像那个时代大多数留学生一样，初到美国的时候条件比较差吧？

**褚** 他到美国的时候就带了60块钱，还私下里藏了大概儿百块，结果到美国，他一个学期的学费就要1000多美元。他学费都交不出，后来去打工，去借钱。

**马** 那个时候去美国是要有点勇气的。我想，当初，杨明义的英语不会太好吧？

**褚** 他到现在英语也不是很好，哈哈。

**马** 那他到美国去怎么活呀？

**褚** 牛牵马帮吧（苏州话，勉勉强强的意思）。

**马** 刚开始肯定蛮艰苦的。

**褚** 苏州的老师，像吴?木、张辛稼写了介绍信，让他去找王己千。王己千，苏州人，在美国是有名的华人大收藏家，前几年去世了。杨明义用两封介绍信打开王己千家的门，慢慢地成了王己千唯一的好朋友，能说知心话的好朋友，而且他的藏画经常叫杨明义去看，所以杨明义在这种地方得益相当多的。

**马** 杨明义非常善于交朋友的。

**褚** 而且总是这样的，一些机会对其他人可能不是机会，但他抓住了，会千方百计找上门，最后总归能让自己成为对方的好朋友，比如吴冠中、黄永玉都是这样子的。

**马** 这是个比较有意思的问题。在您看来，杨明义到底有什么样的魅力呢？

**褚** 我也不知道啊，但有一点我清楚的，那就是谦恭，真诚谦恭。跟前辈之间的关系中，真是没法说的，谦恭是非常重要的。一直到现在，哪个老师打电话来，换了别人也许会说"我今天不空"之类的话,但杨明义再有事情,一听到老师有什么事情马上就会去的。他这个方面是非常注意的。

**马** 通过阅读《近日楼散记》,能感觉到杨明义很留心地把他和艺术家之间往来的书信、赠画、题词等都保留着。

**褚** 这就说明他有心啊。他连别人写了给他"这个你记住啊"之类的字条都留着。我们同学毕业之后都找不到自己当初的画作了,大家聚会的时候他把藏在那里的都拿出来了。

**马** 你们同学都很震惊吧?

**褚** 是很震惊!不是一张两张,是十几张、几十张,这么多东西,他都藏在那里,真是有心人吧!他现在的藏画,有许多老师的画作,另外他也买了一点收藏品,北京的家里……

**马** 您去过吗?

**褚** 我去过两次,住过四个晚上,很不错的,收藏了不少东西。前几年出了一本杨明义父子藏画——一本年历,一个月一张藏画,有的是杨明义收藏的,有的是他儿子杨焕收藏的。现在杨焕藏画不得了,杨明义也是不得了,现在国内画家我看是没有什么人比得上了。

**马** 这么大热的天气,谢谢您接受我的采访!

## 王大明[①]：他的水墨创作赢得了西方人的喜爱

**马** Frank，您是怎么跟杨老师认识的？

**王** 非常偶然。我小时候就喜欢艺术，因为我父亲喜欢艺术的缘故。我父亲收集中国的书法和中国的艺术品，大概从我懂事的时候就知道他在收藏。他是个老革命，曾经在无锡、南京一带工作，认识非常多的中国艺术家。

**马** 您喜欢哪类艺术？

**王** 六七岁的时候开始喜欢篆刻这一类东西，我跟随父亲在军队里头成长，十二到十五岁基本上是在无锡长大的。

**马** 您是无锡人吗？

**王** 我妈妈是无锡人，我在无锡出生，我父亲在无锡驻军，那时候环境非常好，我们就住在大河边上，旁边有座通汇桥，那完全是杨明义先生绘画题材中的自然环境。认识杨明义后，我经常跟他说，我就住在他画的那个桥、那个景里，在那儿度过了十几年美好的日子，天天可以看小桥流水，船工运输，来来往往。

**马** 那应该是上世纪的 70 年代？

**王** 60 年代初一直到 70 年代，74、75 年的样子。

**马** 那时候江南物质生活虽然不富裕，但自然环境还很好。

**王** 是，自然环境非常好。我父母跟很多生活在比较底层的船工关系处得很好，每年他们都会送我们一些粮食，我们给他们小孩送点东西，家里用不了的东西和

---

[①]王大明博士，英文名 Frank，美国哈佛医学院高级科学家、联邦基金审核员、电子医疗领域主任。酷爱艺术收藏。

旧衣服等都会送给他们。这个过程教会了我对人要和善、友好。正是有这一段历史，让我一生都没有忘掉小桥流水。我上大学和大学毕业之后，每年都回去，我的外婆外公他们都在世。

马　您离开无锡之后去了哪里？

王　我父亲因为工作关系调到南京，我就去南京上学。在那个时间段，一直跟着我父亲做艺术品的收集、欣赏，包括拜访一些很好的画家、艺术家，这样自然就养成了爱好艺术和收藏的习惯。这是一个基本的历史，现在回答您的问题。我跟杨明义老师认识的年头不是很长，大概三四年吧，因为荣宝斋阎总、殷总的关系。我1996年就参与加斯德、索斯比的拍卖活动，介入艺术品市场比较早的。

马　您是什么时候去国外的？

王　我出国是1991年。1996年开始收藏西方艺术品，收集了不少，包括有一幅小的莫奈的画，同时，也收集了很多中国的艺术品，从古籍、红珊瑚玉到书画，基本上只要涉及中国艺术品，我都收集。

马　莫奈的画很珍贵，也是您在拍卖行拍来的？

王　不是。我在90年代做医疗项目的时候，有机会碰到英国的卫生部部长，有爵位的一个老先生。虽然当时英国是个发达国家，但是医疗条件远远落后于美国，加上我是一个东方人，一个科学家，在英国帮他们做最高级的医疗项目，他觉得非常吃惊。在那个年代，他们有这样的想法是非常正常的。他和他夫人请我到他家吃饭。家里的收藏品非常多，家里的地下室非常大，我才发现不管是外国人还是中国人，到了一定层次，他们对于艺术的爱好都是相通的。他让我随便挑一件，作为到英国来给他们提供帮助的奖励。

马　噢，这时候考验您的眼力了。

王　我在地下室找我能带走的最大尺寸，能携带上飞机的。我就拿了莫奈的。因为这个原因，三四年以前，我第一次看到杨明义作品的时候我就非常喜欢。作为一个西方艺术的爱好者，我第一眼认为杨明义的作品是东方艺术和西方艺术的交汇，虽然它不是油画，但是这个画的风格很接近印象派，又不缺乏写实主义特色。再一个，小桥、流水、人家、炊烟，这种景象给人带来了非常美好的回忆，尤其是对我这种有生活体验的人，很自然地就能把美带进回忆，让人回想起以前的生活。就是说，他的画把我的情感和精神体现出来了，这让我感到吃惊，也是我喜欢的一个原因。另外一个，也是更重要的一条，每一年或者每隔一两年我都会回到我的无锡老家，在运河边上，大运河的支流边上，去看看我们家的老房子。有一年这个房子拆掉了，桥也拆掉了，我当时感到非常遗憾，这么好的自然环境，这么好的风景为什么要把它拆掉呢，恰恰这个时候杨明义老师的作品出现在我眼前，将我对江南非常美好的印象记录下来了。我们曾经有过的美丽，永远不存在了，但是杨明义老师的画永远保存了这份美丽，记录了我们曾经的江南，曾经的美景。

**马** 曾经的江南，曾经的美景在杨明义的画里保存了、记录了，令您感动？

**王** 记录了历史，是用一种非常美好的方式记录的，不是用书籍，也不是以文字，而是以绘画。这种画是可以让很多人接受、很多人喜欢的。

**马** 杨明义1987年去美国，十多年后回国，在你们结识之前，您在美国接触过杨明义的画吗？

**王** 没有。

**马** 现在您看到杨明义出国前后的作品，您觉得留美的经历改变了他的艺术创作吗？

**王** 我认为主要有两大方面：第一是生活的变化，就是说他去美国之前的作品也非常好，但少了些人生的磨炼，没有达到艺术升华的阶段。换句话说，他的作品好也是大众类的好，跟其他的艺术家没有本质的区别。

**马** 您的意思是说个性不明显？

**王** 对，个性不是太明显。美国一方面可以给艺术家非常自由的环境，没有任何限制画东西；另一方面有丰富的文化资源，包括博物馆、艺术展览会，还有世界各地顶级的画家到了美国，常年都有交流活动。我认为出国的经历，对杨明义艺术内涵和艺术修养的提高起了决定性的作用。当然因为他身在美国，他会清楚地知道美国人喜欢什么，中国人喜欢什么，或者不分人种的共同的喜好是什么。在逐渐磨炼的过程中，他的作品从美国回来以后有一种实质性的升华，本质性的升华，可以说和他去美国之前的作品比较，提高了几个层次。我认为主要的区别在这个方面。另外，他对作品以外的世界的看法宽阔了很多，作品也有了气势，我相信，接下来，他有可能画出更加气势磅礴的作品来。

**马** 气势磅礴？您可以说得具体一点吗？

**王** 过去，他局限于小桥流水，现在的作品尽管还是小桥流水，但里面大量地卷入了横跨各种视野的东西，比如《百桥图》，比如我们面前这几幅画，山川河流，充满了生气。这是我一个最大的感受。

马　典型的江南景致,小桥、流水、人家,比较容易勾起我们这样在江南生活过的人的美好怀念,西方人能够接受吗?

王　西方人实际上非常喜欢这个东西的。这次我为什么要带哈佛医学院的院长到杨明义的工作室来?我们院长的父亲是一个高深的艺术鉴赏家,他妈妈是波斯美术学院毕业的,在美国时,我就跟他介绍了杨明义,他一直不相信他能和一个中国的艺术家心灵相通。

马　您跟他说什么?您认为他会喜欢杨明义的画?

王　对。我们院长爱好摄影,爱好艺术作品,他每年暑假会抽两个星期,租一架直升机到美国大峡谷,拍同一个地貌,已经连续拍了15年了。这次他和我一起参加学术活动来到北京。我邀请他到杨明义的工作室来看一看,我认为他会喜欢的。我们预计花15分钟浏览一下,结果他来了之后,很认真地看了每一件作品,远远超出了15分钟。然后,他说他真的不敢想象,杨明义的作品能把中国的美和西方的艺术体现到这样登峰造极的地步。他非常非常喜爱。

马　那位院长对杨明义的画有什么具体的评价吗?

王　他非常喜欢杨明义作品的用色和光。他(杨明义)用自然的留白,用白纸的白,创造了阳光,创造了月光,用淡淡的色描绘温馨的生活,包括船上做饭的炊烟。他认为这种绘画的方式非常美,在西方绘画中很少出现。他不说,我还没有特别的体会,西方的确很少有这种表现方式的,在写实主义绘画中会有一个淡淡的炊烟,作为一个事实的表述,而杨明义的炊烟是一个艺术的表述,他的炊烟下面没有烟的源头,但你一看就知道是炊烟,很多地方就悬在一半的位置上,可以很明显感到杨明义的作品不是在写实,而在升华。还有这个船的画法,基本上没有一条船是一样的,也没有一条船是特别完整的,你仔细看这一片,你看不到一艘船是特别完整的。院长评价说,这是绘画艺术的顶级作品,就是让看画的人知道是什么,又不是什么。

马　不能坐实,但你又明明知道他画的是什么。

王　就是把实际存在的东西升华了,抽象成一个非常有艺术美感的东西。

马　这种光影的使用,是中国传统绘画就有的,还是借鉴了西方的绘画?

王　我认为是两方面的。杨明义对透光的把握,尤其是《百桥图》对西方三维透视艺术的使用已经到了炉火纯青的地步,比如杨明义画街道、桥、阶梯,都是典型的三维的西方画法,用光、用色立体感很强,像这幅画中的太阳,淡淡的红,反光在湖面,在水面投射出一片很亮的光晕,再如这片云彩的留白、雾气的感觉,都是杨明义绘画中非常有特色的地方。可以说，在光和色的用意方面，他已经将东方和西方艺术融合到了极致，这是我们非常深的体会，也是我们院长的看法，能结合得这样好的中国艺术家，至少现在我还没看到过。

**马** 中国艺术家和作品在海外的推广情况如何？

**王** 不是太理想。我也很想在这方面做些事情。目前，我和院长，如果能找到档期的话，我们准备在哈佛大学的东方美术馆给杨明义做一个展览，我们希望把中国真正顶级的艺术作品推向西方，推向有影响的高等学府。

**马** 这是一个很好的想法！

**王** 是，哈佛和麻省理工在一起，如果能联合举办，借助这个学术平台，让全美国、全世界的人都知道中国的艺术是什么样的，想想挺激动人心的。哈佛和麻省理工聚集了全世界的优秀人才，这个优秀不仅仅体现在学术上，还体现在艺术方面。对艺术素养的要求，是进入美国顶级大学的主要要求之一。我们希望通过这个平台，将美好的艺术带给所有的人。

**马** 如果能成功，可以将中国优秀的文化艺术带入美国精英阶层，那将是功德无量的好事情。

**王** 我的工作很忙，但我会尽力而为的，我们希望通过顶级学校的杰出校友，比如克林顿、希拉里、奥巴马等来向全美推广，从而自然而然地带动西方世界，作为一个强有力的盟主，美国可以把优秀的艺术推广到全世界的每个角落。

**马** 杨明义在美国曾经给布什总统写过信，送过画，您作为一个在西方的中国人，怎么看待这件事？

**王** 作为一个政治家，到布什这个位置，通常非常爱好艺术，百分之一百爱好艺术。如果他能介入推广中国艺术品的工作，这是一个事半功倍的方法。这也是我们想利用哈佛这个平台的原因。如果我们的展览放在毕业典礼前后那就更好，学生、学生的家长、学长都会来，还有很多邀请的嘉宾。这个影响是非常快的，像闪电一样，传遍全美国，甚至是世界各地，因为校友和嘉宾来自世界各地。我们不仅仅是为杨明义做，也是为中国艺术将来提供一个媒介，一个平台。

**马** 是中国艺术走向世界的一个路径，让西方了解东方。

**王** 对，是一个顶级的交流平台，很难有第二个复制的机会。

**马** 谢谢您接受采访，预祝你们筹备的杨明义画展能在哈佛大学东方美术馆举办！

# 殷华杰[①]：当代江南水墨画第一人

**马** 您在艺术品拍卖行业里面浸润已久,熟悉和了解书画市场的情况,您是如何看待艺术品与市场价格之间的关系?

**殷** 艺术品的市场永远是价值决定价格,价值实际上就是艺术家的艺术成就,也就是说一件作品的艺术价值最终归结到这个画家的艺术成就。

**马** 更确切地说,是一个画家独特的艺术风格吗?

**殷** 对。我们中国美术在世界美术史上能够留下重重一笔的,只有那些有独特风格的画家,那些留得住的艺术品。我们纵观中国以往传统艺术发展的历史,好像走了很长很长的路,并且留下了很多很多的画家,但是真正能让价值得到肯定的其实凤毛麟角,也就这么一些,就像是苏州的"四王"、吴门画派等。明代我们有那么多画家,到清代,经过了那么几百年,也就留下了这么一些画家。到了现当代,其实也是这样的,江山代有才人出,但是不一定出来的都是人才,不一定会画画的都是人才。

**马** 杨明义作为一个有自己独特风格的画家,他的作品的艺术成就和市场价格成正比吗?

**殷** 我想市场跟艺术家的成就有时候是相合的,有时候会有一些偏差,但是最终总归会走向一个统一,这就是价值规律在起作用。谈到杨明义,我认为他的成就已经得到我们大家普遍的认可了。新中国成立以后,毛泽东所提出的文艺方针强调,艺术家要反映新生活,反映新社会,文艺要与时代相结合,这应该说造就了我

---

[①] 殷华杰,北京荣宝斋拍卖公司油画部经理。

们中国水墨绘画的一个空前繁荣的时期,比较有代表性的有林风眠、傅抱石,以傅抱石为首还形成了重要的"新金陵画派",包括"钱亚魏宋"[②],还有一些走画风开拓的,像吴冠中、黄永玉等;改革开放之后,还出现了像陈丹青、陈逸飞这样一些大家。这些大师,都是杨明义年轻时候接触过的,是他进行艺术实践的时候共同并肩战斗过的,我认为他们互相之间的艺术语言以及艺术思考是相通的。我记得吴冠中先生曾经送给杨明义一句话,专门题在书的封面上的,"此中感受往往与明义相同"。这是什么意思呢?就是我对艺术的感悟与明义对艺术的感悟往往能相合。这就是说艺术是相通的,对于生活,对于美,他们的感悟往往是相通的。这只是吴冠中先生对杨明义的评价,我想还有其他跟他类似于"死党"似的画家,像陈丹青、陈逸飞,他们正因为对艺术有共同的理解,所以才经常会在一起对艺术进行探讨。从这个方面说,像吴冠中先生、陈丹青、陈逸飞,他们都已经得到了最广泛的认同,在艺术品市场上也得到了很丰厚的回报。杨明义的作品,可能跟他们并不是那么一样,因为他也是很早就开始进行艺术探索的,在国内当他的艺术成就如日中天的时候,毅然放弃那种很舒服的环境,跑到美国去过留学生的艰苦生活。我认为这一步走得非常对的,对他今天的艺术成就有很大的帮助,使得他的作品一方面有中国传统艺术的味道,同时又吸收了西洋绘画的光啊影啊,从而让人耳目一新,过目难忘。这一点我们可以从已经取得成就的艺术家和他们的艺术经历去得到一些印证,但凡能得到最广泛认同的以及能有成就的大师们,无不是学贯中西。

**马** 您认为西方绘画艺术对中国传统画创新的影响主要表现在哪些方面?

**殷** 中国近现代以及当代绘画的探索和创新过程中,需要吸收西洋的艺术。这里面像李可染运用那种西方绘画的光影,吴冠中对西方绘画中的立体感和空间感有很好的发挥,像林风眠吸收了西方的野兽派,像徐悲鸿把西方学院派的一些严谨的绘画技法带到中国。这批人将西方绘画的技法、技巧以及他们对艺术的理解都融进中国绘画里去,使中国绘画焕发了最新的生机,也使我们中国的水墨艺术,不仅仅停留在原来传统的中国绘画里,而得到了一个空前繁荣的发展,并且我认为在绘画的语言方面以及绘画的成就方面,都达到了一个空前的飞跃。

**马** 如此说来,如果我们将杨明义放入中国水墨画创新的谱系中,您如何评价他

---

② "钱亚魏宋",分别指钱松喦、亚明、魏紫熙、宋文治四人,是新金陵画派的代表人物。

的风格和创新？

**殷** 这里面呢，首先我想，是杨明义水墨画所反映的题材。但凡一个画家最能有成就的，通常是他最了解的题材，他最能反映的题材，是他所热爱的题材、念念不忘的题材。

**马** 能具体谈谈吗？

**殷** 杨明义生在苏州，长在苏州，他的艺术也是根植在苏州，所以他用手中的画笔反映江南水乡，几十年如一日，全部集中在这个题材上。据我对杨明义的了解，我看过他求学期间临摹的中国古代绘画作品，他的中国传统绘画造诣是很深的，已经达到很高的水平，而且他的题材，包括他的水彩画，应该是非常丰富的，也是非常多彩的。但是他为什么专注于江南水乡，我认为这是他最独特的绘画语言，也是他最了解的风景，这是他的家乡。没有对家乡的热爱，没有对中国，对江南水乡的热爱，不可能让一个画家坚持数十年就专注于一个题材。全身心的投入，这时候才能出来好作品。就像一个男人对他心爱的女子，只有他发自内心的热爱，他才会看到她是最美的，并且才会用一生去呵护她，保护她，陪伴她左右。我认为杨明义对江南水乡的爱已经深入到骨髓了。江南水乡的题材和杨明义的艺术成就，我可以用简单的话来讲，就是在杨明义之后的五十年，没有谁再敢去画江南水乡，就算去画江南水乡，注定是在杨明义的阴影之下的。

**马** 您的意思是，今后很长一段时间里江南水墨的题材将无人能超越杨明义？这对一个画家来说是很高的评价了。

**殷** 对，超越不了。概括地来说，我认为杨明义的水乡题材是他最有成就的。

**马** 一个画家专注于一种题材，当然有助于画家充分表达自己的艺术感觉，彰显自己的艺术风格，绘画技艺也可以炉火纯青，另一方面，以您的经验来看，会不会也是一种约束？

**殷** 我认为艺术创作呢，画什么不重要。有很多人所表现的东西非常丰富，而有些人就专注于某些内容。前一种情况我们不谈。艺术家创作的作品，实际上是用画笔表达自己的内心，同样的题材，因为内心感受不同，它带给你的感觉也是完全不一样的。比如说，春夏秋冬，我可以画怒放的荷花，我也可以画秋天萧瑟的荷塘，这里面都反映了画家的思想。我可以画春天、夏天，我也可以画烟雨江南，我也可以画晴光潋滟，也可以是山色空蒙，都是可以的。它只是绘画的符号，这种符号用来表现他的内心，就算是画同样的一座桥，同样的一个景，不同的时候所反映的、所想表达的都是不一样的。

**马** 不同时间、不同季节、不同心境下画家看到的同一个景物可以有完全不同或微妙的差别？

**殷** 对，可以很丰富。有些中国传统的画家穷其一生就是只画山水，有些就只画花鸟，但是并不能说仅仅画山水题材就单调，艺术成就就不高。有些人可以画很多很多，比如说徐悲鸿可以画鹅，可以画马，可以画喜鹊，也可以画人物，他用很多题材来入画，而杨明义选中了一个江南水乡。据我对他的了解，他认为他花一辈子画江南水乡都画不完，因为江南水乡太美了，给他的感悟太深了。2005年我帮杨明义策划、组织一场展览，其中有几组是他画的江南的桥，我们在一起讨论的时候，就想过这个问题：我们为何不画江南的桥呢？因为江南的桥可以说是最能代表江南风格的。

**马** 典型的江南符号。

**殷** 是一个很典型的水乡符号。江南保留了很多古桥，这些桥千变万化，是我们的祖先、我们的前辈帮我们留下的非常丰厚的文化遗产。那么我们用画笔把它表现出来，把它永久地留住，杨明义认为这是一件非常有意义的事情。他开始《江南百桥图》的创作。三年多之后，《江南百桥图》出来了，我认为这是一个艺术家用来做艺术总结的一部非常重要的巨作。我认为，杨明义这样的画家，仅仅有这个《江南百桥图》，就能奠定他在中国当代水墨艺术创作中非常重要的地位。

**马** 以您对艺术品市场的了解和经验，您认为什么样的人会比较喜欢杨明义的作品？

**殷** 我认为热爱中国艺术的，热爱生活的人都喜欢。杨明义艺术作品的语言，无论是行内人还是行外人，凡是对美有一种知觉，有一种认知，有一种基本的审美标准和审美能力的人，都会喜欢的。

**马** 您前面说到画家的艺术成就与市场价格之间会有偏差，那您如何评价杨明义艺术作品在市场上的表现？

**殷** 杨明义的作品，从80年代末90年代初就已经进入世界以及中国的各大拍卖行。我记得他是1989年进入纽约的苏富比与佳士得拍卖行的，一直到现在，我认为他在拍卖市场上不是那么活跃的，但是一直很稳定，从他有记录以来的整个拍卖成交来看也是很可观的。我记得去年福布斯排行榜的艺术家版块中，他是第94位，那也就是说他在市场上的表现还是不错的。这里我要强调的是，杨明义是一个淡泊名利的人。

**马** 为什么这么说?

**殷** 很淡泊名利的。我们的市场,当代的书画市场往往是有一些人为操作,包括宣传和其他各个方面综合产生影响的。我认为任何一个商品,它进入市场总是会需要一些运作的,这是不可排除的。但是杨明义的作品,一直是任其自生自灭,任其自然发展的,所以到现在为止在市场上所显示出来的价格一直是不温不火的。我认为这种不温不火是杨明义淡泊名利所产生的结果。他的艺术成就与现在市场上保持的这个价格是不相符的,应该说他是一个被低估了的画家。我们看到像陈逸飞,还有吴冠中都有西方顶级的画廊在进行全面系统的推广,而杨明义他并没有太注重这些,所以他的价格表现就不能跟一个有画廊、有经纪人、有强大推广力的画家去相比。那我想,杨明义的作品在自然的状态下都能够得到大家的认同,我说的是在市场里面得到大家的认同,那么如果说有系统地进行推广,就能让他的作品,他的艺术成就被更多的人知道,他的市场表现应该会非常好的,我对他的市场的未来充满了信心。

**马** 谢谢您接受我的采访。

## 凌子[①]：他是我人生的导师

**马** 您还记得跟杨明义老师第一次见面的场景吗？

**凌** 记得。当时我在苏州广播电台实习，配合电台的阿丁老师做一个访谈节目。大多数时候访谈嘉宾由我去楼下接。有一次，他跟我说你不用下去了。不一会儿，他就亲自带杨明义老师上来了。那是1998年的1月，我印象蛮深的，是个冬天，演播室的阳光很好。

**马** 第一次见到杨老师有什么特别的感觉吗？

**凌** 沧桑但温暖。导播间，大家都在安静地工作。我给他泡了杯茶，他倚着墙看报纸，阳光从门外洒进来照着他的脸，很暖，很静。看上去，他的涵养举止很不一样。其实，在我做杨老师的访谈之前，机缘巧合就已经看过他1997年举办归国画展时的纪录片，当时对画家还比较陌生。片子里他被一帮学生围着，他看上去和学生们的年龄差不多。风度非常好，长头发，高个子，气质沧桑、孤独、卓尔不群。所以当我见到他本人时，并不觉得陌生，有似曾相识的感觉。做访谈时，他很谦虚、很淡定，但你能感觉出这个人身上有很多故事，经历过很多沧桑，所谓繁华落尽见真淳。

**马** 他当时穿西装，还是大衣？

**凌** 他应该是扎个辫子，穿个黑毛衣吧。

**马** 现在辫子不扎了，头发依然是长的。您还能想得起来那次你们访谈的主要内容吗？是您问还是阿丁问？

---

[①] 凌子，原名张晓红，杨明义妻子，现为对外经济贸易大学经贸学院经济学专业在读博士生。

**凌** 当然是阿丁问啊。

**马** 那您当时有没有自己特别想问的问题？

**凌** 可能特别感兴趣的是他那时在苏州事业如日中天，却突然放弃所有一切跑到美国去的十多年的心路历程吧。其实，无论他说什么，都不太重要了，他站出来就是一个故事，您可以自己体会。

**马** 这里面隐藏着很多的故事，您已经隐约感觉到了，是吧？

**凌** 没有那么明白，只是有点疑惑，后来慢慢地我就明白了。不过到现在我觉得已经没有什么了，不值得一提了。

**马** 是因为现在已经尘埃落定的缘故吗？

**凌** 央视在做他的节目时片尾总结道，"执江南水墨之牛耳"，现在江南水墨的代表是谁？那就是杨明义。几天前遇见苏州的一位画家，他见到我就说"杨老师是我们苏州的一面旗帜，我对谁都这么说"。一个画家，在苏州家乡这么多年，又走出去看世界，看完世界他以更弘阔的视野来画江南，他走出去又走回来，归去来兮，不断地升华和提炼，一步一步把江南水墨画到自己想要的境界，很不容易的。

**马** 在江南水墨创作方面，虽然有过争议，但终究是要在尊重事实、尊重历史的前提下，以艺术的品质来说话的。

**凌** 您已经不能够想象，十几年前，杨明义第一个画江南这个问题居然是不能说的。我印象太深了。现在想来，这或许也是一件好事，只有这样他才去北京，要不然他在苏州可能还没有今天，我是这么认为的。

**马** 杨老师的性格是不是比较低调，喜欢自在？他提到这件事情时，对江南水墨的创新没有特别强调，反倒是在讲述自己的艺术追求时，让我感觉到他所付出的心力。

**凌** 也许画家最擅长的还是一支笔，用笔来表达自己，用艺术来征服，而不是用理论来说服。他从纽约回来，到了北京，能更清楚地用自己在纽约以及全世界汲取的精粹来画江南，那气魄就不一样了。原来你在江南之中，你熟悉它，亲近它，现在你走出来，远距离去体察这个地方，感受不一样，画出来的东西也不一样了。比如画雪景，传统的画法是用白粉涂抹，他画雪景是完全留白的，这个功底很深的，而江南是不下大雪的，是他在纽约看到雪景之后，才能画出江南这个既有诗意，既小毛茸茸的，又很有气魄的雪景。他的大写意作品有气魄，微观的作品又极其精致，他说，"我的小画要用大画的境界来画，但是我的大画要当作一张小画来画"。

**马** 小画要有大画的格局，大画要有小画的精致，这是杨老师的创作理念吧？我访谈时，他没有跟我提过，您倒记得清晰，谢谢您。你们是哪年结婚的？

**凌** 2006年。

**马** 美国回来之后杨老师到北京，除了一些客观原因外，是不是跟您在北京上学以及鼓动有关？

**凌** 应该有些关系。苏州的日子舒服得让你一点点地消磨，我向往北京，向往北京的大学校园，向往一切属于北京的炽烈、激情、丰富。所以我考到了北京广播学院去学习新闻学专业。

**马** 那段时间杨老师很苦闷吗？

**凌** 应该不是苦闷，甚至还有一丝不可预知的小期待小忐忑吧。这相当于第二次出国嘛。第一次出国是从苏州去美国，等他回到苏州，再到北京的时候，其实是第二次出国，虽然在北京说的是中文，但比在美国时更难，因为当时所有欣赏他的老师，建立的关系，退的退，去世的去世，而且他的年龄也摆在那儿了，五十多了，虽然精力充沛，看着也比一般人要年轻很多，但需要勇气。又是一次从一无所有开始的崭新的未知的生活。

**马** 的确是这样，每一次放弃，每一次重新出发，都是需要很大勇气的。

**凌** 他舍弃的东西可能在别人看来很可惜，所谓累积的一些物质财富，所谓累积的一些人脉关系和职务名利。但我并不认为这是艺术家所宝贵的东西。如果当时他在国画院留下来，日子可以没有那么多曲折，安逸地画画也很好。但他的艺术，就没有那么多曲折带来的不一样的东西。

**马** 站在今天的成就上回望过往，我能理解您的这种感受，所有的磨难都成为一个艺术家的情感体悟和精神财富，但是回到那时，要放弃已有的，去面向未知的未来，还是会感觉到痛苦的。比如，他放弃版画创作方面的成就，尝试用水墨画江南。

**凌** 这个我要更正的，很多人对他有个误区，觉得他是从版画开始的，其实不是，他是从传统开始的。他认为传统的画法已经不足以表达江南，他就用版画这种形式，现代版画史上杨明义这一笔是不可缺的。1984年法国春季沙龙展，他有两张画入选，一张是水墨，一张是版画，一同去的人都是周思聪、吴冠中这样的名家。他后来的中国画受版画影响也很大，以至于有些人认为他的画法怎么能算是中国画呢？人家的中国画是用毛笔勾啊，你是大笔刷一刷。就是这样一种画法引起画界很大轰动，很多老先生都觉得耳目一新，都觉得这种画法好，而且市场上很多人都认可,很受欢迎,陈丹青《水墨水乡》那篇文章说了一个非常对的道理,他说用油画来表现水乡当然可以,但是用水墨这种材料来表现水乡是最恰当的。

**马** 这是杨老师创造的用来画江南水乡的新艺术语言。

**凌** 以前我对太湖没有什么印象,看了他的画之后再去太湖边上,就有很强烈的感觉了。两个月前,我带着我的朋友去太湖——他北方来的,从来没有到过太湖。我一路开着车,看到太湖,他就惊叫,哇,那不是杨老师的画吗?他把太湖最美的东西提炼出来了。

**马** 我翻看《百桥图》时,有的作品的确太让人震撼了。

**凌** 每一座桥他都是实地去写生的。我记得当时他准备画一百座桥时,我给他拿一张纸画了一百个格子,画好一张就在一个格子里画个叉,两年多了,才划了三十几个叉。我说这么长时间了,你怎么还没画好啊?他说那不能急的,一张画如果你一急就会画坏的。有的时候他画一座桥,清晨的时候去看,夕阳的时候去看,下大雨的时候还要叫司机开着车跑过去看,就是看不同的时间、不同的光线、不同的感受,他选个自己觉得最切实的东西来画。后来,因为绍兴市长的邀请,他去画了八字桥什么的,直到前两天他还在跟我说,他觉得这张画不太满意,要再重画。

**马** 杨老师特别精益求精。

**凌** 他认为这张画还没有达到他心里最美好的程度,即使有那么多人喜欢这张画,他都会重画的。

**马** 经过访谈,我感觉杨老师是那种波澜不惊,遇到任何事情都很淡定的人,您认为我这种感觉对吗?

**凌** 刚开始跟他交往时,他头上肯定是有光环的。但是我跟他相处十几年了,不在一起的时间很少,不会超过一个星期。即使不在一起,每天也会通很多电话,我们一直都有很多话讲,有很多东西来沟通,他的光环依然还在,我对他依然有欣赏有敬意。您说波澜不惊,那超过他底线的东西他肯定不会波澜不惊的,他也有愤怒,他也有激动的时候。我觉得他的波澜不惊跟他的修养是有关系的。就他这个人,我的归纳是本真、单纯。我挺羡慕他这种性格的,他对外界不太关注,对人情世故不看重的,包括他交朋友的标准,你只要画得好,不管你是哪里的,你的地位如何,他就是欣赏你。陈丹青比他小十岁,之前那么落魄,他帮助他,因为陈丹青画得好。相反,你地位很高,但他觉得你画得没什么好的,那他就提不起兴趣来。他与画家交往的标准就是你画得好不好,画得好,对你就有敬佩之心。所以他真的是很本真,是完完全全的一个艺术家。他又是江南人,出身是书香门第,他的待人接物、性格修养和他的画很一致。您看他那么爱干净,对美那么追求……我一次翻阅他美国的照片,就是他当年留学的时候住的地下室,我看到一张照片上面鲜花四溢,很多很多的花摆在他的画桌旁边,就问他在美国生活那么艰苦,还能买花并且养得那么好是为什么。他说我哪有钱买花,都是从路上捡的。虽然是捡来的,他还能把花养得那么生机勃勃。你想,在那样一个环境下,还不降低对美的标准和追求,你说这样的人还有什么做不到的呢?在美国吃都吃不饱却还能去追求这个东西,他骨子里真是有贵族精神吧!

**马** 杨老师的确是个特别讲究的人。

**凌** 这种讲究并不像现在有的人那样为了去 show,为了炫耀。一切给别人看的都谈不上讲究。我要给他买名牌衣服,他说我自己就是名牌,我不需要穿名牌衣服,他只要舒服就行。我们有一个服装设计师朋友,我从他那里拿了几件衣服给他。他试了之后说:"这不是我的风格,我不喜欢这种不中不西的。"他画画也是这样,画自己的,不去迎合现在的潮流,也不故意地去批评潮流,他就是做他自己。我认为这是很可贵的。

**马** 杨老师与普通人的交往也特别有亲和力的。

**凌** 他对所有的人都比较平等,你是上市公司的老总,你是个种菜的农民,在他眼里是一样的。我们有个阿姨,是我们北京租房住时的房东,50多岁,她喜欢我们,愿意到我们家里来做事,做了七八年的样子。我们带她到苏州来玩,在苏苑饭店给她开了房间,就完全当作自己人的。杨老师问她想去哪里看看?阿姨说想去看看苏州的刺绣。他就叫了辆三轮车带着阿姨到刺绣厂参观。我们为什么在这里买房(注:指北京郊外的扬州水乡)?有一次我们去看一个朋友,一路开过来,那是十里荷塘,你想象不到有多么漂亮。现在荷塘已经填平,建商品房了,周边环境还弄得乱七八糟的。那时的荷塘特别美,他天天去买荷花。有个摄影师一直在那里拍荷花。他告诉荷塘老板,每天来这里买荷花的是一个特别有名的画家。荷塘老板和杨老师一来一往地就熟了,老板就每天送荷花给我们,也不用买了。荷塘填掉后,他没有地方种荷花了,就跑天津去了。虽然不能经常来送荷花了,但我们家马槽里的荷花,是他每年到家里来给杨老师种的。后来他问杨老师能不能给他画一朵荷花。照理说,杨老师的画多贵啊,一张画可以买多少荷花了,可他不是这么想。他就给他画了一支荷花。他对待人,与人的交往,讲究的是美好。现在很多人来找他,不是说我想念你来找你,而是说我想要你的画来找你,其实是挺可悲的。

**马** 交往一旦有强烈的功利性,就会异化,美好也将荡然无存。

**凌** 他对人如此,对花花草草的态度也一样。他要是看到那枝花快不行了,就拼命地浇水施肥。您想对待一朵花都这么用心,对待一个人就不用多讲了。

**马** 关于这点,杨老师留给我的印象也很深刻,我看他作画之余,很爱侍弄花花草草。杨老师每天都是很早就起来了吗?

**凌** 他妈妈说过的一句话给我印象蛮深的。她说他年轻时就没有睡懒觉的习惯,无论多晚睡觉,总是很早就起床。弄得我现在也不好意思睡懒觉了,我睡得很晚,起得也蛮早的。他觉得一天最宝贵的时候就是早晨,他一般都是 6 点钟起床,有时候 5 点,如果睡不着的话 4 点钟就起来。一个早上他要做很多事情,看看书,写写字。他的生活其实很简单,很单调。我们到外地去,人家接待他,天天给他吃好饭好菜,他会觉得很不自在,他就会对陪着人的说你能不能带我去喝碗粥。"杨老师,你要到哪里去玩玩?"他就说,那你陪我去书店吧。陪着的人觉得很 boring,很无聊吧,可这就是他的生活,他觉得很好呀。那时候他生病,做完手术要休养,我劝他去了丽丝卡尔顿。第一天很好,游游泳、吃吃饭、看看蓝天,第二天也还可以,到第四天他忍受不了了,没有画画,也没有可画的对象。通常人家认为的享受并非他认为的享受,人家认为的受苦也并非他认为的受苦,这就是他这样一个艺术家与别人不一样的地方。

**马** 杨老师在画室作画时,你们的女儿小亦心挺乖的,包括我们在做访谈时,平时那么活跃的她,也没有闯进来过,是不是你们给她立了规矩?

**凌** 一般画画和创作有区别的,创作的话肯定需要更多的思考,需要一个人静下来。我们女儿拎得清,她看你在忙就不会去打扰你。

**马** 她只有 3 岁,还很小,这是你们训练出来的?

**凌** 我从来不训练孩子,我也不赞成去培养她,自然而然最好。人家都认为小亦心太幸福了。其实跟很有钱的人比,我们物质条件并没有多么好,但是我们家里的精神氛围是一般孩子没有的,有音乐,有艺术,有文学,美好的东西的熏陶是蛮重要的。

**马** 访谈时杨老师说起过他生病的事,他得的是什么癌症?

**凌** 胃吧。2009 年的 11 月 4 号查出来的,那天一个歌手陈琳跳楼自杀了,那天还下雪,照理 11 月的北京不该下雪的。然后呢,他听到这个检查结果,他就开始整理他的东西,正在筹备中的画展也不管了,而且马上要回苏州动手术。我去买车票,那时还没有高铁,是动车,票非常难买。我心里默默地想,如果我今天能买到那就是有希望! 我去东四环北工大那边,是最近的售票点,很顺利,我一会儿就买到了,心里挺高兴的。马上就要离开北京,他还是非常井井有条地把外面的花盆搬到狗棚里去,还关照我们以前的阿姨说你要把这个遮阳伞收起来,不然下雪会把伞弄坏的。他把之前别人放在他那里要题词的画还回去。其实他是做好准备的,但是他的态度依然很淡定,他说人总归会……是生是死就这么一回事。

**马** 杨老师很周到地做了许多安排,很超然,那您的心情是怎样的?

**凌** 共同面对呗。我可能跟一般人还不太一样,我做过记者,采访过很多癌症患者,是美国癌症协会的志愿者,是台湾地区乳癌协会的顾问,还捐过款给他们,并且做过很多访问。对生和死的了解我比一般年轻人要深些。我知道他得这个病的时候,认为胃癌其实并没有那么可怕,虽然我的心情没有他那么超然,但任何困难我们共同去面对吧。第二天要做手术之前他跟主治医生一块吃饭,我是哭得一颗米都吃不下去,但他该怎么样就怎么样。那个医生挺逗的,说:"有些人吧,嘴巴硬,说什么都不怕,但要是真碰上了,老虎来了,就吓得赶紧逃了。杨老师你可真是够厉害的,真的是大将风度,大师风范,没有几个人能做到。"他的态度就是无论到哪一天,都不放弃对美的追求,都要从从容容的,这真的是一种贵族精神,是很少有人能做到的。我跟他走这么近,还能对他有敬意,就是因为一点一滴影响的。

**马** 刚到北京时你们还是比较艰难的,您不离不弃,一定是杨老师身上有特别吸引您的东西,不然,你们年龄差距毕竟……

**凌** 我没有想太多,我本身就是一个不太想现实的人。当时,他事业不顺利,比较低谷,我们相同的东西很多,比如我们喜欢听音乐呀,我会给他推荐很多作画时听的音乐。我们会谈谈文学,谈谈理想追求啊,现在觉得说这些好像挺可笑的,我们每天都有很多共同的话题来说。到了北京,我上学,他在三里屯核桃园租房子住。我去看他时,得骑着自行车到公共汽车站,再换乘,才能到那边。有一次,央视一个记者来采访,到家里一看,就跟我说:"哎哟,杨老师的画是不是卖不掉啊,怎么会住这样的房子?"当时我才觉得,噢,原来住这个房子是不好的。我那时候没有那种概念,我觉得挺好的呀,这个房子阳光非常好,也很干净。当时我们想的并不多,我要完成我的学业,做自己的事情,杨老师来北京后希望让自己的艺术创作被更多的人知道，希望更多的人关注他的艺术。他每天都会告诉我谁给他打电话告诉他哪一期会刊登他的作品，谁看到他的画怎么样评价等。我认为我们都在不停地做事情，有股向上的劲头，所以其他方面也没有想得特别多。我记得他有一个好朋友从美国回来，在北京的富人别墅区住。他经常会请我们过去，知道我们要坐公交地铁，就一番怜悯的样子，其实，我们没有太多的感觉，对所谓的富人区也没有什么感觉。那个阶段，我们要做什么事情，跟别人无关。他也是这样，不会羡慕你有多少钱，只会羡慕你比我画得好，这是真的。北京那段日子，我们蛮同心协力的，后来我们有了一辆车，可以到处玩，到处看，我们还开个车从苏州到北京，一千几百公里，开过八九趟，那种幸福感蛮强烈的，反倒是现在有了孩子大家都忙，时间越来越不够了，幸福感也没有以前那么强烈了。他到了现在这个年龄，这个阶段，可能想的东西多起来了，那时候反正一无所有，想得倒不多。

**马** 那时候从头做起，可以没有什么顾虑。

**凌** 对，现在有很多人情，有很多不愿意做的事、不愿意看的人不得不去应付。他一直想退出江湖，避开乱七八糟的风气。他是一个比较有精神洁癖的人。在家里，一看见什么地方脏了，就会拿块抹布蹭啊蹭。如果我身上有一点油，那可不行，他马上让你脱下来，帮你洗干净。他是一个特别追求细节完美的人。一个电视机挂那儿，如果偏了两厘米，他说不行，得找个人来重新弄。我说哦，那很简单啊，你身子往左边移一下不就正了嘛。好，第二天他继续跟我说，到了第三天我忍不住了，"那我再花两百块钱让人家移过来行了吧？"工人来家里装个电灯，两个电灯中间有个缝隙，一般人看不见吧，他说你能不能帮我弄好，要不然他看着不舒服。他对细节抠得很，要求细节完美。

**马** 他在艺术上追求的完美主义，自然而然延伸到日常生活中间来了。

**凌** 我生完孩子，很胖。他拿一个唐代的仕女和一个汉代的仕女来比划："你看，你曾经是这个，汉代的，有纤细的腰身；你现在是这个，唐代的。我觉得你应该慢慢变成这样。"他认识我的时候我才 88 斤。您说他好玩吧，就是这样一个很有意思的人。

**马** 他的确是个完美主义者，我看过他弯腰去地上捡一根长头发，去修剪插花上的叶子，对美的要求很高。

**凌** 他希望看到的东西都是美的。他很本真，没有心机，简单得不得了，如果谁做了伤害他的事，他会觉得很受伤，会觉得不美好。他就是希望每个人都是求善求美的。那我说世界上不可能每个人都像你这个样子的。比如,有时候我拿支笔记记账啊什么的,数个钱什么的,他就说不要去弄这些东西,你有这个功夫还不如多看几本书,多写几篇文章。您根本想象不到他把这些东西看得多轻多淡。

**马**　如此本真,在复杂的艺术世界会不会常常感到受伤呢?

**凌**　受伤是免不了的。在人际交往中,他的态度就是你一旦破坏了底线,他就艺术家脾气上来了,你买他一幅画,不管付多少钱,他都不要了,连同这张画也不要了,他把画撕掉。大部分时间他是很温和的,但是触及了他的底线,人性恶表现出来了,那他是绝对不能容忍的。他总是说,人都有好的一面和坏的一面,但是要把好的一面激发出来,那就没问题了。

**马**　他对完美的追求由艺术到日常再到为人处事了……

**凌**　他是完全统一的,所以我说他是个本真的人。我们有个交往多年的朋友,他居然不知道人家的太太是做什么的,他说"他太太做什么,跟我有关系吗?我不知道啊。我只晓得他是来陪我画画,聊聊天的"。像我们这样,可能会八卦一些东西,可他毫无兴趣嘛,跟他没有关系的事情他听都不听。他会记住很多很多他认为重要的东西,其他不重要的东西他很快就过滤掉了。如果黄永玉先生今天跟他讲了一句什么,我复述起来他绝对会纠正我,说我记得不准确。该记的和不该记的他过滤得非常清楚,这个也是他的一个特质。

**马**　在访谈过程中常常让我惊讶的是,他收藏了与当代艺术家交往时留下来的很多东西,一张艺术家率性涂鸦的小纸片他都会收得好好的。

**凌**　他认为珍贵嘛,吴作人在一个火柴盒上写给他的东西他都会留着。这批东西那时候来讲有什么价值啊,很多人搬家的时候丢的丢了,能卖两个钱就卖了。在美国时,那么艰苦,可以卖了换个房子什么的,可他认为把这些东西卖掉了,就是把自己卖掉了,不干。

**马**　是的,这种对情谊、对艺术的珍爱,特别令人感动。

**凌**　他是里外完全统一的一个人,他对美的追求,对艺术的追求,对生活的自律,长年以来都保持着这样一种状态,几乎没有放纵一下自己。现在的画家都喜欢花天酒地,用艺术的名义去做一些事情,他没有想这么多。他看到美丽的女孩子也喜欢的,艺术家爱美嘛,很正常,但他喜欢的方式就是拿起画笔去画她。这样的人,他的价值还没有被充分认识,他创造的,包括他的艺术成就,他的人生故事,非常值得后辈学习。

**马** 外部世界越是纷繁复杂,越是充满诱惑,杨老师自始至终对艺术的执着坚守,会越来越可贵,越来越显示出价值来。

**凌** 在美国时诱惑就很多,出版社聘他去画故事,有稳定的收入,多好啊,可以改善生活条件了。他不干。陈丹青说,他很有运气,也足够优秀,所以 SOHO 的那个画廊会代理他的画。从画廊拿到钱了,他就想着宁愿不吃饭也要去买非洲木雕。有一次,他一个女同学,看他实在可怜了,一个比萨饼还要分成两份,中午吃一半,晚上吃一半,就把自己的一半比萨送给他了。要是我们这种人,有钱了肯定先要满足一下口腹之欲的吧?哈哈。他现在也是这样,有钱了,吃用什么的还是很省的,但他喜欢木雕,喜欢石雕,不计成本地去买,他觉得很享受。

**马** 这是他的一种爱好,也熔铸了他对艺术的追求。

**凌** 是,还是一种享受,他每天这样看看感觉就是一种享受。

**马** 杨老师对色彩的感受特别强烈,他能记得吴㘰木先生第一次给他们上课时穿的白衬衫,后来讲很多故事时也会不断提到颜色。日常生活中,他对您的穿着会有什么特别的要求吗?

**凌** 他是一个画家嘛,他在描述一个场景的时候画面感会特别强,会用很多颜色、光线,直观地描述出来。他对我穿衣服也是,我们刚认识时,他就觉得一个年轻女孩为什么甘心情愿一直穿黑衣服?我一直喜欢穿黑衣服的。他觉得穿黑衣服的我,就像是他的水墨画。他认同我对服装的品位和讲究,他的衣服也都是我买的,简单大方朴素,不要太张扬,但内在很有品质,这跟他一贯追求的艺术品质和风格是有关系的。

**马** 听杨老师说,包括画展等日常事务都是您在帮助着打理,您是全职……

**凌** 一开始我在央视做电视。

**马** 您在央视?您哪一年大学毕业的?

**凌** 我 2002 年毕业,先在央视七套,后来到十套。2006 年结完婚之后发现做电视太忙了,也不能按时回家,而且也觉得他的事情比较重要。我当时有两个机会,一个是在四套开播一个新的栏目,现在这个栏目还在,叫《华人世界》。还有一个就是去妇联下面的一个杂志《中国妇女》,外文期刊社。我选择了杂志社,相对比较轻松一些,上班也没有那么忙,有比较多的时间帮他做一些事情。近两年为什么我觉得要做些自己的事情?因为有孩子了嘛,我不想孩子长大之后,认为妈妈是个家庭妇女,那我岂不是枉读了那么多年书。我考博士也没有其他原因,就是想给孩子做个表率,让孩子知道,她的父母亲在人生道路上一直没有停止过积极向上的追求。另外,现在他的事业也慢慢地稳定了,不用太操心了,我就可以做点自己喜欢做的事情了。

**马** 每个人的时间都有限,不睡觉一天也只有24个小时,您现在要照顾孩子,要攻读博士学位,还要为凤凰卫视做节目,这些都会占据时间和精力,也会减少帮助打理杨老师事业的时间和精力,那杨老师支持您去读硕士、读博士、做节目吗?

**凌** 支持的。2009年他动手术住院时,我正在准备考硕士,后来就不想考了,他都已经这样了,我考什么呢。我跟他儿子杨焕在医院里陪护,我一直咳嗽,连续咳了两个月,得了哮喘,我现在身边经常备着哮喘喷雾药的。陪着他嘛,我就买了本杂志来看。他就很生气,他的意思是说,你一天到晚看杂志有什么意思,浪费时间,你不是要考研究生嘛,就应该认真去复习准备。我一想对啊,我还是应该……

**马** 杨老师对您是有要求的,鼓励您进步。

**凌** 是的。他和一般的男人不一样。我考博士他也是非常支持的。今年暑假我硕士毕业时,拍照片,我的硕士生导师,也是我现在的博士生导师,把自己的博导服脱下来给杨老师穿上,对我说,"你要记住,杨老师才是你人生真正的导师"。这句话我印象蛮深的。我觉得只有两个人完全到了相互理解、相互欣赏的层面,才能够彼此支持对方去做想做的事情。很多人觉得,哎呀,你都跟了杨明义了,日子也很好过,为什么要这样?没有必要。但是他不这么想,我也不这么想。他能支持我,说明他有足够的自信。近期,我为凤凰卫视做12个画家的电视专访里肯定会有他一个,当然我不会第一个就做他。要做这些事情肯定会对他的事情分心,我们接下来会聘用一个男性助理,做一点体力方面的事情,开开车,但我肯定还是要投入时间精力的。这次我因为有事不能随他去曼谷,结果他也去不成了,连个Checkin也没搞清楚。我想着也挺奇怪,以前从美国到中国,来来回回的,他是怎么糊里糊涂过来的?现在他已经依赖惯了,他对旁边的人说反正都是我老婆给我弄的,我现在不需要动脑筋了。

**马** 杨老师对您很放心,对您的能力也很信赖,所以日常生活中许多需要费时费力的事情自己可以不用考虑,一门心思用到画画上去了。

**凌** 他以为我是千手观音啊,司机、秘书、管家、老婆、妈妈,还要读书?他有时候说你不要这么厉害嘛。我说对,我还要很贤惠,还要很温柔,但是出了问题又要我去解决。我说我又不是千手观音。他说你就是千手观音。

**马** 看得出来,生活上杨老师很依赖您,那您依赖他吗?

**凌** 我也比较依赖他。

**马** 主要指哪些方面?

**凌** 那他毕竟是一家之主,是男主人啊。每次我看到我们的家被他打理得这么好,就深有感触。这个家如果没有他肯定不会像样子的,他是家庭的支柱和灵魂。您去问我女儿爸爸最喜欢谁,她肯定会说最喜欢妈妈。问妈妈最喜欢谁,那就是爸爸。谁最喜欢小亦心,她会回答爸爸妈妈。这是我们家的良好氛围。

**马** 杨老师的事情由您全力以赴可能都忙不过来,可他还支持您去读书……

**凌** 人是一个个体的人,他尊重别人,尊重我,我想读书,他支持我就是爱我的表现。反过来,即使我什么都不做,他可能也会很欣赏我。他尊重我自己的选择。我认为,如果我嫁了这个人,要我完全依附或完全由他的个性来主导,我只能顺从,那就是完全忽略我的感受,那我肯定不会选择他。我们两个是建立在非常平等的关系基础上。虽然他比我年龄大这么多,他老是说,"我可不觉得比你大这么多,我还觉得比你小呢,你比我成熟呢"。其实这句话也就是说,他比较尊重我所有的决定,或者说,他认为我的决定于他是有很大帮助的,或者说是正确的。

**马** 实际上杨老师对您的信任超越了年龄差异。我跟您交往虽然不多,也觉得您的性格活泼,内心敞亮,符合您的年龄,但您做事的风格和能力要比您的实际年龄成熟许多。

**凌** 慢慢锻炼出来的,他觉得我是千手观音嘛。

**马** 如果杨老师特别能干,或者说替他做事的人特别多,他就不会要您这么操心,那您的潜力可能也发挥不出来,但是,如果他依赖于您,您又没有这样的潜质,就做不好,也获得不了他的信任。

**凌** 我们两个人大体的方向比较一致,世界观比较一致,金钱观也一致。我们把物质和金钱都看得比较淡,够用就可以了,并不需要无止境地追求。有钱,我们就去做一些快乐的事情,那挺好。如果钻在里面拔不出来了,那就适得其反。比如说他的诱惑很多,只要出去画都能够挣钱,那挣多挣少有意义吗?很重要吗?再比如,有些妻子会经常盯着画家的图章,那我肯定做不到,我也不希望变成这个样子。我经常会提醒自己,我千万不能像一只温水里的青蛙,变成什么样子自己都不知道。

**马** 你们两个人都不容易。

**凌** 我们都活得很累的。

**马** 我说不容易,不是指累不累,我觉得杨老师能够这样支持您,您又能如此理解他,很难得的!

**凌** 而且我们在大事情上的决断比较一致,这个是蛮不容易的。我们也有共同爱好,喜欢旅行啊,喜欢看电影呀,我们彼此会分享,我们会找出地图,"唉,这个地方我们没有去过",或者这个地方对他画画有灵感,我们就会一起去。有时候他看到明信片,"唉,这是美国什么地方?"然后我就找找,发现是美国一个很偏远的地方,然后我们就去了,要走就走了,没有想很多东西。挺有意思的。

**马** 你们的快乐或者是相互欣赏跟金钱没有特别的关系,有钱,是有钱时的快乐,没有钱时,你们也有自己的快乐。

**凌** 对的。我们没有钱时,借过朋友的车子,跑到杭州去玩,回来时把人家的刹车片弄坏了,修了一下,花了800块,还不如租个车了。当然,他一直也在问这样的问题,"如果说我到现在还很穷,你会不会还跟着我?"这个问题我觉得蛮难回答的。他弟弟说,现在我能有今天已经不错了。我有一个做模特的朋友,她对我说"你押宝押对了"。我觉得这些话很可笑。当时大家都想不到画家能有今天,想不到画能卖这么贵,能挣这么多钱! 有时,我也会这么想,如果当初是我女儿做这个选择,我可能也会反对。因为按世俗的眼光来看……

**马** 您爸爸妈妈反对吗?

**凌** 他们肯定反对的啦,但是他们也比较尊重我,因为我很小就比较独立,很小就出去上学了。2006年结婚的时候我已经29岁,年龄不算小了。所以他们觉得你自己做的决定,愿意承担后果就行。

**马** 您要抗住很多阻力吧?

**凌** 这倒没有,我比较自信,我自己做自己的事情,没想那么多。现在我的很多朋友都成了他的好朋友,他的粉丝。但凡接触过他的人,都会觉得我们值得在一起,我们应该在一起,就是很切合,很投缘,没有觉得我们俩会有很多不相称嘛。我一直认为,有些人会把好日子过坏,有些人会把别人认为的坏日子过好。

**马** 您属于后者吧? 感觉得到您是一个做事特别认真的人。

**凌** 没有杨老师认真。他经常跟我说,你要把每个时期做的事情都跟珠子一样串起来,当你能够把自己一点一滴付出的努力像项链一样串起来,那它就会一以贯之成为一个很成功的东西。我点点滴滴在他身边学到的东西,可能无法具体呈现给您看，但是慢慢到了今天，我的审美也好，我的待人接物，我的谈吐，比我的同龄人要好一点，那应该是在受他的影响。

**马** 也就是说，您认同他是您人生的导师这一说法？

**凌** 我当然认同了，他就是我人生的导师。他可能觉得我不是这么认为，因为生活上我总是说他这也不懂那也不懂，他觉得我比较成熟，但是，在人生的大方向上，他追求真，追求善，追求美，深刻地影响了我，从他身上我学到了要不断进取，不断进步。他肯定是我人生的导师。

**马** 导师在人生价值观和人生态度上起了引领作用。

**凌** 是无形的一种心灵上的指引。他待人待事的标准是什么，对待人生的每个阶段，每一天应该如何过，对我影响深远。他不会像要求家庭妇女一样要求我，比如说，有一阵子我也蛮想在厨房里烧烧菜的，他觉得不要去弄这种事情，吃什么不太重要，有时间还不如静下心来看看书，做点有意义的事情。一般老公都希望老婆做点什么菜吃啊，他没有这个要求。

**马** 他不是一个自私的人。

**凌** 我觉得他比较爱我，他愿意让我开心。他认为我现在这样很充实很开心，他就支持我，我也是这样想的，我们彼此都希望对方能够开心，这是比较重要的，就像他现在看到小亦心开心，他也很开心。

**马** 杨老师对小亦心有没有什么期待吗？

**凌** 开心、快乐，没有什么期待。我认为就是这样，我们俩对她的期待就是快快乐乐、健健康康，我认为女孩子要知书达礼，以后找个好老公，哈哈。

**马** 今年杨老师过71岁生日时，他说不喜欢过生日，他还说，"自己对艺术的追求不能停止，亦心妈妈也很能干，要求上进，要读博士，要为亦心做榜样，我有压力"，我想问的是，杨老师内心是不是蛮有焦虑的？

**凌** 他跟我说画家应该活200岁，因为他还有很多画没有画完，还有很多想走的地方没有走完。我很认同他这句话，画家真的应该长寿，这样他就能够把更多美好的东西留在世界上。他每次说自己怎么突然就到了这个年龄了，要是现在是50岁就好了。我就跟他说，时间对每个人都是公平的。感叹和失落是有的，所以他越加珍惜现在的时间，我倒是希望他能够淡化处理，不要去想这么多。我总是不会把事情想得很远很远，我也不会庸人自扰去想很远的东西，当然潜意识总归会有，人会老，会生病，我们怀着对这个家庭的责任和爱，去做到自己尽可能做的事情吧。他现在可能是有点焦虑,他觉得自己有些工作还没有完成,壮志未酬嘛,觉得要画的东西太多了,而且孩子还那么小。我以前有个朋友,年龄比杨老师小一点点,他坚决不要孩子,觉得有了孩子会浪费他的时间,牵扯他的精力。杨老师就不一样,有了小亦心后,他说,"她让我觉得生命又重新开始了,又注入了新的活力。我以前对杨焕,几乎忽略了他成长的过程"。

**马**　杨焕小的时候,杨老师因为工作忙,太忽视他了吗?

**凌**　那时候年轻嘛,心思不在孩子身上。现在他有时间陪小孩儿玩了,他能够又重新活一次有什么不好呢,又新鲜,又那么美好。

**马**　杨老师说过,在他大病之后,小孩来到世界上,是上帝赐予他的最好礼物。

**凌**　对,亦心是上帝给他的礼物。

**马**　一方面是上帝给他的最大礼物,另一方面,年幼的小亦心是不是也加重了他的焦虑?

**凌**　我跟他说要平衡,不要去想太远的东西,想太远就是庸人自扰。我的朋友们看我这边做个事,那边又安排做那个事,觉得我太了不起了,可以同时做好多事情,那有什么呢?什么事情来了,不要抱怨,尽自己最大的努力去对待,处理好。

**马**　您的心态特别好,很善于安排和统筹事情。

**凌**　我很希望有一段不要管谁的日子,我有很多东西要静下心来写,我不定期地会买些书,也没有时间看,可能才翻了两页又有事情了。所以,我觉得还是有很多遗憾吧。有的时候我出去几天,他会说"我一个人",我说一个人是最幸福的时候,我希望我现在有一个人的时候但是从来没有。不过,这样我觉得挺好的,忙完之后,我们会出去放松放松。

**马**　出去您也轻松不了。杨老师把更多精力和时间放到艺术创作中去了,陪小亦心的时间不会太多,但亦心那天回过头来,看到杨老师,一边高喊"爸爸,爸爸",一边飞扑过来,那场景很动人。

**凌**　这是天生的,而且他还是陪她的,要是两天见不到她,肯定会开车过来。我们从西班牙,那么一站一站地从巴塞罗那,到马德里,再到葡萄牙,他就一直拿着一个给小亦心量身高的东西,那个东西不能托运,只好一天到晚手拿着,您想我们换公交,换高铁,又要换飞机,去这去那的,他始终拿着。我说这个东西太麻烦了,你扔掉吧,没多少钱,几十欧元。"不行,我觉得我拿着就拿着对她的爱,多不容易,我多么喜欢小亦心。"父女连心!那天也是,我把车一停,她推开车门,自己噔噔噔跑进去，找爸爸了。小孩子是有灵性的，谁最喜欢她，谁怎么样，她心里很清楚的。

**马** 杨老师在乎别人对他艺术的评价吗？这些评价会影响他创作的心情？

**凌** 应该没有，影响他的创作的，要么是他年轻时的导师，或者是他喜爱的画家，其后影响的应该就是他自己吧。别人对他一幅画的评价，他看似很在乎，但他自己的标准最清楚，他用自己的审美去丈量自己的作品，我认为是这样的。

**马** 实际上是自己跟自己对话，自己对自己提要求了。

**凌** 他说画得好不好他自己最清楚。他太明白了，这些年来他能坚持这种风格，坚持这种创作，如果内心不够坚定，不够强大，不够自信的话，不可能做到这样的。

**马** 杨老师完成一次创作后，会不会叫您去看看？

**凌** 那肯定的，他昨天画到凌晨2点钟，刚刚完成一张尼泊尔的新画，就立即发给我了。

**马** 是不是画家都很细腻？这跟他们的职业有关系吗？

**凌** 那要看他们画的风格吧，应该都是敏感细腻的。因为跟着杨老师，我接触了中国最好的一些画家，都不是泛泛的接触，都是特别特别亲的，近到不可能想到的地步，黄永玉、吴冠中、黄苗子、程十发、陈逸飞、陈丹青更不用说了，还有其他一些大家。现在我再去看当下这些人都没有太大的兴趣了，但他们对杨老师都特别好。比如说史国良，我们一起去不丹，他坐在我对面。说句话，其实现在的画家谁愿意轻易说你好啊，说你好就等于贬低他自己。他就跟我说："有些画家就是真善美的画家，你一段时间不见他就会想他。杨老师就是这样，我一段时间不见他就会想他。"我们之前没有见过面，他跟你说这样的话，说明画得好和坏，内行人是最懂，只是有些人愿意说出来，大多数人不愿意说出来而已。

**马** 的确，大家心里都很清楚的。谢谢您接受我的采访！

附录

# 墨梦江南
(纪录片脚本)

【画面 · 字幕】

俯拍网师园水面,摇摄引静桥。字幕:苏州网师园,引静桥。

【杨明义同期声】

它应该是苏州最小的桥了,一步就跨过去了。

【解说词】

2012年,这座很容易被游客忽视的三步小桥,走出了苏州园林,走进了画家杨明义的大型画册《江南百桥图》。著名画家黄永玉这样评价道:"看了明义的画,上了桥,忘了下来。"为了这样的艺术境界,杨明义已经坚持不懈地探索了50多年。

【解说词】

1943年,杨明义出生在苏州马医科巷,这条不起眼的小巷,曾经走出过多位文人才子、艺术大家。小巷的对面,是苏州城最热闹的观前街,杨明义的祖上在这条街开过一家毛笔店,幼年的杨明义最爱用毛笔蘸水,在地砖上涂抹。苏州的小桥流水、枕河人家、亭台楼阁、花草树木……都是他涂写描画的对象。

【杨明义同期声】

所以我小时候就是这样子的,我就喜欢画画。

【解说词】

十五岁那年,杨明义成为苏州工艺美术专科学校的首批学生,接受正规教育,师从山水画名家吴㲇木学习中国画。吴㲇木上课的方法是看原作、示范讲解、学生临摹。第一堂课,杨明义拿到的是清代王原初山水画的一角,上面有一棵松树,一个小山坡。半小时后,吴老师来看杨明义的作业。

【杨明义同期声】

"哎哟,这个已经有五年功力了,"他说,"你怎么画得出来的,是不是你画的?"我说我刚才画的。"不能动了,一笔都不能动了。给我点几笔,加个坡。"这张画我一直留在那里的,现在找不到了。

【解说词】

杨明义在美专学习和教书期间创作了大量作品,他将其中的部分习作汇编成册,取名《紫藤花开》。这既是他青春的记忆,也见证了他成长的足迹。

【解说词】

1969年,一个偶然的机会,杨明义得知南京长江大桥建设指挥部在征求公路桥桥栏杆的设计图。他以"桥的历史"为主题创作了一套稿件,并在几千幅应征稿件中脱颖而出。然而却因不能体现当时的观念而被否定。韶山、延安、天安门等具有象征意义的稿件被选中。意想不到的是,在工程验收时又出了问题。

【杨明义同期声】

"人的下半身对着天安门,对着毛主席的故居你觉得适合吗?"大桥的栏杆很高的,就一个头出去。研究了半天,后来全部改祖国风景,风景那么好,有骑马、海港啊,我画的全部都用上去了,他们画了半天全部撤下去。

【解说词】

这是杨明义第一次有意识地与桥的主题打交道。杨明义虽然倍受鼓舞,可也陷入了艺术探索的困惑。

【杨明义同期声】

我们就觉得我们怎么拿自己学的传统技法表现工农兵,然后就很伤心没有办法画。

【解说词】

后来,杨明义想到了版画。他在学校实习和留校任教期间,曾经广泛涉猎多种工艺美术,又在南京接受过两个月的版画培训,所以有了较为深厚的积累。于是,他以极大的热情进入了版画的探索。在创作版画《春雨》时,由高往低的构图还是让杨明义困扰了许久。苦思冥想的他,在一次下山途中忽然找到了灵感。

【杨明义同期声】

电影院下来,四川都是这种高山一层一层走下来,下面还有人,我一看就是这个构图,我马上记下来回来就画了这张图。

【解说词】

杨明义的版画作品开始在报纸杂志上发表,在各类美展中获奖。著名作家陆文夫第一次见到杨明义时说:"你这个人看上去邋里邋遢,画的画倒清清爽爽的。"还挑了一张他画周庄的版画作为小说《小巷深处》的封面。

【解说词】

那一段时间里,杨明义将这些看作对他的创作最好的肯定。直到1973年,他遇到黄永玉先生。这一年,黄永玉到苏州采风写生,连着两天在苏州郊外光福镇的司徒庙对着"清、奇、古、怪"四棵汉柏作画,陪同他前往的杨明义眼看着一幅精彩绝伦的作品问世。

【解说词】

杨明义当时感到困惑的是,这幅汉柏作品与现实生活的距离何止千万里,美则美,但不能参赛、展览、获奖、公开发表,那意义何在?正是这一追问,让杨明义找到了看待艺术审美价值的另一种眼光。

【杨明义同期声】

苏州美的东西太多了,我怎么都没有看到呢,没有好好去画呢,老是想画了以后去发表、去展览,那就不对了。所以他们对我不仅是在绘画技巧上的帮助,还让我对绘画的目的宗旨有了重新的认识。

【解说词】

在杨明义原来的意识里,江南水乡是传统中国画中的无生命的客体存在,是版画创作中现实政治主题的一抹地域背景。然而现在,却在不经意间激活了他内心潜藏已久的水墨画意念。

【解说词】

杨明义与水墨的情缘可以追溯至60年代末。一个月夜,"文革"武斗的枪声惊醒了睡梦中的杨明义。月华如水,静静地照亮他简陋的卧室,黑白与明暗的对比,散发出奇妙的魅力,杨明义生怕开灯赶跑月光,摸黑找出画具和纸张,创作了最初的水墨作品《月夜》。

【解说词】

杨明义开始有意识地用水墨笔法来画江南,并尝试把水印木刻和版画经验引渡到宣纸上泼墨创作,一种新的绘画语言诞生了。而这种灵感竟然来自于他在乡下遇到的一场大雾。

【杨明义同期声】

看到大雾,大雾中间什么都看不到了,房子一点都没有了,突然一个房子屋顶出来了。这个从来没有的,古代最多一个山在雾里头,没有房子变化这么多。

【解说词】

这给杨明义带来了莫大的启发。他从具象出发,经过形式结构的抽象,再融入画家对景物独特而细腻的感受,便有了典雅清新的水墨江南。吴冠中先生看了这时杨明义的画作,评价说"此中感受往往与明义相遇",在这位水墨画大师的眼里,杨明义已经成为日益引人注目的创新派画家。

【解说词】

香港《美术家》、上海《美术丛刊》、江苏《南京画刊》等期刊对他探索创作的江南水墨画进行专题介绍。1986年,美国驻广领事馆举办了他的画展,作品全部售罄。

【解说词】

这时的杨明义并没有满足眼前的成就,1987年,已经44岁的杨明义,怀揣着60美元和刚学会的几句英语,毅然飞到美国,开始新的闯荡。

【杨明义同期声】

我是中国传统出身的,所以很想看看西洋的,因为我看了不少画家,有些有名的都是西洋留学回来的,像傅抱石、林风眠、吴冠中啊不少。中国传统艺术和西洋艺术结合起来的果实更符合现在时代精神。

【解说词】

杨明义先到旧金山艺术学院学习水彩画,半年后,前往纽约青年艺术同盟学院,主修素描、人体写生、油画等课程,接受西方绘画体系的严格训练。

【杨明义同期声】

我吸收了一些外国的因素,我的有些风格上面,比方说那种线条的结构啊有点变化,但是更重要的是我画得更沉下来了,以前画画很轻松的一张一张,现在,每一张都画得很认真,表现出一个很忧郁的感觉。一个人真的挺不容易的,表现得很孤单。

【王大明同期声】

在光和色的用意方面,他已经将东方和西方艺术融合到了极致,这是我一个非常深的体会。

【解说词】

1997年,杨明义在回国之际,在苏州展出了他旅美十年的创作,80余件水墨画,凝结了他在美国的学习心得,承载了他在异国他乡对苏州的刻骨思念,也是他向中国画画坛交出的艺术创新的答卷。

【殷华杰同期声】

他的作品一方面有中国传统艺术的味道,同时又吸收了西洋绘画的光啊影啊,从而让人耳目一新,过目难忘。

【解说词】

回国后的杨明义移居北京,进入水墨江南创作的鼎盛期。2012年,历时三年创作的《江南百桥图》精彩亮相。一百顶桥,一百个故事。

【解说词】

江南司空见惯的小桥,带着不同的故事出现在杨明义的画笔下。这座小桥旁边,碎砖垒墙、瓜藤攀沿、小花绽放,桥上人来人往,一派江南生活的日常景象。

【杨明义同期声】

我想每天千百个母亲上上下下,所以我叫它"母亲的桥"。

【解说词】

有一年的冬天,杨明义去古老的山塘街写生。荫翳的天空突然飘起了点点雪花,对面的小石桥,静静卧在水面上,天旷地远,安宁恬静,喧嚣的山塘街向后退去,宋词中的意境走来,走进了画面。

【解说词】

这些桥,在杨明义的笔下,联结着他难以割舍的江南情结。它们与粉墙黛瓦的人家、移步换景的花窗、玲珑剔透的山石、静卧水边的渔船,以及暗香浮动的荷塘一起,构筑出最典型的江南意境,抒写着江南人典雅的审美趣味和精致的生活方式。

【解说词】

杨明义用一生画一个题材,用大胆创新探索最恰当的绘画语言,将浓得化不开的深情倾注其间,带着对农耕文明渐渐远逝的淡淡的忧伤,带着对故乡深切的眷恋,创造了一种历久弥新的文化记忆。著名画家陈丹青曾经感慨,有一天大家会明白,只能到一个地方才能看到江南,那就是杨明义的100个桥文本和他的水墨江南画。

# 杨明义年表

1943 年
生于江苏省苏州市古城马医科巷十五号。

1950 年
就读苏州马医科小学。

1953 年
获全校绘画比赛第一名。

1956 年
就读苏州第七中学。

1958 年
考入苏州工艺美术专科学校,师从吴䍩木、许十明等学习中国传统绘画。

1959 年
课余时间尝试创作水彩、速写、剪纸、木刻等艺术形式的作品,开始在本地报刊发表《夏收小景》等绘画作品。

1962 年
苏州工艺美术专科学校国画工艺专业毕业,留校任教,教授中国画及装潢设计。苏州工艺美术研究所水印木刻组实习。加入苏州业余版画组,参加创作活动并开始为苏州群众艺术馆"百花园"画廊作插图。

1963 年
参加江苏省举办的水印木刻创作班学习版画创作,两个月内完成水印版画作品近十幅。部分作品入选上海美术馆举办的江苏水印木刻展、南京江苏省青年画展等,作品《红梅时节》入选全国版画展并在《人民中国》杂志7

月号发表,作品《进城》获苏州市美展一等奖。

1964 年

设计创作《金秋水乡》大幅壁画陈列于苏州工艺美专陈列室,获好评;创作刺绣稿《赤道战歌》《太湖民兵》进京展览并获奖;创作漆雕屏风稿《果园丰收》,设计桃花坞木刻年画、玉雕、折扇等工艺美术作品稿,合作绘制完成中国画《春夏秋冬》四大屏,陈列于苏州火车站。

1965 年

创作《村史》《春日》《不忘阶级苦》等磨漆画稿。

1966 年

"文革"期间,和红卫兵一起去北京串联,12 月在天安门广场接受毛主席和中央领导人接见。沿途用速写记录了"文革"中一些珍贵场景。

1967 年

年初,步行串联经浙江嘉兴、王店、斜桥、桐乡、临平、双林,一直到鲁迅故乡绍兴,沿途速写了大量水乡风光。

创作水墨画《月夜》,开始对水墨画进行探索。

1971 年

参加南京长江大桥公路桥栏杆的设计和桥头堡内巨幅中国画《韶山》的创作。

1972 年

全年在南京军区创作以革命圣地"韶山"为题材的中国画。

1973 年

陪同黄永玉、吴冠中等在苏州写生十余天。

1974 年

因受批"黑画事件"牵连,去市郊"五七干校"劳动改造半年。

版画作品《粮满仓》入选全国美展。

1978 年

因创作《水乡的节日》一画在写生中发现周庄,先后介绍、陪同陈逸飞、吴冠中、华君武等前往周庄写生,同时写信给有关地方领导,呼吁保护水乡、宣传水乡,对水乡周庄的发展起了重要作用,被赞誉为"发现周庄第一人"。

1980 年

加入中国美术家协会。

就读于中央美院版画系进修班。

1981 年

水墨画《江南渔村》和水印版画《白兰飘香》入选中国首次赴法国春季沙龙画展，作品在《美术》等刊物上发表。

参加"苏州书画界访问团"赴中越边境慰劳人民子弟兵，并进行创作写生。

首次出访日本，在神户中日友好画廊举办"苏州风光画展"。

水印版画《水乡的女儿》参加全国版画展并获优秀奖。

1982 年

任江苏省版画艺术研究会副会长，苏州版画艺术研究会会长，苏州市美术家协会副主席，苏州文联委员。

1982—1986 年

在任苏州版画艺术研究会会长期间，创办了全国第一家版画廊——"苏州版画廊"。连续四年主持举办一年一度的国内国外版画作品邀请展——"姑苏之秋版画展"。

1983 年

为母校苏州马医科中心小学捐赠经费，次年正式设立"杨明义奖学金基金会"奖励历届优秀毕业生。

1984 年

作品《家乡的风帆》获第六届全国美展铜奖，上海《版画艺术》杂志专刊介绍杨明义的版画作品，美术评论家马克撰文称其为"新晋版画家"。

1985 年

首创的江南水墨画作品开始在国内外报刊被广泛介绍，吴冠中、黄永玉等撰文介绍其作品，首次在《羊城晚报》上刊出。同时以专题形式进行介绍和发表作品的专业杂志有香港《美术家》、上海《美术丛刊》、南京《江苏画刊》、天津《迎春花》、浙江《富春江画报》、北京《中国画》杂志、北京《中国文学》等，在国内外产生很大影响。李可染、华君武等名家也著文、致信赞扬其风格新颖的水墨画作品。

1987 年

赴美留学,先后在旧金山艺术学院和纽约青年艺术同盟学院深造,并结识了纽约华裔艺术家王己千、王方宇等大收藏家,使其对传统中国艺术有了更深刻的理解和认识,对后来的艺术发展起了很大作用。

在旧金山举办画展并讲学,向美国朋友推广中国艺术。

在纽约林肯艺术中心画廊展出水墨作品。

1988 年

和纽约曼哈顿 SOHO, CAROLYN·HILL 画廊签约,举办了第一次个人画展。中国驻联合国特权大使李鹿野及夫人,旅美画家王己千、王方宇、程及、陈逸飞、陈丹青、艾轩、王怀庆、王沂东等近百人出席了开幕式。

五幅作品陈列纽约州政府办公厅画廊,纽约州州长接见了艺术家。

创作大幅江南水乡作品陈列在纽约中国驻美总领馆、中国驻联合国官邸内。

作品在台北"皇冠艺文中心"展览,台北著名作家张曼娟著《水乡,最深切的爱恋》一文发表在台北各大报刊,介绍其江南水墨作品。先后六次在台北、台中、高雄等地举办个人画展。

水墨画作品开始陆续进入佳士德、苏富比、纽约、中国香港、伦敦国际拍卖行拍卖。

1989 年

作品参加全美水彩画展并获优秀奖。

在纽约曼哈顿 SOHO 举办第二次个人画展。

在华盛顿 SUSAN·CONWAY 画廊举办"杨明义水墨画展"。"美国之音"电台采访杨明义专题的节目向全世界播放。

水墨画作品《杭州西湖》被选印成特种小型张邮票,在美国华盛顿举办的第 20 届世界邮政会议上发行,杨明义应邀出席首发仪式,会后,杨明义和美国东部邮政部长及中国邮政部长为观众签名。

美国前总统布什和夫人收藏其作品《月夜古桥》,布什亲笔致函称赞其作品。

《家乡梦境》由香港心源美术出版社出版。

《杨明义的艺术世界》由纽约卡露琳·希尔美术馆出版社出版。

1990 年

纽约大学举办杨明义作品展,受到美国朋友好评。

《杨明义水墨个展集》由台北皇冠艺术出版社出版。

《孟姜女之旅》由纽约达爱尔青少年读物出版社出版。

1991年

以杰出艺术家身份获得美国永久居留权。

在纽约举办"杨明义水墨画展"。

《杨明义画集》由台湾巨匠艺术出版社出版。

1992年

毕业于纽约青年艺术同盟学院。

在台湾高雄举办"杨明义壬申画展",并由台湾巨匠艺术出版社出版《杨明义壬申画集》。

1994年

首次在香港举办画展,题为《苏州渔歌》,同名画册由香港一画廊出版社出版。著名画家黄永玉和近百人出席了开幕酒会。著名画家亚明在画展序文中写道:"杨明义专写江南,自成面目,艺贵独创,明义是也。"

在美国创作的中国民间故事《贝壳姑娘和皇帝》一书由纽约达爱尔青年读物出版社出版,并获全美优秀插画作品奖,书内作品被选为美国中学教科书,杨明义简历和作品入编全美插画画家大百科全书。

《桃花源记》由纽约格林出版社出版。

画集《四季》由香港一画廊出版社出版。

1995年

创作的《长发姑娘》一书由纽约达爱尔青年读物出版社出版,后被欧洲、非洲多国译成多种文字发行。

获中日书画艺术交流金奖。

在台北、台中同时举办个人画展,深获好评,台北著名评论家、画家何怀硕在杨明义艺术研讨会上发表《寂寂无声牵梦魂》,介绍并赞扬其江南水墨作品。

由黄永玉题字的《杨明义近作》由香港心源美术出版社出版,当代著名美术评论家黄苗子欣然题字"寒窗展读,为之眼明",美术界前辈华君武在作品集上题"士别三日,刮目相看"。

1996年

在台北"国父纪念馆"举办个人画展,台北"故宫博物院"院长秦孝仪接见杨明义并为画展题词"下笔如有神",台北部分高层领导参观了画展。

《杨明义画扇》《杨明义写生作品集》由香港心源美术出版社出版。

1997年

为苏州市人民代表委员会大厅创作《春雾江南》大幅水墨画,获苏州市人民代表大会荣誉奖状。

在苏州举办由香港出版、旅美画家陈逸飞作序的《杨明义写生画集》首发仪式,同时发行作品《胜似春光》有限印刷品。

春节期间,"旅美十年——杨明义画展"在苏州新落成的吴作人艺术馆举办。展出80余幅水墨作品,开幕式盛况空前,近千名艺术界人士和当地民众出席,旅美画家陈逸飞专程前来并接受苏州电视台专题采访。

获台北颁发的"第五届全球中华文化艺术薪传奖",出席在台北"国父纪念馆"举行的颁奖大会。

作品《姑苏雪后》获全日本艺术赏。

1998年

在苏州文联展厅举办"杨明义旅美速写展",从他4000多张旅美速写作品中选出700多幅参加展出,生动记录了他在美国的艺术经历和生活情景。

获"世界华人艺术大奖"、"1998年世界杰出华人艺术家"称号。

《杨明义画扇集》由香港一画廊出版社出版。

1999年

返国工作,为母校马医科中心小学捐款建立"杨明义艺术室"。

撰写的介绍他艺术经历的《近日楼散记》一书由江苏美术出版社出版,同时举办"近日楼藏近现代书画名家画展",展出其历年收藏名家精品200余幅,近千人出席开幕式,杨明义签名售书。

水墨作品《雨中江南》在华盛顿获"二十世纪末亚太艺术大奖"银奖。

《旅美十年·杨明义速写集》由苏州古吴轩出版社出版。

《世纪之交中国画名家作品——杨明义》由新华出版社出版。

获中国鲁迅版画奖。

2000年

黄苗子题字的《明义画荷》由香港心源美术出版社出版。

获得美国纽约亚太艺术中心颁发的"20世纪艺术贡献奖勋章"、"世界华人艺术大奖"。

2001 年

由吴冠中题字的《杨明义画周庄》画展在香港一画廊展出,并出版同名画册《杨明义画集》由香港集古斋、天月轩出版社出版。

在北京设立杨明义艺术工作室。

2002 年

由画家陈丹青写序的《水墨·水乡》杨明义作品集由江苏美术出版社出版,画册首发式在江苏省美术馆举行,同时举办杨明义水墨画展,展出 50 余幅作品。

获日本"新日本美术院"颁发的"最优秀国际艺术赏"。

创作水墨作品《春常在》,由原国务院总理朱镕基出访柬埔寨时作为国礼赠送给西哈努克亲王及夫人。

2003 年

《杨明义水乡集》由岭南美术出版社出版。

为黄永玉玉氏山房美术馆创作《江南烟雨》。

《水墨年华——杨明义作品文论集》由北京人民美术出版社出版。

2004 年

中央电视台《讲述》栏目拍摄专题片《发现周庄》,介绍杨明义当年发现周庄的经过,在中央电视台 10 套、中央电视台 4 套播出。

著名电视人刘郎花费两年时间为杨明义拍摄专题艺术片《水乡墨梦》。

凤凰卫视《天地人和》拍摄杨明义艺术片。

去印度写生创作《印度印象》,参加中国美协举办的中国画画世界《印度印象》展览。

2005 年

由华君武题字,集 60 余位国内外著名艺术家著文介绍杨明义 40 多年来艺术旅程的《水墨之旅》一书由安徽教育出版社出版。

画册《杨明义画水乡——中国近现代名家作品选集》由天津杨柳青出版社出版。

北京荣宝斋拍卖公司荣宝斋画院举办"诗画江南——杨明义画展",同名大型画册由荣宝斋出版社出版。展出作品 70 余幅,3 天内全部售罄。中国美协新老领导华君武、刘大为等出席了开幕式,并举行了杨明义作品研讨会。

参加全国文联举办的艺术家上井冈山纪念延安文艺座谈会的活动。

为人民大会堂创作两张 8 尺整张水乡画作。

着手创作《江南百桥图》。

江苏卫视拍摄《水墨江南》杨明义艺术电视专题片上下集。

2006 年

在法国朗布依埃市博物馆举行的"巴黎美术周"开幕式上,杨明义代表中国美术家代表团把他创作的《春到江南》作品赠送给巴黎朗布依埃市市长。

创作《埃及的记忆》参加中国美协举办的中国画画世界《埃及印象》展览。

《水墨江南——杨明义作品选》由天津杨柳青出版社出版。

在雅昌艺术网上开设杨明义博客,受到网民好评。

2007 年

任海华归画院副院长。

入选由中央电视二套"艺术品投资"栏目、《中华工商时报》《扬子晚报》《美术》《收藏》等 28 家媒体联合主办的"艺术之巅——2007 强势媒体年度推荐书画名家"。

2008 年

为《逸飞周庄》一书写序。

在苏州举行《灵感》杨明义书法展。

出版《近日楼散记》彩色版,金凯帆撰写的《水乡之子——杨明义》由天津杨柳青画社出版,两书在苏州举行签名售书仪式。

为 2008 年奥林匹克美术大会创作大幅作品。

设计建造的"近日楼艺术空间"在《时尚家居》杂志上刊登,并获得"2008年最具品位奖"。

策划的"吴冠中近作展"在苏州博物馆举行,杨明义和吴冠中联袂做《大师面对面》的演讲。

2009 年

《姑苏瑞雪夜》入选法国卢浮宫国际艺术沙龙展,经法国美术家协会严格评选荣获"特别独立艺术家"大奖,获奖作品捐赠给苏州博物馆,200 余名中外华人收藏家见证了收藏捐赠仪式。

策划出版20世纪70年代末80年代初拍摄的周庄老照片,吴冠中为此题"周庄身世"。

2010年

为苏州市委接待贵宾厅创作巨幅作品《阳澄朝晖》。

应邀出席上海世博会周庄旅游节开幕式。杨明义发现水乡周庄,推广水乡文化的重要贡献获得高度评价。获"周庄镇荣誉镇民"称号。

《叶茂——杨明义书法集》由岭南美术出版社出版。

纪念汶川地震2周年之际,远赴汶川采风和捐赠作品。

"杨明义书法展"在香港一画廊展出,全部作品售罄。

任文化部国韵文华书画院副院长。

2011年

为《绝版的周庄》创作插画,获评"中国最美图书奖"。

受聘为"中国国际书画艺术研究会"第六届理事会理事。

获文化部中外文化交流中心主办,国韵文华书画院承办的"2010年中国画十大年度人物"称号。

为中国青年出版社出版的朱自清散文集《荷塘月色》创作插画。

中央电视台书画频道拍摄的《江南百桥图》专题片播出,引起巨大反响。

黄永玉写序、吴冠中题字,历时三年创作的《江南百桥图》画集,由荣宝斋出版社出版,并在苏州举行首发仪式,由苏州市委宣传部、市广电总局主办。短短一个半小时,三百多本画册售罄。

被《中国书画报》评为"2011中国画十大年度人物"。

2012年

聘为清华大学吴冠中艺术研究中心研究员。

受聘为李可染画院研究员。

由著名画家陈丹青策展的《江南百桥图》展在苏州博物馆隆重开幕,同期举办了"江南桥的魅力"艺术讲座。为期两个月的展览,共接待20多万人次参观,产生了巨大的社会反响。

获尼泊尔副总理奖。

中央电视台国际频道拍摄并播出杨明义"北京十年"专题纪录片。

绍兴博物馆隆重举办杨明义《江南百桥图》展并举办"画桥的故事"——杨

明义艺术讲座。

苏州工艺美术职业技术学院创立"杨明义、杨焕父子公益奖学金",用于奖励品学兼优、艺术潜力和创新能力突出的学生。

受聘为中国对外经贸大学奢侈品研究中心高级顾问。

名列胡润艺术榜"在世中国最高身价艺术家"第76名。

赴美国、东欧、爱尔兰等国写生。

2013年

受聘为苏州大学艺术学院兼职教授。

《相见不恨晚》书法作品展在香港海港城美术馆展出。

《紫藤花开——杨明义1958—1967习作集》结集亮相,收录杨明义在苏州工艺美术专科学校就读和任教期间的部分习作,包括水彩、速写、剪纸、木刻和工艺美术设计作品等110余幅。

作品《古镇旭口》参加法国卢浮宫国际美术展。

赴不丹、尼泊尔、美国佛蒙特、南非、法国写生。

任北京苏州企业商会名誉理事。

第二次入选胡润艺术榜"在世中国最高身价艺术家"第95名。

2014年

中斯建交65周年庆,杨明义受邀在斯洛伐克驻华大使馆举办画展,获"斯洛伐克驻华大使特别奖"。中国驻斯洛伐克大使馆、斯洛伐克驻华大使馆在斯洛伐克斯卡比斯特里察市国家科学图书馆联合主办"杨明义画展"。

《水乡墨梦》由四川美术出版社出版。

在山东青州举办"杨明义水乡墨梦画展"。

参加由保利艺术博物馆主办、北京保利国际拍卖有限公司协办的"丰华臻传——中国重要书画收藏展"。

赴西班牙、泰国、斯洛伐克、奥地利等国写生。

# 参考文献

杨明义. 旅美十年·杨明义速写集 [M]. 苏州：古吴轩出版社, 1999.
杨明义. 水墨·水乡 [M]. 南京：江苏美术出版社, 2002.
杨明义. 水墨之旅 [M]. 合肥：安徽教育出版社出版, 2005.
杨明义. 水墨江南——杨明义作品选 [M]. 天津：天津杨柳青出版社, 2006.
杨明义. 近日楼散记(彩色版) [M]. 北京：荣宝斋出版社, 2008.
金凯帆. 水乡之子——杨明义 [M]. 天津：天津杨柳青出版社, 2008.
杨明义. 叶茂——杨明义书法集 [M]. 广州：岭南美术出版社, 2009.
杨明义. 江南百桥图 [M]. 北京：荣宝斋出版社, 2011.
杨明义. 紫藤花开——杨明义 1958—1967 习作集.
杨明义. 水乡墨梦 [M]. 成都：四川美术出版社, 2014.

# 后　记

和许多人一样,我对艺术心怀景仰,爱逛博物馆,爱看艺术展。但日常生活中,与艺术家打交道却甚少,偶有,也仅限于不痛不痒的点头和寒暄,觉得那是另外一个世界的人——蓄须留发,放浪形骸,邋里邋遢,这一辈子也无须打交道的。这种感觉因本书的写作而改变,因我真正地走近艺术家而改变。

当田晓明副校长将"东吴名家"艺术家系列的创意和策划交给我负责的苏州大学新媒介与青年文化研究中心团队来落实时,我和我的团队感到很骄傲,因为,为五位与苏州大学有缘的艺术家做艺术和人生的全面纪录,将给苏州大学浑厚深邃的文化增添一抹新鲜的亮色,书写一页动人的篇章!当然,我更清楚,要完成这个光荣的任务,除了热情,还需要怎样的艰苦努力!从资料准备,采访,摄录,书写,到编辑,所有这些环节,无一不需要一丝不苟,无一不需要训练有素。压力之下,是潜力的释放。现在,我和我的团队交出全部书稿,完成纪录片制作,终于可以说一声:我们尽力了。

除此之外,落到我头上的任务是做杨明义先生的访谈,理由很简单,他是苏州人,讲一口苏州普通话,团队中唯有我听得真切。与此同时杨明义先生写自己艺术人生的文章写得很多很好,他人评论他人生艺术的文章也很多很好。多就是难,难在超越。但无论如何,同为苏州人,我是欣然接受的。后来的事实表明,对苏州的热爱是我们得以顺利进行访谈的基础,是心领神会的纽带,也是我理解杨明义先生墨梦江南的人生和艺术的最好起点。在最初的准备过程中,我收集了杨明义先生出版的全部书画作品集,他撰写的《近日楼散记》,他在雅昌网上开设的博客,他编著的《水墨水乡》《水墨之旅》《江南百桥图》,等等,也阅读了中国当代众多艺术家与杨明义先生的书信往来。因此,当我第一次北上进行访谈时,杨明义先生在我心中已经是鲜活的、丰富的，及至见到他时，便有他乡遇故知之感。我们的访谈在北京和苏州两地进行，前后五次，最长的访谈进行了三整天，聊开去了，常常忘了吃饭。书稿结束后，杨明义先生又打印成册，对事实进行了审核。为此，我首先要感谢的人是杨明义先生，感谢他对我的信任和坦诚。结束所有访谈那次，杨明义先生用一句苏州话表达了他的心情，他说："我怎么会把肚肠旮旯里的事情都跟你讲了呢?!"事实上，在漫长的访谈中，真诚面对过往，真诚面对内心是他给我留下的深刻印象。杨明义先生的朋友沈嘉裕先生为我们做了引荐，并亲自陪同我们去北京杨家做了第一次访谈。杨明义先生的夫人凌子，热情干练，为我们的访谈和拍摄提供了最大的方便，并协助杨明义先生为我们提供了所需要的图片资料。接受我们采访的褚铭先生是冒着七月的酷暑依约前来的，王大明教授和殷华杰先生是我们从一个晚宴上拦截下来的。显然，没有他们的相助，本书的访谈内容很难丰富起来。

无论是去北京，还是在苏州，跟随我拍摄的学生袁源、武玲珑、俞欢都是自己扛着拎着摄像器材，不畏旅途艰辛。他们在拍摄中学习，学习技术，学习做人，经历了一个脱胎换骨的过程。看着他们的成长，我一边欣喜，一边感动。几十个小时的访谈录音由闻亦柳同学转换成文字，令人惊讶的是我当天给她，第二天文字记录稿就会出现在我的邮箱，我常常忍不住为她的负责和速度点赞。鲍鲲、顾亦周、姜红、刘浏这几位主创人员，我们经常彼此相互鼓励，相互帮助，还有陈德月、钱毓蓓、刘勇然几位同学，积极地投入到书稿和纪录片的讨论中，不断贡献她们鲜活的想法。

除了这本《杨明义访谈录》外，还有一部名为《墨梦江南》的纪录片，我创作了纪录片的脚本。我要感谢的是我的两位同事——陈霖教授和杜志红副教授。陈霖教授不仅负责文稿的整体风格把关，还对访谈和纪录片脚本的文稿进行了审读，并提出修改意见。杜志红副教授负责纪录片编导、拍摄和后期制作工作，还贡献了他的"剪片秘籍"，用来指导研究生将片子做得更好。苏州大学出版社的薛华强先生是这套丛书的直接负责人，他协助我们处理了全部的编务工作，为我们的创作提供了诸多帮助。本书还得到了江苏高校优势学科建设专项的支持，在此一并致谢。

马中红

2014 年 12 月于苏州

**主编　田晓明**

田晓明，出生如皋，旅居苏州。心理学教授,任教于苏州大学,现任副校长。

**副主编　马中红**

马中红,江苏苏州人,苏州大学传播学教授,从事媒介文化、品牌传播研究。

**副主编　陈　霖**

陈霖,安徽宣城人,苏州大学新闻学教授,从事媒介文化与文学批评研究。

图书在版编目(CIP)数据

杨明义访谈录 / 马中红著. —苏州：苏州大学出版社：2016.6
(东吴名家 / 田晓明主编. 艺术家系列)
ISBN 978-7-5672-1330-2

Ⅰ.①杨… Ⅱ.①马… Ⅲ.①杨明义—访问记 Ⅳ.
① K825.72

中国版本图书馆 CIP 数据核字（2015）第 132011 号

| | |
|---|---|
| 书　　　名 | 杨明义访谈录 |
| 著　　　者 | 马中红 |
| 出 版 人 | 张建初 |
| 责任编辑 | 方　圆 |
| 装帧设计 | 周　晨 |
| 出版发行 | 苏州大学出版社（Soochow University Press） |
| 社　　　址 | 苏州市十梓街 1 号　邮编：215006 |
| 印　　　刷 | 苏州市越洋印刷有限公司 |
| 网　　　址 | www.sudapress.com |
| 邮购热线 | 0512-67480030 |
| 销售热线 | 0512-65225020 |
| 开　　　本 | 889×1194 1/16　印张：20　字数：337 千 |
| 版　　　次 | 2016 年 6 月第 1 版 |
| 印　　　次 | 2016 年 6 月第 1 次印刷 |
| 书　　　号 | ISBN 978-7-5672-1330-2 |
| 定　　　价 | 98.00 元 |

凡购本社图书发现印装错误，请与本社联系调换。服务热线：0512-65225020